Ich war die Gefangene meines Vaters

Alice Lawrence
mit Megan Lloyd Davies

Ich war die Gefangene meines Vaters

Erfahrungsbericht

Aus dem Englischen von Heike Holtsch

Weltbild

Die englische Originalausgabe erschien 2009 unter dem Titel *Daddy's Prisoner*
bei Simon & Schuster UK Ltd, London.

Besuchen Sie uns im Internet:
www.weltbild.de

Übersetzung: Heike Holtsch
Lektorat: Lüra – Klemt & Mues GbR, Wuppertal
Umschlaggestaltung: Atelier Seidel - Verlagsgrafik, Teising
Umschlagmotiv: Getty Images, München (© Lisa Kimmell)
Druck und Bindung: GGP Media GmbH, Pößneck
Printed in the EU
ISBN 978-3-8289-2977-7

2016 2015 2014
Die letzte Jahreszahl gibt die aktuelle Ausgabe an.

*Für meine Mum, meine Kinder und
meinen großen Bruder*

Prolog

Ich stelle den Backofen an und beuge mich hinunter, um die Kühlschranktür zu öffnen. Heute wird es spät mit dem Abendessen, weil wir zu lange im Park gewesen sind. Eigentlich hätte ich die Kinder längst ins Bett bringen sollen, weil sie morgen früh zur Schule müssen, aber es war so schön, ihnen beim Spielen zuzuschauen – als Tom seinem Ball hinterherjagte, haben Emma und Lily lauthals gelacht. Da brachte ich es nicht fertig, sie nach Hause zu scheuchen. Ich wusste doch, wie viel Spaß es ihnen machte, an der frischen Luft zu sein. Nun sind wir aber endlich zu Hause, und die Mädchen essen schon einmal einen Joghurt, denn es wird noch eine ganze Weile dauern, bis das Essen fertig ist. Tom ist müde und sehr ungeduldig, und während ich die Würstchen aus dem Kühlschrank hole und auf das Backblech lege, schlingt er seine Arme um meine Beine.

»Hunger, Mummy«, sagt er, als ich das Blech in den Ofen schiebe.

»Es dauert nicht mehr lange, mein Kleiner«, sage ich.

Ich gebe Tom einen Kuss auf sein Haar – es ist so weich und riecht süßlich. Dann nehme ich ihn auf den Arm und trage ihn ins Wohnzimmer. Die Mädchen spielen, und ich gehe zum Fernseher, der in der Ecke vor sich hin plärrt. Es laufen Nachrichten, die die Kinder überhaupt nicht interessieren, aber sobald ich den Apparat leiser stelle, hagelt es stets Proteste. Trotzdem beuge ich mich hinunter, um den Knopf zu betätigen.

Auf dem Bildschirm erscheint ein Gesicht, und eine Stimme sagt: »Ein Österreicher gab zu, dass er seine Tochter vierundzwanzig Jahre lang in einem geheimen Kerker gefangen hielt.«

Meine Hand erstarrt mitten in der Bewegung.

»Josef Fritzl gab der Polizei gegenüber an, er sei der Vater aller sieben Kinder seiner Tochter Elizabeth.«

Ich bekomme keine Luft mehr. In meinem Kopf rauscht es.

»Wie seitens der Polizei bestätigt wurde, war Miss Fritzl während ihrer Gefangenschaft sechs Mal schwanger. Ein Baby starb kurz nach einer Zwillingsgeburt. Drei Kinder wurden von Miss Fritzls Eltern aufgezogen. Der Vater hatte behauptet, seine Tochter habe die Familie verlassen. Drei weitere Kinder lebten zusammen mit ihr eingesperrt im Keller eines unscheinbaren Vorstadthauses in Amstetten, Österreich.«

Mir zittern die Knie, und ich mache ein paar Schritte rückwärts. Mein Körper fühlt sich an wie aus Blei. Tom hat erneut seine Arme um mich geschlungen, und ich möchte mich ihm zuwenden, aber ich schaffe es nicht, den Kopf zu drehen und ihn anzusehen.

Auf dem Bildschirm erscheint das Foto eines Mannes. Graues Haar und Schnauzer. Unrasiert. Blaue Augen. Tote Augen. Genau wie die Augen jenes Mannes, der mich so lange gefangen hielt.

Bilder schießen mir durch den Kopf. Der Schlüssel, der sich im Schloss der Eingangstür dreht. Vernagelte Fenster. Messer und Pistolen, blank poliert in seinem Schrank.

Ich versuche, so ruhig wie möglich weiterzuatmen.

Elizabeth. Ihr Vater. Sechs Mal schwanger. Genau wie ich. Sechs Kinder, die überlebten. Nicht wie bei mir. Unwillkürlich muss ich an Jonathan und Caitlin denken, und mein Herz setzt einen Augenblick lang aus.

Elizabeth war die ganze Zeit über in einem Kerker? Immerhin konnte ich manchmal frische Luft auf meinem Gesicht spüren, auch wenn er mich keine Minute lang aus den Augen ließ. Ich konnte einen Blick auf das Leben erhaschen, auch wenn ich nicht daran teilhaben durfte und immer wieder eingesperrt wurde.

»Mummy?«

Ich hebe den Kopf. Lily steht vor mir.

»Ist alles okay, Mummy? Du siehst so komisch aus.«

»Alles okay, mein Liebling«, flüstere ich und nehme sie in den Arm. »Ich will dich nur mal kurz drücken.«

Emma kommt angelaufen, und ich schlinge die Arme um meine Kinder, spüre ihre Wärme und versuche, die Bilder zu verdrängen, die in meinem Kopf aufsteigen.

‚Er ist weg', sage ich mir immer wieder. ‚Du hast dafür gesorgt, dass er weg ist.'

Aber mein Körper lässt sich nicht beruhigen. Während ich die Mädchen und ihren Bruder in den Armen halte, bekomme ich kaum Luft, und mein Herz rast.

Ich war also nicht die Einzige.

Es gab noch jemanden wie meinen Vater.

Noch eine Tochter wie mich.

Elizabeth.

Kapitel 1

Ein Großteil meiner Vergangenheit ist tief in mir verschlossen, so viele Erinnerungen, verdrängt in die hintersten, dunkelsten Winkel. Ich habe Angst, sie freizulassen. Es ist, als stünde ich am Meer und das Wasser umspülte meine Zehen, und ich weiß, dass jederzeit eine Welle über mir brechen kann. Wenn man in der Hölle gewesen ist, lernt man zu vergessen, damit man so schnell wie möglich entkommen kann, falls man in seinen Träumen dorthin zurückgeführt wird.

Aber ich kann die Vergangenheit nicht ewig unter Verschluss halten, und ich hoffe, meine Geschichte ist ein Beweis dafür, dass es Monster nicht nur im Märchen gibt und dass schlimme Ereignisse aus den Nachrichten nicht immer in einer anderen Welt geschehen, sondern gleich hinter der nächsten Ecke passieren können. Jahrelang war ich eingesperrt, in Häusern, die aussahen wie alle anderen. Manchmal durfte ich hinaus, aber ein Gefängnis besteht eben nicht nur aus Gitterstäben. Ich saß nicht in einem Turm und träumte von einem Prinzen, der kommen würde, um mich zu retten. Ich wartete auf einen ganz normalen Menschen, der die Hand ausstrecken würde, um mir zu helfen. Mir, der man eingeredet hatte, nichts wert zu sein. Ein Niemand, ein Schatten, ein Freak.

Viele Erinnerungen an meine Kindheit sind nur noch in Bruchstücken vorhanden, und es fällt mir schwer, sie zeitlich einzuordnen. Aber ich kann mich an bestimmten Anhaltspunkten orientieren – zum Beispiel daran, ob meine jüngeren Geschwister noch Babys oder Kleinkinder waren. Das hilft mir, alles in die richtige Reihenfolge zu bringen. Meine früheste Erinnerung ist die an Weihnachten, als meine kleine Schwester Laura etwa ein Jahr alt war. Demnach muss ich ungefähr sechs Jahre alt gewesen sein, mein älterer Bruder Michael acht und der kleine Simon fünf.

Ich brauchte eine Zeit lang, um mich daran zu gewöhnen, eine Schwester zu haben, denn meine Brüder und ich waren lange unter uns gewesen. Bevor Laura kam, hatte man uns schon einmal gesagt, wir würden noch einen Bruder oder eine Schwester bekommen, und wir waren ganz aufgeregt und überlegten uns Namen für das Kleine. Wir Kinder wurden alle nach jemand Bestimmtem benannt, nach Verwandten oder nach Mums Lieblingsmusikern und -schauspielern.

Doch nachdem wir verfolgt hatten, wie Mums Bauch immer dicker wurde, verschwand sie eines Tages und kam mit leeren Händen zurück. Sie sah verändert aus, leichenblass, und erklärte uns, dass die Ärzte sich noch um das Baby kümmern müssten. Mir blieb nichts anderes übrig, als mich im Stillen immer wieder zu fragen, was passiert war, denn über unseren Bruder oder unsere Schwester wurde nicht mehr gesprochen. Als ich älter war, erzählte Mum mir, dass es ein Junge gewesen sei, eine Totgeburt, und dass sie die Schuld daran trage, weil sie so dumm gewesen sei, die Möbel zu verrücken. Aber als sie mir das sagte, konnte sie mir nicht in die Augen sehen, und da war ich mir nicht sicher, ob ich ihr glauben sollte.

Als Mum uns dann erneut erzählte, sie würde ein Baby

bekommen, wusste ich nicht, was ich davon halten sollte. Würde sie dieses Mal wirklich ein Kind mit nach Hause bringen? Das tat sie – ein kleines Mädchen namens Laura. Und da ich schon zwei Brüder hatte, freute ich mich sehr darüber. Obwohl ich noch klein war, machte es mir Spaß, Mum beim Versorgen des Babys zu helfen.

Als das nächste Weihnachtsfest vor der Tür stand, wartete ich aufgeregt auf den Weihnachtsmann. Wir hatten nicht viel Spielzeug, und das meiste war für die Jungen gedacht – Soldaten und Autos aus Plastik. Einige Wochen vor Weihnachten hatte ich in einem Werbekatalog ein Puppenhaus gesehen, mit pinkfarbenen Wänden, geblümten Vorhängen und Möbeln in jedem Zimmer. Das wünschte ich mir sehnlichst. Im Jahr zuvor hatte ich eine Barbiepuppe bekommen, die zwar nicht in einem glitzernden Karton verpackt war wie jene, die ich in den Geschäften gesehen hatte, aber ich fand sie trotzdem toll. Und nun sollte sie ein schönes Haus bekommen und darin wohnen. Dann konnten Laura und ich damit spielen.

‚Ich muss brav sein', sagte ich mir jeden Abend. ‚Dann bekomme ich vielleicht das Puppenhaus.'

Als ich Mum erzählte, was ich mir wünschte, empfahl sie mir, einen Brief an den Weihnachtsmann zu schreiben.

Vielleicht kann ich Daddy zum Lächeln oder sogar zum Lachen bringen, dachte ich, als ich den Brief schrieb. Dann weiß der Weihnachtsmann, dass ich brav gewesen bin.

Natürlich wusste ich schon damals, dass Weihnachten bei uns nicht so war wie bei anderen Leuten. Ich hatte mitbekommen, wie die anderen Mädchen in der Schule von Weihnachtsbäumen und Truthähnen erzählten, und all das gab es bei uns nicht. Trotzdem wünschte ich mir das Puppenhaus, wartete geduldig auf das Fest und träumte jeden Abend davon. Als der ersehnte Tag endlich da war, packten Michael und Simon ihre Geschenke aus. Sie bekamen Spielzeugpistolen. Wir wussten, dass Dad sich für so etwas begeisterte, denn er hatte sich einen Schild an die Wand gehängt, aus dem echte Messer herausragten, und das hieß: Auch meinen Brüdern mussten solche Spielsachen gefallen. Als die beiden ihre Geschenke sahen, fingen sie an, sich um eine der Pistolen zu zanken, und plötzlich hörte ich etwas knacken. Mir wurde ganz flau im Magen.

»Du hast sie kaputt gemacht, du kleiner Scheißer!«, schrie Dad und stürzte sich auf Michael.

Als mein Vater nach ihm schlug, zog es meinem Bruder die Beine weg. Ich schnappte mir die kleine Laura und verkroch mich hinter dem Sofa. Dort versteckten wir uns immer, wenn Daddy wütend wurde. Zusammengekauert hörte ich, dass Michael anfing zu weinen. Wir mussten leise sein, damit wir nicht auch noch Ärger bekamen. Ich hörte ein weiteres Knacken und hielt Laura fest. Dad hatte die kaputte Pistole zerbrochen und schleuderte die beiden Hälften durch das Wohnzimmer.

»Gefällt sie dir jetzt, hä?«, brüllte er Michael an. »Das war's mit deiner Scheißpistole! Die andere kriegt dein Bruder.«

Ich wartete ab, bis es im Wohnzimmer endlich wieder ruhig war, und kroch hinter dem Sofa hervor. Dad saß vor dem Fernseher. Der Streit war vorbei. Vielleicht würde ich nun mein Geschenk bekommen. Als Mum mir dann ein kleines Päckchen gab, klopfte mein Herz wie wild.

Ich starrte es an. Es war nicht groß genug für ein Puppenhaus, und als ich das Papier aufriss, fand ich eine Brosche, die ich schon einmal im Schmuckkasten meiner Mutter gesehen hatte, es war ein cremefarbener Frauenkopf vor beigefarbenem Hintergrund. Ich konnte den Blick nicht von der Brosche wenden, und obwohl ich wusste, dass ich es nicht hätte tun sollen, fing ich an zu weinen. Ich hatte mir doch so sehr das Puppenhaus gewünscht. Ich konnte die Tränen einfach nicht zurückhalten, vor allem als ich daran denken musste, dass meine Barbiepuppe auf unserem schmuddeligen Teppich lag, anstatt in einem schönen Haus zu wohnen.

»Hör auf mit dem Geplärre!«, brüllte Dad und drehte sich zu mir um. »Man kriegt nicht immer das, was man sich wünscht.«

Ich schaute ihn erschrocken an.

»Nimm gefälligst das, was man dir gibt«, schrie Dad, und sein Blick verfinsterte sich. »Und jetzt verschwinde hier!«

Mit der Brosche in meiner ausgestreckten Hand ging ich zur Tür. Hinter mir hörte ich Dad vor sich hin brummen, und als ich den Türknauf drehte, rief er nach mir.

»Alice?«, schnauzte er mich an, und sofort wandte ich mich zu ihm um. »Hast du immer noch nicht kapiert, dass es diesen dämlichen Weihnachtsmann nicht gibt, du dumme Kuh?«

Schon immer war mir bewusst, dass ich nicht so war wie andere Mädchen. Wenn man in der ärmlichen Gegend einer Großstadt im Norden Englands aufwächst, kapiert man schnell, dass es eine Menge Leute gibt, die sich nicht viel leisten können. Große Familien, zusammengepfercht in endlosen Häuserreihen, Kinder, die an Straßenecken vor den Geschäften herumlungern, allesamt Leute, die nur so gerade über die Runden kommen. In meiner Familie war das Geld zwar nicht knapper als bei vielen anderen, aber trotzdem waren wir anders. Und das lag an meinem Dad.

Viele der Männer in unserem Viertel arbeiteten auf dem Bau oder asphaltierten Straßen. Dad nicht. Als er meiner Mum begegnete, war er auch Arbeiter. Meine Mutter hatte damals einen Job in einer Fabrik. Dort verdiente sie nicht viel, doch immerhin war sie dadurch unabhängig. Aber nachdem sie meinen Vater kennengelernt hatte, war es damit bald vorbei. Mit einundzwanzig gab sie ihren Job auf, um zu heiraten. Sie verdiente fortan ein wenig Geld dazu, als Babysitter der Kinder seines Bruders. Und drei Monate später kam mein Bruder Michael auf die Welt.

Mein Dad oder der Idiot, wie ich ihn heute meistens nenne, sah wohl nicht ein, warum man überhaupt arbeiten sollte. Nachdem er einen Unfall gehabt hatte, gab er seine Stelle auf, und ich glaube, danach hat er nie wieder erwogen, arbeiten zu gehen und den Lebensunterhalt für seine Familie zu verdienen. Jedenfalls habe ich nie beobachtet, dass er jemals in seinem Leben auch nur einen Finger krumm gemacht hätte. Eigentlich lag er den ganzen Tag lang im Bett vor dem Fernseher. In jeder Wohnung und in jedem Haus, wo wir wohnten, stand sein Bett im Wohnzimmer vor dem Fernseher. Er war sogar zu faul, um sich in einen Sessel zu setzen, und sein Lieblingstag war der ‚Zahltag'. Dann holte er sich die Sozialhilfe ab, der wir es verdankten, dass wir etwas zum Anziehen und etwas zu essen hatten. Er erhob sich nur selten, meistens um Gewichte zu heben, damit seine Muskeln noch kräftiger wurden. Oft saß er sogar dabei vor dem Fernseher, und wir alle sahen voller Ehrfurcht, wie stark er war.

Dad stammte aus einer rauen Familie – ein weitverzweigter Haufen von Verwandten, die sich aufführten wie Stammesbrüder. Aber das war nicht der eigentliche Grund dafür, weshalb Dad anders war. Außenstehenden mochte es vielleicht nicht auffallen, wir aber wussten: Er hatte etwas Düsteres an sich, das wie eine zweite Haut an uns allen klebte. Nachts träumten wir, er würde kommen und uns holen, und dann wachten wir auf unseren von Urin durchnässten Laken so verängstigt auf, dass wir kaum wagten zu atmen. Tagsüber waren wir die wildesten Kinder der ganzen Gegend. Dann versuchten wir, alles andere zu vergessen – kletterten auf Dächer, durchstreiften die Straßen und fingen Streit mit anderen Kindern an.

Dad hasste es, wenn wir die Aufmerksamkeit auf uns zogen, denn es bedeutete, dass Freunde, Verwandte oder Nachbarn uns neugierig beäugten. Wenn jemand an unsere Tür klopfte und unsere Schandtaten berichtete, behielt er uns deshalb endlose Tage lang im Haus, um uns klarzumachen, dass wir keinen Ärger mehr machen sollten. Die Prügel, die er uns verabreichte, waren eine Warnung: Wir sollten niemanden auf uns aufmerksam machen. Er schlug uns mit bloßen Händen, mit einem Spazierstock oder einem schweren Gewichthebergürtel. Ich bekam manchmal eine Tracht, aber das meiste kriegten meine Brüder ab, insbesondere Michael.

»Michael, Simon«, donnerte Dad, wenn er hörte, dass die beiden sich anschrien. »Hier rein!«

Dann rannten meine Brüder ins Wohnzimmer und standen ängstlich vor meinem Vater.

»Glaubt ihr etwa, ich höre euer dämliches Geschrei nicht?«, brüllte er sie an. »Na gut, wenn ihr euch unbedingt prügeln wollt, dann macht weiter!«

Ohne weitere Aufforderung wussten die beiden, was sie nun zu tun hatten. Sie fielen übereinander her, traten und boxten sich, und der Idiot sah grinsend zu. Michael war gegenüber Simon immer im Vorteil, weil er größer war, und mein jüngerer Bruder holte sich eine blutige Nase und ein blaues Auge. Simon gab niemals nach, aber irgendwann hörte Michael auf, ihn weiter zu bearbeiten, weil er wusste, dass er gewonnen hatte. Dann knöpfte der Idiot ihn sich vor, denn aus irgendeinem Grund galt Simon nie als der Schuldige. Das war immer Michael.

»Du bist ein verdammter Unruhestifter – immer prügelst du dich mit deinem Bruder«, brüllte der Idiot und verpasste Michael anschließend eine Ohrfeige oder versohlte ihm den Hintern.

Es ist schwer zu sagen, wie oft wir geschlagen wurden, aber ich glaube, es verging nicht eine einzige Woche, in der nicht einer von uns eine ‚Tracht' bekam, wie wir es nannten. Und seit ich alt genug war, kannte ich die Gefahr, die darin bestand, dass mein Vater eigentlich aus zwei Vätern bestand. Der eine hatte sanfte dunkelbraune Augen, und manchmal verzog sich sein Mund zu einem Grinsen, das mein Herz höher schlagen ließ. Das war der Mann, der die Leute auf der Straße anlächelte, und ich hoffte stets, ich könnte ihn dazu bringen, zu Hause ebenso freundlich zu sein. Manchmal konnte ich das auch. Dann lächelte er mich tatsächlich an, wenn ich etwa neben ihm ins Bett kroch, um mich vor der klirrenden Kälte zu schützen, die alles in unserem Haus klamm werden ließ. Ab und zu setzte er sich im Bett auf und ließ mich auf den Kissen hinter seinem Rücken hocken, mit meinen Beinen auf seinen Schultern, und ich tat so, als suchte ich in seinem Haar nach Läusen.

»Einen Penny für die großen, einen halben Penny für die kleinen«, sagte er dann feixend und lehnte sich zurück.

Die seltenen Gelegenheiten, bei denen ich ihn fröhlich stimmte, brachten mich dazu, es verzweifelt immer wieder zu versuchen. Aber je älter ich wurde, desto mehr wurde mir klar, dass es beinahe unmöglich war. Sobald sich die Tür zur Außenwelt geschlossen hatte, schien er zu einem anderen Menschen zu werden. Wenn ich für Dad in der Schule ein Bild gemalt hatte und es ihm gab, zerriss er es. Wenn ich ihm eine Tasse Tee brachte, warf er sie nach mir. Dann wurden seine Augen schwarz, sein Gesicht verzog sich, und sein Mund öffnete sich, um mich anzuschreien. Wir alle hatten Verbrennungen, weil wir uns immer wieder an heißem Tee und dem Essen verbrühten, das er uns ins Gesicht schleuderte.

Ich lebte in ständiger Angst davor, was er als Nächstes tun würde – immer bereit, die Flucht zu ergreifen. Es war, als lauerte eine zusammengerollte Schlange in meiner Magengrube, die plötzlich hervorschoss und zubiss. Am schlimmsten war es, dass man immer auf der Hut sein musste.

Nicht nur wir Kinder hatten Angst, sondern auch meine Mutter. Ich wusste, dass es nicht immer so gewesen war.

Michael hatte mir erzählt, dass Mum, als wir klein waren, mit Dad ins Pub ging. Das hieß, es musste Zeiten gegeben haben, in denen sie Spaß miteinander hatten. Offenbar war sie noch kurz vor Lauras Geburt mit ihm im Pub gewesen und am darauffolgenden Abend auch, denn die Stammgäste hatten fünfundsiebzig Pfund für das neue Baby gesammelt und nicht schlecht über Mums Konstitution gestaunt.

Aber alles, woran ich mich erinnere, ist eine Frau, deren Gesicht von der gleichen Angst überschattet ist, die auch ich spürte. Mum wusste genauso gut wie ich, dass ihr eine Strafe blühte, wenn sie etwas falsch machte.

Mum hatte schöne, warm blickende Augen. Wenn Dad nicht hinschaute, nahm sie mich oft kurz in den Arm, und wenn ich hingefallen war, säuberte sie behutsam und geduldig die Wunden an meinen Knien. Wenn er abends ins Pub ging, um Darts zu spielen, legte sie ihre Elvis-Schallplatten auf, sang dazu und tanzte mit mir. Oder sie sang uns Kinderlieder vor. Wenn genug Geld da war, wärmte sie Wasser für ein Bad, und das war für uns Kinder stets ein großes Vergnügen. Anschließend trocknete sie uns ab, rubbelte unser Haar trocken und brachte uns ins Bett. Und dann gab es einen Gutenachtkuss. Wir alle mochten es, wenn sie uns in den Arm nahm und küsste, und wir wussten, dass Mum tat, was sie konnte, um uns Geborgenheit zu geben und uns vor unserem Vater zu schützen.

»Wenn ihr nicht leiser seid, wird Dad wieder wütend«, ermahnte sie uns, wenn sie abends in unser Zimmer kam und wir noch spielten. »Seid lieber ruhig.«

Und wenn sich der Idiot über den Geräuschpegel im

Kinderzimmer beschwerte, hörten wir sie sagen, dass sie sich uns vorknöpfen würde. Anschließend kam sie zu uns und flüsterte: »Wir machen jetzt ein Spiel. Ich tue so, als würde ich euch Ohrfeigen geben, und ihr müsst schreien, auch wenn es gar nicht wehtut.«

Ich war der Meinung, dass Spiele einen zum Lachen bringen sollten, so wie das Versteckspiel mit meinen Brüdern und Laura. Aber ich tat, was Mum verlangte, und schrie, so laut ich konnte, denn ich wusste: Das kam uns allen zugute. Wenn ich bei diesem Spiel nicht mitmachte, würde Dad uns verdreschen und Mum bestrafen, und ich hasste es, wenn ihr wehgetan wurde. Ich habe nie gesehen, dass sie eine Tracht bekam, aber ich konnte es abends hören – das Geschrei und die dumpfen Schläge, als würde jemand gegen die Wand geschubst. Am nächsten Tag war Mum diejenige, die blaue Flecken oder eine aufgeplatzte Lippe hatte. Aber sie sprach nie darüber und weinte auch niemals, wenn wir dabei waren. Doch ich wusste, was mit ihr geschehen war. Das Schlimmste war, die Bilder vor Augen zu haben und zu wissen, dass man vielleicht als Nächster dran war, aber nie sicher zu sein, wann das sein würde.

Kapitel 2

Abgesehen von Mum war mein älterer Bruder Michael der Mensch, der mir am meisten auf der Welt bedeutete, denn er war alles, was ich nicht war. Mutig, wortgewandt und humorvoll. Ich liebte ihn, solange ich denken konnte. Manchmal gingen wir zum Spielen in den Wald, manchmal spielten wir auch auf der Straße, aber mir war es gleich, Hauptsache, ich konnte mit Michael zusammen sein. Tagsüber beschützte er mich vor den Raufbolden in unserem Viertel, und abends stibitzte er ein Stück Brot aus der Küche, um uns ein ‚Festmahl' zu bereiten. Dann saßen wir mit knurrenden Mägen auf unseren Betten, weil wir den ganzen Tag lang nichts zu essen bekommen hatten, und Michael brach für Simon, Laura und mich das Brot in Stücke. Und plötzlich hatten wir ein richtiges Festmahl vor Augen – Cremetörtchen, Putenkeulen, Wackelpudding und Hähnchenflügel. Michael malte uns aus, in welches leckere Essen jedes Stück Brot verzaubert worden war.

»Irgendwann laufe ich weg, verdiene eine Menge Geld und kaufe uns ein großes Haus«, sagte er oft. »Mum bekommt ein eigenes verzaubertes Schlafzimmer, so wie eine Prinzessin, und er darf nicht in unsere Nähe kommen.«

»Ich bleibe bei Mum, wenn du wegläufst«, flüsterte ich ihm zu. »Und dann kaufe ich ein Haus, das noch größer ist als deins, und sie kann bei mir wohnen.«

»Nein. Ich werde mich um Mum kümmern. Ich bin doch der Älteste, deshalb muss ich mich um sie kümmern.«

So war Michael eben – immer wollte er uns beschützen. Nie werde ich den Tag vergessen, an dem ich einem Mädchen in der Schule einen Bleistift geklaut hatte, den Michael mir anschließend wegnahm, weil er mein großer Bruder war und große Brüder es nun einmal so machen. Später an diesem Tag kam der Vater des Mädchens und wollte den Bleistift zurückhaben. Seine Tochter hatte ihm erzählt, dass ich ihn ihr weggenommen hätte, aber sein Sohn hatte Michael in der Schule damit gesehen. Also wer von uns diebischer Bande hatte nun diesen Bleistift? Nachdem sich die Haustür wieder geschlossen hatte, sah der Idiot mich an – aus Augen so schwarz wie die Nacht – und wollte wissen, was ich verbrochen hätte.

»Nichts«, sagte ich flehentlich. »Ich habe niemandem etwas weggenommen.«

»Ganz sicher?«

»Ja, Dad.«

»Na gut, aber wo steckt Michael, dieser Scheißer? Er muss den Bleistift ja irgendwoher haben.«

An dem Tag bekam mein Bruder eine Tracht, und als wir abends zu Bett gingen, schluckte ich meine Tränen hinunter, denn eigentlich war es meine Schuld gewesen, dass mein Vater ihm wehgetan hatte.

»Keine Sorge, Schwesterchen«, sagte Michael. »Ich habe dir den Bleistift weggenommen, also habe ich auch Schuld. Und lieber kriege ich selbst Schläge von dem alten Schwachkopf, als mit anzusehen, wie du sie bekommst.«

Das bewunderte ich so an Michael. Obwohl er noch ein Junge war, zu klein, als dass er die Fäuste meines Vaters hätte abwehren können, war er der Einzige, der Dad etwas entgegensetzte, während wir anderen nur davonhuschten wie verschreckte Mäuse. Er war der einzig Mutige von uns.

Niemand außer uns wusste, wie Dad wirklich war. Dem Rest der Welt erschien er äußerst sympathisch – mit ein paar Ecken und Kanten vielleicht, aber das war ja nichts Außergewöhnliches. Es gab nur einen anderen Menschen, der sich nichts vormachen ließ: Mums Mutter, Granny Ruby. Sie war höchstens 1,60 Meter groß, aber trotzdem hatte sie keine Angst vor Dad.

»Schämst du dich nicht, deine Frau und deine Kinder zu behandeln wie Hunde?«, fragte sie ihn manchmal.

Aber ihre Besuche endeten stets damit, dass Dad sie anbrüllte und hinauswerfen wollte. Deshalb kam sie nicht allzu oft, und jedes Mal, nachdem sie gegangen war, sah Dad Mum an und grinste hämisch über ihren verängstigten Gesichtsausdruck.

»Die Alte erzählt einen Haufen Unsinn«, sagte er dann. »Wo verdammt noch mal kannst du denn hin? Wer sonst würde sich mit einer Schlampe wie dir und deinen Blagen abgeben? Ich bin der Einzige, der blöd genug dafür ist.«

Ein paar Mal besuchte ich Granny Ruby in ihrer Wohnung, die ganz in der Nähe lag, und ich war sehr gern dort. Überall hingen Bilder und Wandschmuck, auch Figuren von Maria und Jesus, denn Granny Ruby gehörte zu den wiedergeborenen Christen. Irgendwann glaubte ich daran, dass es im Himmel einen Mann mit Bart gab, der mich beschützte. Doch meine Besuche hatten bald ein Ende. Dad wusste, dass ich mich bei Granny Ruby wohlfühlte, und das gönnte er mir nicht.

Die Sozialarbeiter erschienen zum ersten Mal, als ich etwa sieben war. Michael, Simon und ich kamen eines Tages von der Schule nach Hause, und unsere Eltern warteten mit einem fremden Mann und einer fremden Frau auf uns.

»Diese Leute wollen sich die blauen Flecken ansehen, die ich euch verpasst habe«, sagte der Idiot von seinem Bett aus.

Als er uns einen Blick zuwarf, wirkten seine Augen schwarz.

'Haltet bloß den Mund!', schienen sie zu sagen.

Angst stieg in mir auf, und ich betrachtete die Fremden misstrauisch. Uns besuchte sonst nie jemand Fremdes.

Die Frau kam lächelnd auf uns zu. »Jemand hat uns erzählt, dass ihr blaue Flecken habt«, sagte sie. »Nun sind wir hier, um nachzusehen, ob es euch gut geht.«

Für eine Weile gab niemand einen Ton von sich.

»Wir haben uns gestritten«, erklärte Michael hastig. »Dabei sind wir die Treppe hinuntergefallen.«

Wir wussten genau, was wir sagen sollten und was geschehen würde, wenn wir es nicht taten. Die Dame schaute sich noch einmal unsere Gesichter an und drehte sich dann zu dem Idioten um.

»Zieht eure Sachen aus«, knurrte er. »Bis auf die Unterwäsche. Wir zeigen diesen Leuten, dass ich euch nicht wehgetan habe.«

Ich wollte mich nicht ausziehen, aber mir blieb wohl nichts anderes übrig. Dad warf uns einen warnenden Blick zu, der uns befahl, bloß nichts Falsches zu tun. Falls wir es doch taten, würde er uns eine Tracht verpassen, sobald die Fremden fort waren.

Während wir uns auszogen, sagte niemand etwas. Schließlich standen meine Brüder in Unterhosen da, und auch ich hatte nur noch Unterhemd und Schlüpfer an.

»Umdrehen!«, schnauzte Dad uns an.

Schweigend standen wir nebeneinander und mussten uns von dem fremden Mann und der fremden Frau begutachten lassen.

»Zieh dein Hemd hoch, Alice!«

Ich zog das Unterhemd hoch und entblößte meinen Rücken.

»Jetzt raus mit euch! Geht nach oben«, befahl der Idiot.

Wir nahmen unsere Sachen und liefen hinaus. Später, als wir hörten, wie die Eingangstür ins Schloss fiel, wusste ich, dass der Mann und die Frau gegangen waren. An diesem Tag hatten wir keine blauen Flecken.

»Wenn irgendjemand euch nach euren blauen Flecken fragt, dann sagt, ihr habt euch geprügelt«, ordnete Dad später an. »Ich werde dafür sorgen, dass diese Schwachköpfe nicht wiederkommen.«

Ich kann mich noch daran erinnern, dass ich überlegte, ob ich mich aus dem Haus schleichen sollte, um dem Mann und der Frau zu erzählen, was Dad mit uns machte. Aber ich konnte es nicht, denn dann hätte ich Mum, meine Brüder und meine Schwester mit ihm allein lassen müssen. Und wir mussten doch zusammenhalten.

Ich weiß nicht, wer das Sozialamt verständigt hatte, aber der Idiot war davon überzeugt, dass es Granny Ruby gewesen war. Also schrie er Mum an und verbot ihr, die ‚dämliche neugierige Schlampe' noch einmal ins Haus zu lassen. Die Sozialarbeiter jedoch kamen noch einige Male wieder. Wir Kinder kriegten sie nicht zu sehen, aber oft merkten wir, dass sie da gewesen waren, und zwar daran, dass ein Stapel Plastiklaken für unsere Betten in den Schlafzimmern lag. Die Sozialarbeiter hatten natürlich gemerkt, wie dreckig es bei uns war – stinkende Kleidung, mit Urin getränkte Bettlaken und schmutziges Geschirr überall. Es sah aus wie im Schweinestall. Vor lauter Flecken und Bergen von alten Klamotten konnte man den Teppich kaum noch sehen. In der Küche schimmelten die Wände, und der geblümte Sofabezug war übersät von braunen Flecken. Aber genauso fühlte sich der Idiot wohl.

Obwohl er stark nach Schweiß roch, habe ich nie in meinem Leben gesehen, dass Dad ein Bad genommen hätte. Und selbst die letzten paar Pence gab er für den Krempel aus, an dem er so sehr hing, Teleskope und Ferngläser zum Beispiel, und all das stapelte sich in der ohnehin engen Wohnung.

Vom Sozialamt sahnte er ordentlich Geld für uns Kinder ab, dennoch hatte meine Mutter oft nicht einmal genug übrig, um für uns etwas Anständiges zum Essen zu kaufen. Aber er sorgte stets dafür, dass für ihn selbst genug da war: Der Duft nach Kartoffeln mit Soße oder gebratenen Eiern ließen mir das Wasser im Mund zusammenlaufen und meinen Magen knurren. Manchmal stibitzten wir die Kartoffelschalen, um sie zum Abendessen zu braten. Aber oft gingen wir hungrig zu Bett. Wir lernten bald, Nahrungsmittel aus den Geschäften oder aus unseren Küchenschränken zu stehlen. Wenn wir erwischt wurden, war die Hölle los, aber manchmal hatten wir solchen Hunger, dass wir daran keinen Gedanken verschwendeten. Oft war ich froh, in die Schule gehen zu können, denn dort erhielten wir eine warme Mahlzeit.

Natürlich versuchte Mum, für uns zu sorgen, aber das war schwierig, denn es war bereits ein Fulltimejob, nach Dads Pfeife zu tanzen. Sie musste ihm eine Tasse Tee nach der anderen machen, ihn rasieren, während er reglos vor dem Fernseher lag, und sich von ihm hin und her scheuchen lassen. Sie war immer auf Abruf, und er hasste es, wenn sie zu viel für uns tat. Wenn er abgelenkt war, tat sie, was sie konnte. Dann kam sie in unsere Zimmer hinauf, spielte mit uns und brachte uns zum Lachen.

Ansonsten waren wir uns selbst überlassen. Wir spielten gern Verstecken – wenn wir hinausdurften, auf der Straße und an den vielen Tagen, an denen wir im Haus bleiben mussten, in den beiden Schlafzimmern, die wir uns teilten. Es gab noch ein drittes Schlafzimmer, aber das konnten wir nicht benutzen, weil sich darin der Krempel stapelte, den der Idiot im Lauf der Jahre angesammelt hatte. Deshalb schliefen Mum und er in dem Bett, das im Wohnzimmer stand. Von dort aus konnte er uns tagsüber alle im Auge behalten, denn das war ihm sehr wichtig: Bei uns geschah nichts, ohne dass er es gesehen oder angeordnet hätte. Sein stinkendes Haus war seine Burg, und dort war er der König.

Der Zugang zur Toilette und zum Wasserhahn war eine der bevorzugten Möglichkeiten des Idioten, Kontrolle über uns auszuüben. Wenn wir etwas falsch gemacht hatten, bestrafte er uns damit, dass wir nicht aufs Klo durften. Wir hatten solche Angst vor ihm, dass wir jede Nacht unsere Matratzen nass machten. Als ich neun Jahre alt war, war es so schlimm, dass sogar die hölzernen Bettrahmen durchnässt waren, weil jede Nacht mindestens zwei von uns Kindern in einem Bett lagen. Da wir die meiste Zeit über kein warmes Wasser zum Putzen und Waschen hatten, stank es beißend nach schalem Urin.

Auch hier tat Mum ihr Bestes, aber wenn Dad sah, dass sie die nassen Laken abzog, wurde er so wütend, dass sie es irgendwann aufgab. Als ich älter war, wollte ich die schmutzigen Laken selbst von den durchlöcherten Matratzen entfernen, aber er hörte meist, dass ich mich daran zu schaffen machte.

»Was machst du da?«, brüllte der Idiot dann vom Wohnzimmer herauf, und ich erstarrte und hielt den Atem an.

Er schien richtig Spaß daran zu haben, dass wir nachts immer wieder ins Bett machten. Manchmal wurde ich rechtzeitig wach und wollte zur Toilette gehen. Aber wenn ich dann auf dem Weg ins Badezimmer sein Bett knarren hörte, blieb ich sofort stehen, vor lauter Angst, er könne mich hören. Denn er wollte nicht, dass wir nachts die Toilette benutzten. Ich stand im Dunkeln und wartete, und es kam mir vor wie eine Ewigkeit. Und plötzlich spürte ich, wie mir der Urin die Beine hinunterlief. So ging es uns allen, und schließlich war der Teppich vollkommen durchtränkt. Aber den Idioten störte der Gestank nicht, es sei denn, er suchte nach einem Grund, um einen Streit vom Zaun zu brechen und uns wieder zu demütigen.

»Warst du das?«, schrie er mich eines Tages an, als er das Schlafzimmer betrat, das ich mir mit Laura teilte. »Du dreckige kleine Schlampe!«

Er zeigte auf die Laken, die aus einem der Betten hinunterhingen. Sie waren braun vor Dreck, und darunter ragten die Bettfedern aus der durchlöcherten Matratze heraus.

Dad packte mich im Nacken und schubste mich zum Bett. Ich wusste, was nun kommen würde, und sofort stieg Panik in mir auf.

»Nein, Dad, bitte nicht!«, rief ich. »Ich wollte das doch nicht. Ich werde es sauber machen. Bitte nicht!«

»Halt deine blöde Klappe!«, brüllte er und presste mich auf das Bett.

Er drückte mein Gesicht immer tiefer in die nassen Laken. Ich bekam kaum noch Luft. Der Gestank war so schlimm, dass sich mir der Magen umdrehte.

Mir kam es vor wie eine Ewigkeit, bis mein Kopf endlich zurückgerissen wurde. Als ich aufsah, hatte sich der Idiot vor mir aufgebaut.

»Hast du es jetzt begriffen, du dreckige kleine Schlampe?«, schrie er, und seine Hand schloss sich wie ein Schraubstock um meinen Hals. »Oder muss ich noch einmal wiederkommen?«

Ich war benommen, mir war schwindelig, aber er redete weiter auf mich ein.

»Nein, Dad«, flüsterte ich.

»Na also! Dann mach diese Schweinerei sauber! Und wenn du es nicht richtig machst, wird es dir noch leidtun, verstanden?«

Er stapfte aus dem Zimmer, und ich sah mich um. Die Fenster unseres Schlafzimmers waren vernagelt, seit man bei uns eingebrochen hatte. Es gab also keine Möglichkeit, frische Luft hereinzulassen, geschweige denn, die Wäsche zu trocknen oder die Matratzen zu lüften. Wie sollte ich tun, was er verlangte? Angst packte mich, und ich fing an zu weinen.

Ich wusste, dass wir genauso stanken wie unser ganzes Haus. Deshalb versuchte ich, mich morgens zu waschen, indem ich mich mit kaltem Wasser überschüttete, wie Mum es mir gezeigt hatte. Aber mit kaltem Wasser konnte man nichts ausrichten gegen den säuerlichen Geruch, der tief in meiner Haut saß, und so wurde ich bald von den anderen Kindern in der Schule gehänselt.

»Stinkender Freak, stinkende Brillenschlange«, riefen die Jungen und Mädchen mir hinterher.

Manchmal warfen sie im Unterricht mit Papierschnipseln nach mir, auf denen stand: »Du stinkst! Geh dahin zurück, wo du herkommst.«

Natürlich war es nicht schön, auf dem Schulhof immer allein herumzustehen, aber das war immer noch besser, als zu Hause zu sein, denn in der Schule tat mir wenigstens niemand weh. Die anderen Kinder mochten mich nicht, und ich wurde von ihnen beschimpft, aber sie schlugen mich immerhin nicht.

Mir war bewusst, dass ich anders war, aber trotzdem hasste ich es, wenn ich eine Sonderbehandlung bekam, denn das machte mich noch mehr zum Außenseiter. Jeden Tag vor dem Unterricht stellte mich meine Lehrerin, Miss Pritchard, unter die Dusche und gab mir etwas Frisches zum Anziehen. Während ich mich wusch, wartete sie und half mir, meinen Rücken zu schrubben.

»So wirst du es in der Klasse leichter haben«, sagte sie. »Willst du denn gar keine Freundschaften schließen, Alice?«

Mehr als alles andere wünschte ich mir eine Freundin. Alle anderen Kinder hatten einen Sitznachbarn im Klassenraum, nur ich saß allein. Doch wie sollte ich es anstellen, eine Mitschülerin für mich zu gewinnen?

Zu Hause durfte ich nichts davon sagen, dass sich meine Lehrerin um meine Körperhygiene kümmerte, sonst hätte der Idiot mir die Hölle heißgemacht. Er wollte nicht, dass uns jemand half. Und ich schämte mich furchtbar dafür. Aber nach einiger Zeit gelangte ich zu der Überzeugung, dass es etwas Gutes hatte, sauber zu sein, denn ich lernte tatsächlich ein Mädchen namens Kirsty kennen und freundete mich mit ihr an. Zum ersten Mal in meinem Leben hatte ich eine Freundin.

Anfangs sagte Kirsty nur »Hi«, wenn wir uns morgens begegneten, doch nach und nach spielten wir immer öfter zusammen – Seilspringen, Ballspiele und so weiter. Und bald darauf saßen wir im Unterricht nebeneinander. Ich war überglücklich. Kirsty war hübsch, sie trug Kleidung in bunten Farben und hatte immer ordentlich geflochtene Zöpfe oder einen Pferdeschwanz. Ich dagegen trug alte Sweatshirts, und mein Haar war immer strähnig. Auch wenn ich versuchte, mir einen schönen Pferdeschwanz zu machen, sah er nie so ordentlich aus wie bei Kirsty.

Ebenso wie die Dusche und die saubere Kleidung musste ich auch Kirsty vor dem Idioten geheim halten, denn wenn er von ihr erfuhr, würde er irgendwie versuchen, unsere Freundschaft zu unterbinden. Also verlor ich zu Hause kein einziges Wort über meine neue Freundin. Insgeheim freute ich mich nun jeden Morgen noch mehr auf die Schule. Mittags lungerte ich nicht mehr vor dem Speisesaal herum, in der Hoffnung auf einen Nachschlag, sondern rannte mit Kirsty hinaus auf den Schulhof. Doch sosehr ich es genoss, eine Freundin zu haben, verwirrte es mich auch, wenn sie mir von ihrer Mum, von ihrem Dad und von den Dingen erzählte, die sie gemeinsam unternahmen.

»Gestern Abend war ich mit meinem Daddy schwimmen, und wir haben die ganze Zeit zusammen gespielt«, sagte sie.

Ich verstand nicht, was sie meinte.

»Er hat mich auf seine Schultern genommen und ins Wasser geworfen. Ich habe ein bisschen Wasser geschluckt, aber Daddy hat mich wieder herausgezogen.«

Zunächst dachte ich, dass sich Kirsty Geschichten ausdachte, weil derartige Späße meiner Meinung nach nur in Büchern vorkamen. Mein Lieblingsbuch war *Der Kater mit Hut*, der zwei Kinder, Bruder und Schwester, besucht und in allerlei lustige Schwierigkeiten gerät. Doch das war nicht das wirkliche Leben. Dort spielten Väter nicht mit ihren Kindern. Ich jedenfalls fühlte mich nur sicher, wenn mein Vater nicht zu Hause war, wenn Mum uns verwöhnte und ungestört mit uns schmuste.

»Kein Theater heute Abend«, sagte sie oft, wenn wir zu Bett gingen. »Seid leise, und schlaft ein, bevor er nach Hause kommt.«

Aber manchmal hatte ich Albträume, sobald ich die Augen zumachte, und Mum musste noch einmal heraufkommen und nach mir sehen.

»Leg dich wieder hin, und denk an etwas Schönes«, empfahl sie mir, und ich dachte dann immer daran, dass sie mich in den Arm nahm. Niemals kam mir auch nur die Idee, dass Dad es tun könnte. Ich verstand nicht, dass Kirsty von ihrem Vater schwärmte.

Einige Wochen nachdem wir uns angefreundet hatten, sagte Kirsty mir, dass sie nicht mehr mit mir spielen könne.

»Jetzt werde ich auch von allen gehänselt, weil ich deine Freundin bin«, erklärte sie mir.

»Aber wir können uns doch unterhalten, wenn niemand dabei ist«, bat ich flehentlich. »Wir können geheime Freundinnen sein.«

»Nein. Die würden das irgendwie mitkriegen. Und dann wissen sie Bescheid.«

Kirsty setzte sich im Klassenraum an einen anderen Platz, und ich war wieder allein. Die einzigen Menschen, die mich nie im Stich ließen, waren meine Brüder. Sie waren meine einzigen Freunde, und wir stellten gemeinsam allerlei Unsinn an. Ich glaube, es war für uns eine Möglichkeit, all die Wut und den ganzen Frust herauszulassen, der sich bei uns angesammelt hatte. Aber die Erwachsenen um uns herum schienen das nicht zu kapieren, sie ärgerten sich bloß darüber, dass wir wieder einmal Schwierigkeiten machten.

Als ich etwa zehn war, spielte ich mit Michael auf einem Dach Fangen. Ich wollte hinunter auf ein Fenstersims springen und vor ihm weglaufen. Aber ich verfehlte das Fensterbrett und schlug acht Meter weiter unten auf dem Boden auf. Beide Beine waren gebrochen, was bedeutete, dass ich zwei Wochen im Krankenhaus und noch ein paar Wochen zu Hause mit Gipsbeinen liegen musste. Dort fühlte ich mich wie in der Falle, Dad und seinen Launen auf Gedeih und Verderb ausgeliefert. Ich wünschte mir nichts sehnlicher, als wieder zur Schule gehen zu können. Mum versuchte, mir die Zeit schön zu gestalten, indem sie sich oft zu mir aufs Sofa setzte oder mir eine Tüte Chips brachte. Sie achtete darauf, dass ich alle Hausaufgaben erledigte, die meinc Brüder mir von meiner Lehrerin mitbrachten. Aber das war schwierig, weil Dad die ganze Zeit lang den Fernseher laufen ließ und wir ihn natürlich nicht abschalten durften. Als ich endlich wieder zur Schule gehen konnte, war ich genauso wild wie vorher, wenn nicht noch wilder. Niemand kam auf die Idee zu fragen, warum. Vielleicht hielten die Leute uns einfach für einen üblen Haufen, oder sie hatten kein Interesse daran, weil wir so viel Ärger machten. Jedenfalls sah niemand genau hin, und es blieb verborgen, was sich hinter unseren geschlossenen Türen abspielte.

Ich habe lange Zeit nicht verstanden, warum der Idiot Michael noch mehr hasste als mich und meine jüngeren Geschwister. Auf jeden Fall war es Michael, der das meiste abkriegte, denn irgendetwas an ihm machte Dad rasend. Die Ohrfeigen waren stets härter und die Worte grausamer.

»Kleiner Bastard«, brüllte Dad, wenn er Michael mit dem Spazierstock verprügelte. »Mein Sohn – dass ich nicht lache.«

Ganz gleich, was Michael auch tat, er bekam immer eine Tracht. Wenn Simon ihn zuerst schlug, war Michael derjenige, der für den Streit bestraft wurde. Und wenn wir alle wieder einmal auf der Straße Unsinn verzapft hatten, war er derjenige, der alles ausbaden musste. Der Idiot schlug ihn mit bloßen Fäusten. Ich war jedes Mal bestürzt, wenn ich mit ansehen musste, wie mein Vater Michael verprügelte, aber er selbst lachte nur darüber und hätte niemals mit seiner kleinen Schwester darüber gesprochen. Natürlich waren wir noch zu jung, um die richtigen Worte zu finden, aber die Tatsache, dass ich ein Mädchen war, war für Michael Grund genug, vor mir zu verbergen, dass mein Vater ihm wehgetan hatte. Als Michael ein gebrauchtes Fahrrad bekam, nahm er Simon hinten auf dem Gepäckträger mit, aber mich nicht. Wenn wir im Fernsehen einen Karatefilm schauten und ich versuchte, ebenso wie meine Brüder die Bewegungen nachzumachen, lachten die beiden mich aus. Ich war doch nur ein Mädchen, basta.

Doch obwohl Dad Michael so übel mitspielte, gab es sofort Ärger, wenn sich jemand mit seinem Sohn anlegen wollte. Ich muss ungefähr zehn gewesen sein, als Michael mit einem Jungen draußen Streit anfing, woraufhin dessen Vater auf der Straße erschien, um Michael eine Abreibung zu verpassen. Als Michael nach Hause kam, erzählte er uns alles, und sogleich holte der Idiot seine Samurai-Schwerter unter dem Bett hervor.

»Michael! Mach schon und komm mit!«, schrie er, und dann liefen die beiden hinaus.

Ich weiß nicht, was dort draußen geschah. Jedenfalls versteckten sie die Schwerter, sobald sie wieder zu Hause waren. Michael legte seins unter die Matratze, Dad stopfte das andere in den Sofabezug. Wir dachten schon, damit sei die Sache erledigt. Aber später an diesem Tag kam die Polizei. Dads Schwert fanden sie nicht, aber das Schwert, das mein Bruder versteckt hatte, entdeckten sie recht bald. Nachdem die Polizisten gegangen waren, verabreichte der Idiot Michael eine schlimme Tracht Prügel, weil er sich so ein einfaches Versteck überlegt hatte.

Einige Wochen später, als wir aus der Schule kamen, teilten unsere Eltern uns mit, dass wir umziehen würden.

»Schuld daran ist dein dämlicher, beschissener Bruder«, schnappte Dad, als wir vor dem Transit standen, den er gemietet hatte. »Wegen dem muss ich sonst in den Knast.«

Es war fraglich, ob es wirklich Michaels Schuld gewesen war, denn Dad hätte ihm auch die Schuld in die Schuhe geschoben, wenn der Mond vom Himmel gefallen wäre. Ganz gleich, was Michael tat, Dad fand immer einen Grund, es gegen ihn zu verwenden, ihn anzuschreien und zu verprügeln. Deshalb wusste ich nicht, was der wirkliche Grund für unseren Umzug war – der Ärger mit der Polizei, der Besuch der Sozialarbeiter oder irgendetwas anderes, das Dad auf diese Idee gebracht hatte. Jedenfalls war ich nicht weiter überrascht. Wir waren schon einige Male umgezogen, weil sich der Idiot ständig mit den Nachbarn anlegte. Jedes Mal luden wir unseren stinkenden Krempel in einen Van, um das neue Zuhause zu beziehen, das das Sozialamt uns zugewiesen hatte.

Wir fragten also nicht weiter nach und packten unsere Sachen. Ich besaß nur ein paar Kleidungsstücke, die ich in eine Plastiktüte stopfte. Ich machte mir Sorgen um Laura. Sie war noch so klein und musste ständig ihre gewohnte Umgebung verlassen.

»Steigt ein!«, schrie Dad, und mir blieb nichts anderes übrig.

Ich hob Laura auf die Ladefläche des Vans, hockte mich mit ihr zwischen die schäbigen, alten Möbel, die um uns herum schepperten, und hielt sie fest, so gut ich konnte. Als der Idiot losfuhr, sagte niemand etwas, und ich fragte mich, in welche Straße wir nun ziehen würden. Doch als aus Minuten Stunden wurden, dämmerte es mir, dass wir die Stadt längst hinter uns gelassen hatten. Wir zogen an einen ganz neuen Ort, meilenweit entfernt von allem, was uns vertraut war. Ich hatte immer schon gewusst, dass mein Dad etwas gegen neugierige Blicke hatte, und nun wollte er uns fortbringen von den immer neugieriger werdenden Blicken der Sozialarbeiter und der Polizei. Aus den Augen, aus dem Sinn, an diesem Sprichwort ist wirklich etwas Wahres dran. Wir zogen in eine andere anonyme, große Stadt, und es würde lange dauern, bis sich wieder neugierige Blicke auf uns richteten.

Kapitel 3

Wir landeten in der Stadt, wo Tracy, eine von Dads Schwestern, mit ihren Töchtern wohnte. Zusammengepfercht in einer viel zu kleinen Zweizimmerwohnung wurde mir allmählich klar, warum Dad Michael noch mehr hasste als den Rest von uns.

Tracy mit ihren gefärbten Haaren und ihrem zerfurchten Gesicht mochte Mum nicht. Für sie war Mum eine Außenseiterin, anständig und mit zu viel Temperament. Später erzählten mir die Leute, dass sich Mum, als sie noch jung war, niemals etwas hatte gefallen lassen. Wenn etwa eine der Frauen in der Fabrik, wo sie damals gearbeitet hatte, sie schikanierte, drohte sie ihr, eine Schere zu holen und ihr die Haare abzuschneiden, wenn sie nicht sofort damit aufhörte.

Doch zu der Zeit, als wir umzogen, hatte Mums Temperament schon nachgelassen. Die Erwachsenen griffen oft zu Alkohol, Tracy mochte Blackheart Rum, meine Eltern tranken lieber Wodka mit Tomatensaft. Wenn Tracy ausfallend wurde, versuchte meine Mutter dagegenzuhalten, aber Dad sagte jedes Mal, Mum solle den Mund halten. Tracy hörte nicht auf, über Dads und ihren Bruder Pete herzuziehen, bei dem Mum als Babysitter gearbeitet hatte, und Mum ergriff regelmäßig Partei für ihn. Offenbar hatte sie ihn geküsst, bevor sie Dad kennenlernte. Und obwohl das schon Jahre her war, reichte eine kleine Bemerkung meiner Mutter, um das Pulverfass explodieren zu lassen.

»Ich weiß genau, was da los war«, fuhr der Idiot sie an. »Die ganze Zeit, als du mit mir gefickt hast, hattest du auch noch was mit Pete. Dein Bastard von Sohn ist nicht von mir.«

»Natürlich ist er von dir«, sagte Mum immer wieder. »Michael ist von dir, genau wie die anderen.«

Aber Dad hörte überhaupt nicht zu.

»Du beschissene Lügnerin«, schrie er. »Hast mir deine Blagen angehängt, und dabei hattest du die ganze Zeit was mit ihm. Du bist doch Petes Nutte, Petes verdammte Nutte, oder etwa nicht?«

Es spielte keine Rolle, wie oft Mum versuchte, ihn vom Gegenteil zu überzeugen – damals und in den Jahren danach –, der Idiot ließ nichts gelten.

Während dieser Streitereien in Tracys Wohnung lag ich im Dunkeln in meinem Bett und konnte mir gut vorstellen, wie Tracy feixend dabeisaß. Ich war mir sicher, dass es ihr Spaß machte, denn sie war immer diejenige, die mit dem Thema anfing.

Als wir bei Tracy auszogen und in ein Obdachlosenheim umsiedelten, wurde alles noch schlimmer, denn wir wussten: Von nun an würden wir vor Dad noch mehr auf der Hut sein müssen als zuvor. Die Zeit, in der wir bei Tracy gewohnt hatten, hatte Dad noch aggressiver gemacht, sodass er nun noch schneller ausrastete und Mum noch schlechter behandelte. Ständig warf er ihr vor, sie habe ihn mit Pete betrogen. Jeden Tag beschimpfte er sie und putzte sie herunter.

»Was soll das?«, brüllte er, wenn sie ihm eine Tasse Tee brachte. »Der ist viel zu stark, du dämliche Kuh!«

Dann machte Mum auf dem Absatz kehrt. Er lief rot an, und der Speichel troff ihm aus den Mundwinkeln.

»Aber was soll ich von so einer nutzlosen Schlampe wie dir auch erwarten? Du bist doch eh nur Petes Nutte, oder nicht?«

»Nein«, sagte Mum immer wieder. »Ich hatte nie etwas mit ihm, bis auf diesen einen Kuss. Das habe ich dir schon so oft gesagt.«

»Verpiss dich! Ich weiß, was du bist: eine dreckige Hure, und außer mir wollte dich sowieso keiner. Du bist eine fette Schlampe, und niemand will was mit dir zu tun haben.«

Das Geschrei wurde allmählich immer schlimmer, und wenn ich abends im Bett lag und es hörte, wurde mir ganz schlecht, weil ich wusste, was mein Vater gerade mit Mum anstellte. Manchmal kam sie mit aufgeplatzter Lippe oder blauen Flecken an den Armen zum Frühstück, und obwohl wir es nie beobachtet hatten, war klar, dass Dad sie schlug. Damals war ich zehn, alt genug, um mir mehr als alles andere zu wünschen, dass er damit aufhörte. Und obwohl mir bewusst war, dass ich es nicht ändern konnte, tat ich, was ich konnte, um Mum zu helfen. Ich achtete darauf, dass niemand von uns irgendetwas tat, das Dad auf die Nerven ging, damit er nicht noch unausstehlicher wurde. Doch kurz nachdem wir in das Obdachlosenasyl gezogen waren, vergaßen Laura und ich unsere Vorsicht. Ich weiß nicht mehr, was genau wir verbrochen hatten, jedenfalls zogen wir uns Dads Wut zu.

»Was treibt ihr da für Spielchen?«, schrie er uns an.

Wir standen wie begossene Pudel vor ihm.

»Gar keine, Dad, ganz bestimmt nicht«, sagte ich und

fing an zu weinen, in der Hoffnung, dass unsere Tränen ihn davon abhalten würden, uns mit seinem Gürtel zu verprügeln.

»Habe ich es euch nicht schon oft genug gesagt?«, brüllte er. »Habt ihr immer noch nicht kapiert, dass ihr keinen Ärger machen sollt?«

Mit klopfendem Herzen sah ich, dass er mit dem Spazierstock in der Hand auf Laura und mich zukam.

»Jetzt reicht es mir mit euch kleinen Schlampen«, rief er und schlug mit dem Stock auf unsere Beine ein.

Laura war erst fünf, so klein, dass sie sich kaum aufrecht halten konnte, als der Stock sie traf. Sobald mein Vater mir gegen Schienbeine und Schenkel schlug, schrie ich wie verrückt.

»Verzieht euch!«, blaffte Dad, nachdem er lange genug auf uns eingeprügelt hatte, und wir humpelten hinaus.

Nach ein paar Stunden taten meine Beine so weh, dass ich sie kaum noch bewegen konnte. Dicke rote Striemen liefen über meine Schienbeine, und die blauen Flecken auf meiner blassen Haut färbten sich violett. Wir waren so schlimm zugerichtet worden, dass Mum beschloss, uns ins Krankenhaus zu bringen.

»Was soll das denn?«, zischte Dad sie an, als sie es ihm sagte. »Denen fehlt nichts. Hör auf, dir wegen nichts und wieder nichts Sorgen zu machen!«

»Sieh sie dir doch an«, beharrte Mum. »So können sie doch nicht zur Schule gehen, oder etwa doch?«

Schließlich willigte Dad ein, aber vorher ließ er uns antreten und schärfte uns ein, was wir den Ärzten im Krankenhaus erzählen sollten.

»Wenn ihr auch nur irgendetwas anderes behauptet, werden sie euch fortbringen, und dann seht ihr eure Mum nie wieder«, drohte er. »Vergesst das bloß nicht.«

Als ich mit Mum und Laura in der Notaufnahme saß, bekam ich Angst. Mum hatte unsere Namen angegeben, und man hatte uns in eine Kabine gebracht, um Röntgenaufnahmen zu machen. Meine Beine pochten die ganze Zeit über. Während wir später auf den Arzt warteten, starrte ich auf meine blauen Flecken und musste unwillkürlich daran denken, dass wir bald schon die nächste Tracht bekommen würden und kurz darauf die nächste und immer so weiter. Keiner war mehr sicher vor ihm, nicht einmal die kleine Laura.

»Es ist nichts gebrochen«, sagte der Arzt, als er zu uns kam, um mit uns zu sprechen.

»Das ist gut«, antwortete Mum und wollte aufstehen.

»Aber wie ist das passiert?«, fragte der Arzt ganz ruhig.

Ich starrte ihn an.

»Wir sind die Treppe runtergefallen«, sagte ich hastig.

Er sah mich an, und sein Blick glitt an meinen Beinen hinunter, dann wandte er sich Mum zu.

»Das passiert ihnen immer wieder«, erklärte Mum. »Sie spielen, und dann fangen sie an, sich zu zanken. Ich war gerade dabei, das Essen zu kochen, da hörte ich sie stürzen.«

Der Arzt schaute ihr lange in die Augen, und da wusste ich, dass er nicht glaubte, was wir ihm vorgaukelten. Mich packte die Angst. Würde er jemandem davon erzählen? Würde Mum verprügelt werden, wenn wir nach Hause kamen? Würde wieder jemand die Polizei rufen?

»Sie sollten besser auf sie aufpassen«, empfahl der Arzt meiner Mutter. Er drehte sich um und ging.

Mum sah Laura und mich an – unsere Wangen waren tränenverschmiert.

»Lasst uns nach Hause gehen«, sagte sie.

Ich war erleichtert. Der Arzt würde uns nicht in Schwierigkeiten bringen. Mum würde nicht verprügelt werden, denn wir waren nicht unartig gewesen, sondern hatten Dads Geheimnis für uns behalten.

In der neuen Stadt, wo wir nun wohnten, gefiel es mir nicht, und mit den Kindern in der Schule lief es genauso wie immer – sie benutzten lediglich andere Wörter, um mich zu hänseln.

»Stinki«, riefen sie kichernd. »Fetti.«

In meiner alten Klasse hatte ich mich wenigstens an die Gesichter gewöhnt und kannte alle Lehrer. In der neuen Schule gab es nur Fremde, und wir wurden noch weniger akzeptiert als vorher. Aber ich hatte nicht allzu viel Zeit, mir darüber Gedanken zu machen, denn mittlerweile hatte ich noch einen Bruder und eine Schwester, um die ich mich kümmern musste. Etwa ein Jahr vor unserem Umzug war Kate geboren, und 1980, kurz nachdem wir das Obdachlosenheim verlassen hatten und in ein Haus mit drei Schlafzimmern gezogen waren, kam mein jüngster Bruder Charlie zur Welt. Nun waren wir also sechs: Michael, Simon, Laura, Kate, Charlie und ich. Ich liebte Kate vom ersten Moment an, und mit Charlie war es ebenso. Aber Dad schien ihn nicht besonders zu mögen, weil im Krankenhaus irgendetwas mit Mum passiert war, als sie Charlie bekam. Und das machte ihn wütend.

»Sterilisiert?«, schrie er, als sie sich darüber stritten. »Das hattest verflucht noch mal nicht du zu entscheiden. Hier bestimme ich, was passiert.«

»Aber die Ärzte haben es getan«, verteidigte sich Mum. »Sie haben gesagt, sechs Kinder wären schon zu viel für mich. Ich wäre zu krank, um noch mehr zu bekommen.«

»Du hättest sie davon abhalten müssen«, knurrte Dad. »Wir brauchen noch mehr Bälger. Das ist doch alles, wozu du taugst.«

Ich verstand nicht, warum er noch mehr Kinder haben wollte, wo wir doch schon so viele waren. Von nun an musste sich Mum noch mehr anstrengen, um ihn bei Laune zu halten. Seitdem wir in das neue Haus gezogen waren, kümmerte sie sich eigentlich die ganze Zeit über nur um ihn. Wenn er auf den Fußboden spuckte, wischte sie es auf. Wenn er sich die Nase putzte und das Taschentuch beiseitewarf, hob sie es auf. Solche Sachen machte er den ganzen Tag, und Mum durfte kaum von seiner Seite weichen, ohne dass er sie anschrie. Wenn sie die Treppe hinaufstieg, um bei uns für Ruhe zu sorgen, brüllte er ihr hinterher. Wenn sie vom Wohnzimmer in die Küche ging, rief er nach ihr, damit sie stehen blieb.

»Wo willst du hin?«

»Tee für die Kinder machen.«

»Lass das. Komm wieder her! Das können sie selbst.«

»Aber sie sind noch zu klein.«

»Ist mir egal. Komm sofort zurück!«

Sie musste tun, was er verlangte, sonst wäre sie – oder jemand von uns – bestraft worden. Das war auch der Grund, warum Michael, Simon und ich schließlich so viel für unsere jüngeren Geschwister taten. Meine Brüder halfen meiner Mutter etwa beim Kochen. Und das gehörte zu den schwierigsten Aufgaben, denn oft ging uns das Gas aus, weil wir nicht genug Kleingeld für den Münzzähler hatten. Manchmal schickte der Idiot uns los, damit wir ein paar seiner ach so wertvollen Kleinigkeiten verkauften und wir ein wenig zusätzliches Geld hatten. Wir aßen kalte Baked Beans und Schinken aus der Dose, vorausgesetzt, wir hatten überhaupt Konserven im Haus. Oder wir gingen in den nächsten Supermarkt und suchten in den Abfallcontainern nach etwas Essbarem oder nach Holzkisten, die wir im Kamin verbrannten, sodass wir uns in einem großen Metalltopf über den Flammen etwas kochen konnten. Dann hatte ich immer Angst, die Kleinen könnten sich am Feuer verbrennen, aber letzten Endes war ich diejenige, die sich einmal ziemlich schlimme Verbrennungen zuzog, weil ich mir heißes Wasser über die Füße schüttete, als ich den Kessel vom Feuer nehmen wollte.

Meistens war jedoch Michael für das Kochen zuständig. Er war verantwortlich dafür, dass wir etwas zu essen bekamen. Simon half bei allem Möglichen, und ich versuchte, unsere Schlafzimmer und unsere Kleidung sauber zu halten, und kümmerte mich gewissenhaft um die Kleinen. Ich wechselte ihnen die Windeln und gab ihnen das Fläschchen. Mum durfte nur noch das Allernötigste tun, seit die Babys geboren waren. Deshalb wurden schließlich irgendwann ihre Bettchen in mein Zimmer geschoben, und nun war ich diejenige, die nachts aufstand, sie beruhigte, wenn sie weinten, und ihnen das Fläschchen gab.

Und ich tat es gern, vor allem weil ich damit Mum unterstützen konnte. Und wenn meine jüngeren Geschwister mich anlächelten und sich an mich schmiegten, machte das die ganze Arbeit wieder wett. Sie waren noch so klein, ich wollte sie vor allem Schlechten beschützen und ihnen ihr Zuhause so schön wie möglich machen. Und trotz des Geschreis und der Prügeleien, die bei uns an der Tagesordnung waren, entwickelten sich die beiden prächtig.

Selbstverständlich wusste ich von klein auf, dass es bei uns zu Hause nicht so zuging wie bei den meisten Leuten. Im Fernsehen sah ich, wie ordentlich es bei anderen war – ein Feuer im Kamin, gemütliche, saubere Sofas, gepflegte Teppiche und Möbel. Auch wenn ich mir noch so viel Mühe gab, alles in Ordnung zu halten, war es in unserem neuen Haus doch bald genauso schmuddelig wie in den Wohnungen, die wir zuvor bewohnt hatten. Im Erdgeschoss waren das Wohnzimmer, wo Mum und Dad schliefen, eine Küche und ein Badezimmer, und in der oberen Etage befanden sich drei Schlafzimmer – eins für Michael und Simon, eins für meine beiden Schwestern, Charlie und mich, und noch ein weiteres. Weil wir so viele waren, sah es schon nach kurzer Zeit schlimm aus: Erbrochenes klebte an den Babysachen und hinterließ Flecke auf dem Teppich, die Kleinen putzten sich mit allem, was sie finden konnten, den Po ab, weil wir oft kein Toilettenpapier hatten, und als ich eines Tages einen Schrank öffnete, fand ich dort einen Stapel Kleidung voller Maden, die in Exkrementen herumkrabbelten. Und es sollte nicht das letzte Mal sein. Wir hatten auch Flöhe in unserem neuen Zuhause und bekamen

Flohbisse an allen möglichen Stellen – an den Armen, am Hals und auf der Brust –, kleine, juckende Bisse, die sich oft entzündeten.

Ich träumte von einem schönen, sauberen Haus – so eins, wie die Kinder in der Schule es bestimmt hatten. Aber der Idiot schien den ganzen Dreck überhaupt nicht zu bemerken. Er versuchte sogar zu verhindern, dass Mum und ich putzten. Er beschwerte sich über den Geruch der Putzmittel und verbot uns schließlich, sie zu benutzen.

Für ihn gab es nichts Wichtigeres, als uns Tag für Tag rund um die Uhr im Auge zu behalten, und nur auf seine Anweisung hin durften wir aus dem Haus gehen. Gelegentlich fuhren wir allesamt zu einem Bauernhof und kauften dort Kartons mit Eiern und Säcke voll Kartoffeln. Alle paar Monate unternahmen wir einen Ausflug aufs Land, wo Dad dann Fotos von uns machte, auf denen wir lächelnd in der Sonne standen, als wären wir eine glückliche Familie. Aber meistens lungerten wir in unserem beengten Haus herum und machten nichts von dem, was andere Kinder taten, etwa ins Kino oder spazieren oder auf den Spielplatz gehen. Und dann beschwerte sich mein Vater, dass wir zu laut waren. Er wollte einfach nicht verstehen, dass sechs Kinder nun einmal Lärm machen – umso mehr, wenn man sie nicht hinauslässt, wo sie sich abreagieren können. Doch er hatte seine Methoden, uns dazu zu bringen, leise zu sein: Er schrie uns an, putzte uns herunter oder verprügelte uns mit seinem Spazierstock. Wenn er uns dann manchmal doch aus dem Haus jagte, um endlich Ruhe zu haben, sollte Michael auf uns aufpassen. Aber mein älterer Bruder hasste es, wenn wir hinter ihm herliefen. Als ich elf wurde, war Michael schon ein Teenager und hatte keine Lust, den Babysitter zu spielen. Allmählich interessierte er sich für Mädchen, und es stank ihm gewaltig, dass sich die Horde seiner kleinen Geschwister an seine Fersen heftete. Die größte Veränderung an ihm war jedoch, dass es ihm anscheinend überhaupt nichts mehr ausmachte, wenn er von Dad geschlagen wurde. Immer wenn der Idiot ihn sich vorknöpfen wollte, verschwand er einfach in seinem Zimmer oder verließ das Haus. Dann wünschte ich jedes Mal, ich wäre auch ein Junge, dann wäre ich ebenfalls mutig und hätte mehr Freiheiten.

Abgesehen von all dem Dreck und Gestank war der Fernseher das einzig Konstante in unseren vier Wänden: Er wurde nie abgeschaltet, tagsüber nicht und nachts auch nicht. Meistens liefen Cowboy- oder Horrorfilme. Mein Vater lag auf dem Bett und ließ sich pausenlos berieseln, von Schießereien oder von maskierten Mördern, die mit Messern auf kreischende Frauen einstachen. Als ich älter wurde, stellte ich jedoch fest, dass nachts Filme mit Männern und Frauen liefen, die nichts anhatten. Wenn so etwas kam, scheuchte Mum uns stets aus dem Wohnzimmer, aber ich sah genug, um zu wissen, dass ich diese Filme nicht mochte. Das Gestöhne und Geschrei der Leute hörte sich an, als ob sie Schmerzen hätten, und wenn ich nachts aufwachte und aufs Klo musste, bekam ich Angst, denn dann musste ich am Wohnzimmer vorbeigehen, wo der Idiot diese Filme anschaute. Ich schlich mich vorbei und hoffte, dass Dad mich nicht bemerken würde, denn ich wusste: Wenn er mich erwischte, würde ich eine Ohrfeige bekommen, von der mir ganz schwindelig wurde.

Ich war elf, als Mum mir sagte, dass ich bald einen BH tragen müsse, weil mein Körper allmählich erwachsen werde. Ich verstand nicht, was sie meinte, und meine Mutter gab mir keinerlei Erklärung. Ich wollte auch nicht nachfragen, was da mit mir geschah, aber kurz darauf sollte ich eine Ahnung davon bekommen.

Ich brachte Dad, der wie immer im T-Shirt vor dem Fernseher lag, eine Tasse Tee. Immerhin hatte er sich heute rasiert. Die dazu notwendigen Utensilien musste Mum ihm immer ans Bett bringen. Als ich mich nun hinunterbeugte und ihm die Tasse Tee reichen wollte – nicht zu stark, nicht zu dünn, mit zwei Stücken Zucker –, sagte er nichts. Aber als ich ihm die Tasse hinhielt, spürte ich, dass etwas mein Bein berührte. Ich sah hinunter und stellte fest, dass seine Finger wie eine Spinne an meinem Schenkel hinaufkrabbelten.

Ich verstand nicht, was das sollte. Dad hatte mich in den letzten Jahren nie berührt, es sei denn, um mich zu schlagen. Ich erstarrte, und mein Herz klopfte wie wild. Ich schaute weiter an mir hinunter und beobachtete, wie seine nikotinverfärbten Finger meinen Schenkel entlangkrochen. Hinauf und hinunter, unter meinem Rock, kalt und verschwitzt. Dann merkte ich, dass sie mein Höschen beiseitezogen. Als er mit seinem scharfen Fingernagel über meine Haut kratzte, spürte ich ein brennendes Gefühl zwischen den Beinen. Aber ich wagte nicht, mich zu bewegen.

»Hat dir das gefallen?«, fragte er, als er schließlich aufhörte und einen Schluck Tee nahm.

»Was?«

»Hat es dir gefallen, wie sich das anfühlte?«

Ich verstand nicht, was er meinte. Und ich wollte nichts Falsches sagen. Mir war schlecht, sein Blick machte mir Angst, und ich versuchte verzweifelt, einer Ohrfeige oder den Prügeln mit dem Spazierstock zu entgehen. Dad wartete offenbar nicht auf eine Antwort, und so schwieg ich. Er streckte wieder die Hand nach mir aus, dieses Mal schob er sie unter mein T-Shirt und berührte meine nackten Brüste. Seine Arme waren kräftig, weil er ja ständig vor dem Fernseher Gewichte stemmte, seine Haut war voller borstiger schwarzer Haare, und seine Hände fühlten sich rau an. Wo war Mum? Würde er ihr wehtun, wenn sie hereinkam?

»Ich will wissen, ob dir das gefällt oder nicht«, sagte Dad mit heiserer Stimme.

Ich brachte keinen Ton hervor. Mir standen diese nächtlichen Filme vor Augen, und ich wusste, dass es hier um etwas ging, das Männer und Frauen miteinander machten, aber es gefiel mir nicht. Ich stand reglos da und schwieg, bis es endlich vorbei war und Dad mit einem schiefen Grinsen wieder seine Tasse Tee nahm.

»Das ist unser Geheimnis, Alice«, sagte er. »Niemand darf etwas davon wissen. Wenn jemand davon erfährt, werde ich sehr böse. Hast du das verstanden?«

Er sah mich mit bohrendem Blick an. Seine Augen waren dunkel, fast schwarz, und ich begriff, was sie mir sagen wollten. Dad bestimmte alles, was mit uns passierte, und nun hatte er eine neue Möglichkeit gefunden, mich zu kontrollieren. Wir hatten ein Geheimnis, das ich für mich behalten musste, und wenn ich auch nur ein Sterbenswörtchen sagte, würde er mich härter bestrafen als je zuvor.

Kapitel 4

Nachdem wir umgezogen waren, stellte der Idiot irgendwann fest, dass Mum uns gar nicht schlug, so wie er es wollte. Wir spielten noch immer dieses Spiel, bei dem wir jedes Mal laut schrien. Ich weiß nicht, wie er herausfand, dass Mum nur so tat. Wahrscheinlich kam er darauf, weil wir, ein paar Minuten nachdem wir »bestraft« worden waren, den gleichen Lärm machten wie vorher, und er wusste ja, wie verängstigt und leise wir waren, wenn er uns eine Tracht verabreicht hatte. Wie auch immer, als er merkte, dass Mum nicht das tat, was er von ihr verlangte, raste er vor Wut. Eines Tages, als wir im Wohnzimmer waren, befahl er ihr, uns zu bestrafen, und nachdem sie es getan hatte, starrte er sie mit finsterem Blick an.

»So geht das nicht«, sagte er gefährlich ruhig.

»Was meinst du damit?«, fragte Mum und drehte sich zu ihm um.

»Du hast es nicht richtig gemacht. Mach es noch mal!«

»Aber ich habe doch mit ihnen geschimpft.«

»Nicht richtig«, beharrte er. »Mach es noch mal!«

Mit ängstlichen Mienen standen wir vor ihr.

Mum sah uns der Reihe nach an. »Ab ins Bett«, sagte sie und zwinkerte uns zu. »Ich komme gleich und sage euch Gute Nacht.«

Ich spürte, dass Ärger in der Luft lag, ich wusste, dass sich über uns etwas zusammenbraute.

»Rührt euch ja nicht!«, brüllte Dad. »Bevor ihr es nicht kapiert habt, kommt ihr hier nicht raus.«

Mit ausdruckslosen Augen sah er Mum an.

»Tu es, sonst tue ich es, du dreckige Schlampe!«

Mum schwieg. Seit Charlies Geburt schaffte sie es manchmal nicht rechtzeitig zur Toilette. Dann zeigte sich ein nasser Fleck auf ihrem Rock, und das war eine Sache mehr, womit der Idiot sie demütigen konnte. Sie tat mir immer leid, wenn ich hörte, wie er sie herunterputzte, denn ich wusste ja, wie man sich dann fühlte. Nun starrte er Mum herausfordernd an und wartete auf ihre Reaktion. Was auch immer Mum tat – sie würde sich hinterher schlecht fühlen. Wenn sie uns nicht noch einmal schlagen wollte, würde er es selbst tun, und zwar wesentlich fester, als sie es überhaupt konnte. Aber wenn sie tat, was er verlangte, hätte sie anschließend uns gegenüber ein schlechtes Gewissen.

»Jetzt mach endlich, du dämliches Stück Scheiße«, sagte er mit drohend leiser Stimme.

Sie sah mich an, einen Moment lang unschlüssig, dann schlug sie mir mit der Hand gegen die Beine.

»So geht das nicht«, zischte Dad. »Mach es noch mal, aber dieses Mal fester!«

Als sie noch einmal ausholte, hatte sie Tränen in den Augen. Sie schlug mich fester, und ich musste nach Luft schnappen.

»Schon besser«, hörte ich ihn sagen. »Jetzt schaff sie hier raus!«

Seit dem Tag sah der Idiot zu, wenn Mum uns schlug, um sicherzugehen, dass sie tat, was er verlangte. Ich war deshalb nicht böse auf sie. Ich wusste ja, wie Mum sich fühlte, wenn sie uns schlagen musste. Dad war einfach stärker als wir. Und das lag nicht allein an seinen Muskeln. Ein

Blick aus seinen dunklen Augen genügte, und wir taten, was er forderte. Und nun, da er angefangen hatte, mir auch heimlich wehzutun, tat es mir noch mehr leid, wie er Mum behandelte. Ich war die Einzige, die verstehen konnte, welche Angst man vor ihm haben musste.

Nachdem Dad mich zum ersten Mal angefasst hatte, tat er es immer öfter. Wenn ich aus der Schule kam und noch meine Schuluniform trug – einen grünen Rock und ein grünes Sweatshirt –, rief er nach mir, damit ich ihm eine Tasse Tee brachte. Sobald ich ihn schreien hörte, stieg Panik in mir auf, und mein Herz raste. Mum war dann meist mit den Kleinen beschäftigt und bekam gar nicht mit, was gerade passierte. Mir blieb nichts anderes übrig, als ins Wohnzimmer zu gehen, und unwillkürlich spannte ich sämtliche Muskeln meines Körpers an. Nachdem er den Tee entgegengenommen hatte, stellte er ihn auf ein Tablett, das neben ihm auf dem Bett stand, und dann streckte er seine Hand nach mir aus. Manchmal starrte ich auf seinen fettigen Haaransatz, während seine Finger an mir hinaufkrochen, oder ich hielt den Blick starr auf den verschmutzten Teppich gerichtet und wartete, bis er endlich aufhörte. Dabei fragte ich mich, warum er mich anfasste.

»Gefällt dir das?«, fragte er immer wieder.

Zitternd stand ich da. Ein Teil von mir fürchtete sich davor, mit ihm allein zu sein, während der andere Teil Angst hatte, meine Geschwister könnten ins Wohnzimmer gerannt kommen.

Manchmal sah der Idiot mich an, wenn er mich berührte, und wollte mich dazu bringen, irgendetwas zu flüstern.

Dann wieder ignorierte er mich, bis es vorbei war und er mich von sich stieß. Mir wurde jedes Mal schlecht, und anschließend lief ich hinauf in mein Zimmer, legte mich aufs Bett und versuchte zu vergessen, was geschehen war. Aber noch stundenlang spürte ich seine Berührung, auf meiner Haut waren die Spuren seiner Stoppeln zu sehen, und meine Brüste brannten, weil er mich hineingekniffen und daran gezogen hatte.

Ich war vollkommen verwirrt. War es meine Schuld? Hatte ich irgendetwas dazu beigetragen, dass Dad solche Sachen mit mir machte? Ich verstand nicht, warum er in diesen stillen Minuten so nett mit mir sprach – leise, mit sanfter Stimme. Vielleicht war ich ja nun ein braves Mädchen?

Eine innere Stimme drängte mich, Mum davon zu erzählen, aber ich wusste, dass ich es nicht konnte. Ich war elf Jahre alt und verging innerlich vor Scham, auch wenn ich nicht verstand, warum. Irgendwie war mir klar, dass alles, was Dad mit mir machte, falsch war, und davon war ich umso mehr überzeugt, als ich eines Tages mein Höschen hinunterzog und einen Blutfleck darin fand. Dad tat mir weh, und nun blutete ich deswegen. Aber als ich Mum von dem Blut berichtete, lächelte sie nur.

»Du bist jetzt eine Frau«, erklärte sie mir. »Eines Tages wirst du Babys bekommen und selbst eine Familie haben.«

Ich sah sie an und malte mir den Tag aus, an dem ich weit weg von Dad wäre. Dann könnte Mum bei mir wohnen, so wie ich es mir schon vor langer Zeit vorgestellt hatte. Ich konnte diesen Tag kaum noch erwarten. Mum und ich und die Kleinen wären dann endlich in Sicherheit. Aber schon damals hätte mir klar sein müssen, dass meine Träume niemals wahr werden würden.

Seit ich meine Periode hatte, ließ sich Dad etwas ganz Neues einfallen, womit er mich quälen konnte. Es begann einige Wochen später, als ich aus der Schule kam und er wieder nach mir rief. Als ich das Wohnzimmer betrat, schlug mein Herz wie wild.

»Zieh dich um!«, befahl Dad.

Ich rannte in mein Zimmer. Als ich die Treppe hinunter- und zurück ins Wohnzimmer ging, war mir ganz flau im Magen. Der Idiot starrte auf meinen Rock, zu dem ich ein T-Shirt trug.

»Hast du deinen Slip an?«, zischte er.

Ich drehte mich auf der Stelle um und lief zur Tür hinaus.

Ich wusste, dass er nun böse auf mich war. Ich hatte mich wieder einmal dumm verhalten. Ich wusste doch, dass er es nicht mochte, wenn ich Unterwäsche trug. Ich musste tun, was er wollte.

Während ich die Treppe hinaufrannte, hörte ich, dass die Eingangstür ins Schloss fiel, und dann war es still im ganzen Haus. Als ich zurück ins Wohnzimmer kam, sah ich Dad fragend an.

»Wo sind die anderen?«, wollte ich wissen.

»Ich habe sie rausgeschickt, damit wir eine Zeit lang allein sein können«, antwortete er und heftete seinen begierigen Blick auf mich. »Die anderen sind einkaufen. Niemand wird uns stören. Schließ die Haustür ab!«

Mein Herz raste. Ich war noch nie mit Dad allein im Haus gewesen. Was würde er dieses Mal mit mir machen? Wie lange würde es dauern, bis Mum nach Hause kam? Ich schloss die Haustür ab und hörte ein leises Klicken, als das Schloss einrastete. Jetzt saß ich in der Falle. Ich kämpfte gegen die Tränen, die in mir aufstiegen, und ging zurück ins Wohnzimmer, wo er auf mich wartete.

»Leg dich hin!«, sagte er, als ich neben dem Bett stand.

Mir drehte sich beinahe der Magen um. Er hatte noch nie gesagt, ich solle zu ihm ins Bett kommen. Er wuchtete sich hoch und stand auf, und mir fiel auf, dass er eins von Mums langen Nachthemden trug – weiß mit einem Teddybären auf der Vorderseite.

»Zieh deinen Rock hoch!«, sagte Dad, nachdem ich mich hingelegt hatte.

Er warf sich auf mich. Ich bekam kaum noch Luft unter seinem Gewicht, und ich sah, dass ihm Speichel aus den Mundwinkeln lief. Mit beiden Händen packte er meine Arme und bewegte sich dann auf mir. Er stank nach Rauch. Er würde mich umbringen. Ich spürte, wie sich seine Hände in meine Haut krallten und sein mächtiger Bauch alle Luft aus mir herauspresste. Dann explodierte ein unerträglicher Schmerz in meinem Inneren.

»Gefällt dir das?«, keuchte er.

Während er fortfuhr, in mich hineinzustoßen, gab ich kein einziges Geräusch von mir.

»Gefällt dir das?«, wiederholte er mit rauerer Stimme, und ich wusste, was er hören wollte.

»Ja«, flüsterte ich.

Hinterher lag ich auf meinem Bett, die Knie angezogen bis an die Brust, und wartete, dass der Schmerz nachließ. Als ich hörte, dass Mum und die Kleinen nach Hause kamen und sich die Wohnung wie üblich mit Lärm füllte, blieb ich dort oben liegen. Ich wollte mich verkriechen. Ich hatte Angst, denn ich war mir sicher, dass Mum merken würde, was passiert war, sobald sie mich sah. Bestimmt stand es mir ins Gesicht geschrieben, so wie ihr die Angst ins Gesicht geschrieben stand. Aber als ich zum Abendessen gerufen wurde, konnte ich mich nicht länger verstecken und musste hinuntergehen.

»Du bist so blass«, sagte Mum, als sie mir meinen Teller gab.

Ich sagte nichts – und etwas in mir hoffte beinahe, dass sie mein Geheimnis erkennen und mich davon befreien würde, dass sie mir ansehen würde, was geschehen war, so wie ich ihr immer ansah, wenn Dad sie geschlagen hatte, auch wenn ich nicht all ihre blauen Flecken zu Gesicht bekam. Aber Mum teilte weiter den wässrigen Eintopf mit Würstchen aus, den sie zum Abendessen gekocht hatte, und schien nichts zu bemerken.

Ich nahm meinen Teller, ging ins Wohnzimmer und setzte mich auf den Fußboden, wo wir stets unsere Mahlzeiten verzehrten. Ich sah mich um und betrachtete meine Geschwister. Die kleine Kate, damals zwei Jahre alt, Laura, mittlerweile sechs, und Baby Charlie, Simon und schließlich Michael, mein mutiger großer Bruder, der sich so etwas niemals hätte gefallen lassen.

»Magst du dein Essen, Alice, oder willst du es mir geben?«, fragte er lächelnd.

»Du kannst es haben«, sagte ich und schob ihm meinen Teller zu.

»Michael!«, mahnte Mum lachend. »Du kannst Alice doch nicht einfach alles wegessen.«

Michael lachte ebenfalls. Er schaufelte ein Stück Wurst auf seine Gabel und schob es sich in den Mund.

Ich sah hinunter auf meine zitternden Hände. Seit Dad angefangen hatte, mich anzufassen, fragte ich mich immer wieder: Was hatte ich getan, dass ich so etwas verdiente? Und in dem Moment wusste ich plötzlich die Antwort. Ich war wohl das, was Dad gesagt hatte: eine nutzlose kleine Schlampe. Denn nicht einmal die Menschen, die ich auf dieser Welt am meisten liebte, sahen, was ich innerlich durchmachte. Also hatte ich es tatsächlich nicht besser verdient. Niemand durfte jemals erfahren, was für ein schlechter Mensch ich war.

Kapitel 5

Vielleicht passte es zur verkorksten Logik des Idioten, aber ich wunderte mich darüber, dass ich nicht mehr so viele Ohrfeigen bekam, seit er mich missbrauchte. Auch meinen Geschwistern fiel das bald auf, und sie fingen an, mich damit zu ärgern, ich sei sein Lieblingskind. Mir kam es vor, als würden sie sich von mir zurückziehen, möglicherweise war aber auch ich diejenige, die sich von ihnen zurückzog. Doch ganz gleich, wie es nun genau war, jedenfalls fühlte ich mich einsam. Viel lieber hätte ich weiter Ohrfeigen und Schläge mit dem Gürtel in Kauf genommen als das, was nun mit mir geschah, wenn Mum und meine Geschwister zum Einkaufen geschickt wurden.

Wenn ich auf Dads Anweisung die Tür verschlossen hatte und er sich auf mich hievte, versuchte ich, alldem zu entfliehen, indem ich mir vorstellte, ich wäre woanders – irgendwo an einem Strand, ganz weit weg, an einem warmen, stillen Ort, wo niemand mir wehtun konnte. So löste ich mich von seinem stinkenden Körper und wartete, bis er sich genommen hatte, was er wollte. Anschließend zog ich sofort meinen Rock wieder hinunter und verließ das Wohnzimmer.

Ein paar Mal gab er mir hinterher Geld.

»Wofür ist das?«, fragte ich.

»Für dich«, antwortete er. »Aber sag niemandem etwas davon.«

Einmal wollte Mum wissen, wo die Fünf-Pfundnote geblieben war, die mittlerweile in meiner Hosentasche steckte, weil er sie mir gegeben hatte.

»Weiß ich doch nicht, ist mir auch egal. Jetzt verschwinde endlich!«, fauchte er sie an.

Mum sagte nichts mehr und verließ das Wohnzimmer.

»Willst du das Geld zurückhaben?«, fragte ich den Idioten und griff nach dem Geldschein in meiner Tasche.

Ich wollte nicht, dass es Streit gab oder dass Mum am Ende Schläge bekam, weil sie zu viele Fragen stellte, und alles meinetwegen.

»Nein. Raus hier!«

Ich kaufte von dem Geld Süßigkeiten für die Kleinen, aber als sie noch mehr wollten, spürte ich, wie etwas in mir zerbrach. Sie hingen so sehr an mir, doch ich würde niemals genug für sie tun können. Ich wollte nur noch allein sein, auf meinem Bett liegen, mich vor dem Lärm, dem Geschrei und dem Gelächter verstecken. Immer mehr Zeit verbrachte ich allein in meinem Zimmer, sperrte Laura, Kate und Charlie aus und sagte ihnen, sie sollten selbst zusehen, wie sie zurechtkamen. Ich hasste mich dafür, dass ich so abweisend zu ihnen war, aber ich konnte nicht anders. Ich war davon überzeugt, ich hätte dazu beigetragen, dass Dad diese Dinge mit mir machte, deshalb musste ich mich von meinen Geschwistern fernhalten, denn ich wollte nicht, dass die Kleinen genauso verletzt wurden wie ich.

Jedes Mal, wenn ich auf meinem Bett lag und versuchte, all das zu verstehen, klangen mir Dads Worte in den Ohren.

»Du darfst niemandem davon erzählen! Das weißt du doch?«

»Wenn du etwas davon erzählst, wird es dir noch leidtun.«

»Niemand würde dir deine Lügen glauben.«

Sosehr ich auch versuchte zu verdrängen, was Dad nun ständig mit mir anstellte, schaffte ich es einfach nicht. Ich wurde die Gedanken daran nicht los. Manchmal, wenn ich neben meinem Vater auf dem Bett lag, flehte ich im Stillen, Mum würde sich beeilen und eher nach Hause kommen. Aber das war unmöglich, wenn sie die Kleinen bei sich hatte, denn die konnten noch nicht so schnell laufen. Also war ich stets allein mit Dad, bis es endlich vorbei war und er mir erlaubte, die Tür wieder aufzuschließen.

Meistens schlug uns der Idiot auf jene Körperstellen, die unter unserer Kleidung verborgen waren, doch als ich älter wurde, sprangen mir zunehmend Mums Verletzungen ins Auge. Ich muss ungefähr acht gewesen sein, als ich zum ersten Mal ihre blutende Lippe bemerkte, und von dem Moment an fiel mir immer wieder auf, dass ihre Lippen aufgeplatzt waren, dass sie aus der Nase blutete oder Abdrücke von Fingern an den Handgelenken hatte.

»Petes Nutte, du dreckige Schlampe!«, hörte ich ihn immer wieder schreien.

»Das stimmt nicht«, sagte sie weinend.

»Doch, das bist du, du dämliche Kuh. Du kannst ja auch sonst nichts. Nicht einmal kochen. Du taugst verdammt noch mal zu gar nichts!«

Natürlich kam es auch vor, dass er bei uns seine Spuren hinterließ – wie an dem Tag, als wir oben in unseren Zimmern lautstark tobten und er von unten hinaufbrüllte, wir sollten endlich leise sein, weil er sonst beim Fernsehen nichts hören könne. Aber meine jüngeren Geschwister achteten nicht auf seine Rufe, und so hörten wir ihn kurz darauf die Treppe heraufpoltern.

»Was habe ich euch gesagt?«, brüllte der Idiot und kam in unser Schlafzimmer, wo Laura, Kate und ich uns unter den Bettdecken versteckt hatten.

Ich schlang meine Arme um die Kleinen, und so lagen wir dort im Dunkeln. Ich hörte, wie er auf uns zukam und sein Gürtel durch die Luft zischte.

»Ich habe es euch immer wieder gesagt«, schrie er, und dann peitschte der Gewichthebergürtel auf uns herab. »Ihr sollt verdammt noch mal die Klappe halten, wenn ich fernsehen will!«

Wieder knallte der Gürtel auf uns herunter – auf Füße, Kopf, Hände, Gesicht. Ihm war es gleichgültig, wo er uns traf. Ich zog Kate näher an mich heran. Ich konnte Charlie in seinem Bettchen weinen hören.

»Sorg dafür, dass der kleine Scheißer Ruhe gibt, sonst kannst du was erleben!«, schrie Dad heiser, als er endlich mit uns fertig und vollkommen außer Atem war.

Ich zweifelte nie daran, dass Dad seine Drohungen wahr machen würde, wenn er wirklich wollte. Er hatte Messer und Schwerter unter dem Bett versteckt und stets einen schweren Hammer und ein Tomahawk in Reichweite. Unter seinem Kopfkissen lag ein Stilett mit langer schlanker Klinge, für den Fall, dass jemand ihn angreifen wollte. Ich weiß nicht, wie er darauf kam, dass irgendwann er derjenige sein könnte, der verprügelt werden sollte, aber er schien ständig darauf gefasst zu sein. Als ich älter wurde, stellte ich fest, dass seine Begeisterung für Waffen immer größer wurde. Er legte sich eine Messersammlung zu, die er immer wieder polierte. Außer einem Rambo-Messer mit einer dicken Klinge und einem Kompass am Ende des Griffs besaß er auch Wurfsterne und Schlagringe. Und er verfügte über zwei Dutzend Wurfmesser, die er in Tücher gewickelt in einer verschlossenen Metallkiste aufbewahrte. Nachdem er sie geölt hatte, probierte er ein Dutzend davon aus, eins nach dem anderen, an einer alten Tür, die er als Zielscheibe benutzte. Dabei saß er auf dem Bett, und wenn er die Messer quer durchs Wohnzimmer warf, sprangen wir eilig beiseite.

»Hebt sie auf«, blaffte er uns an, wenn er fertig war, und wir sammelten hastig die Messer ein.

Manchmal, wenn er wütend war, hielt er die Messer hoch und sah uns drohend an.

»Ihr solltet euch zusammenreißen, weil ich euch eure Frechheiten nämlich nicht durchgehen lasse«, schnauzte er uns an.

Mir wurde jedes Mal flau im Magen, wenn ich sah, dass er eins dieser langen, scharfen Messer in der Hand hielt.

Eines Tages kam meine Mutter mit den Kleinen vom Einkaufen zurück, und die Haustür war noch verschlossen. Der Idiot hatte länger als sonst gebraucht, und so hatte ich die Tür noch nicht wieder aufgesperrt.

»Warum ist die Tür abgeschlossen?«, fragte Mum, als ich endlich aufmachte.

»Er hat gesagt, ich soll sie abschließen«, antwortete ich und drehte mich rasch um, weil ich nicht wollte, dass sie mir in die Augen sah.

Mum sagte nichts und brachte die Einkaufstüten in die Küche, dicht gefolgt von den Kleinen. Als sie ins Wohnzimmer kam, hingen sie ihr noch immer am Rockzipfel – Kate quengelte, Charlie weinte.

»Kannst du ihm die Windeln wechseln?«, fragte sie mich und übergab mir Charlie. »Er ist vollkommen nass, und ich muss das Abendessen für Dad machen.«

Ich ging mit meinem kleinen Bruder nach oben. Ich war wie betäubt. Ahnte Mum vielleicht nun etwas? Sie hatte sich jedenfalls nichts anmerken lassen.

Als ich zwölf wurde, kam Michael mir schon richtig erwachsen vor. Obwohl er nur zwei Jahre älter war als ich, wirkte er sehr verständig. Und weil er nun fast so groß war wie Dad, wollte er sich nicht mehr an die Regeln des Idioten halten. Er wollte sein Leben selbst bestimmen.

»Wo bist du gewesen?«, schrie Dad, wenn mein Bruder zu spät aus der Schule kam. »Du sollst doch deine Geschwister nach Hause bringen.«

»Ich musste nachsitzen«, schrie Michael dann zurück. »Außerdem bin ich kein blöder Aufpasser.«

Die Augen des Idioten wurden schwarz vor Wut, und wenn er dann seinen Spazierstock schwang, wich Michael ihm einfach aus.

»Komm wieder her, du kleiner Bastard!«

Aber Michael lief nach oben oder auf die Straße, und wir anderen sahen zu, dass wir wegkamen.

»Lass ihn doch«, versuchte Mum manchmal, Dad zu besänftigen.

»Halt die Klappe!«, blaffte Dad sie an. »Solange der kleine Bastard unter meinem Dach lebt, lasse ich nicht zu, dass er macht, was er will.«

Aber Michael ließ sich durch nichts, was Dad sagte oder tat, mehr einschüchtern, und das machte Dad erst richtig wütend. Er war es schließlich gewohnt, dass alle nach seiner Pfeife tanzten. Michael trainierte heimlich mit Dads Gewichten, um seine Muskeln zu stärken. Und je kräftiger er körperlich wurde, desto mutiger wurde er. Mein Bruder weigerte sich immer öfter zu tun, was er sollte. Manchmal kam er nachts nicht nach Hause, oder er verschwand tagsüber für ein paar Stunden, und dann tobte der Idiot vor Wut durch das ganze Haus.

»Verschwindet nach oben, alle!«, hörte ich Dad eines Tages schreien, als ich in der Küche war.

Michael war gerade nach Hause gekommen, und als ich in die Diele lief, sah ich, dass der Idiot Michael am Kragen gepackt hatte und an die Wand drückte.

»Nein, Dad!«, schrie ich. »Lass ihn los!«

Aber der Idiot hörte natürlich nicht auf mich und presste Michael mit dem Arm noch fester gegen die Wand.

»Ich habe gesagt, ihr sollt raufgehen. Oder will einer von euch auch eine Tracht?«, brüllte der Idiot.

Ich schnappte mir die Kleinen und versteckte mich mit ihnen im Badezimmer. Von unten hörte ich Geschrei, bis es irgendwann still wurde und Michael die Treppe heraufgestapft kam. Er hatte eine rote Stelle im Gesicht, und seine Augen funkelten vor Wut.

»Irgendwann bringe ich ihn um, und dann verschwinde ich«, fluchte er verächtlich.

Ich glaube, das war der Grund, warum ich nie wagte, Michael zu erzählen, was Dad immer wieder mit mir machte. Denn ich war mir sicher, dass er dann wirklich auf Dad losgehen würde, und dann brachte der Idiot ihn vielleicht um.

Als mein Bruder immer rebellischer wurde, geriet der Idiot allmählich außer Kontrolle. Aber er konnte machen, was er wollte, Michael hatte einfach keine Angst mehr vor ihm. Der Streit schaukelte sich immer weiter hoch, bis Michael wieder einmal nachts nicht nach Hause kam und Dad am Tag darauf die Polizei rief, um ihn suchen zu lassen. Das machte der Idiot immer, wenn ihm danach war: die Polizei anrufen, um jemandem, mit dem er sich angelegt hatte, Ärger zu bereiten.

Ich wurde zum Einkaufen geschickt, und als ich zurückkam und das Haus betrat, lag mein Bruder halb auf, halb neben der Treppe, und der Idiot hatte sich über ihm aufgebaut. Die Situation wirkte sehr bedrohlich.

»Glaubst du etwa, du kannst in meinem Haus machen, was du willst?«, schrie er. »Glaubst du etwa, du bist hier in einem Hotel?«

Die Adern an seinem Hals traten hervor, und er spuckte Michael, der noch immer unter ihm lag, an.

»Du wirst tun, was ich dir sage, du kleines Stück Scheiße!«, brüllte der Idiot ihn weiter an.

Als Michael versuchte aufzustehen, funkelten seine Augen vor Zorn.

»Das werde ich nicht!«, schrie er zurück. »Ich mache, was ich will, du mieser alter Drecksack!«

»Aaaah«, grölte Dad und schlug mit einem Besen nach Michael.

Ächzend vor Anstrengung hieb er immer wieder auf ihn ein.

»Hör auf!«, rief Mum. »Lass ihn.«

Aber Dad beachtete sie gar nicht. Wieder und wieder prügelte er fluchend mit dem hölzernen Besenstiel auf Michael ein. Die Kleinen versteckten sich ängstlich hinter mir. Hin und wieder hörte ich sie verschreckt aufschluchzen. Dad hielt einfach nicht inne. Dieses Mal würde er Michael tatsächlich umbringen, damit er keine Widerworte mehr geben konnte, davon war ich überzeugt. Ich musste zusehen, dass ich meine jüngeren Geschwister in Sicherheit brachte. Also schnappte ich sie mir und schob sie die Treppe hinauf. Sie stolperten vor lauter Aufregung über jede zweite Stufe. Als wir ins Badezimmer rannten, hörte ich, wie der Besenstiel mit lautem Krachen auf Michaels Rücken zerbrach.

»Hör auf damit, du alter Scheißkerl!«, schrie mein Bruder und heulte auf vor Schmerz.

Dann waren Gepolter und dumpfe Schläge zu hören.

Sekunden später vernahm ich, dass die Haustür zugeknallt wurde. Ich lief zum Fenster. Michael rannte hinaus auf die Straße, und Dad stand in der Tür und brüllte hinter ihm her.

»Komm ja nicht zurück, du kleiner Bastard! Das ist mein Haus, verdammte Scheiße, und ich will dich hier nie wieder sehen.«

Ich fragte mich, ob es das nun gewesen war. Aber wo sollte Michael denn hin? Außerdem konnte er uns doch nicht allein lassen. Er hatte uns immer versprochen, dass er uns eines Tages fortbringen würde. Er würde bestimmt nicht ohne uns verschwinden.

Für den Rest des Tages war es still im Haus, und niemand

nahm das Wort Michael in den Mund. Aber am nächsten Tag, als ich mit Mum in die Küche ging, fiel mir auf, dass sie mit zitternden Händen nach dem Kessel griff.

»Was ist los?«, fragte ich, während sie den Wasserhahn aufdrehte.

»Er kommt nicht zurück«, sagte Mum leise und sah dabei traurig auf ihre Hände.

»Was?«

Ungläubig starrte ich sie an. Das konnte doch nicht wahr sein. Michael würde uns niemals hier zurücklassen. Bis jetzt war er immer wieder zurückgekommen. Ich hatte mich immer auf ihn verlassen können. Und das sollte jetzt für alle Zeit vorbei sein?

»Das glaube ich nicht.«

»Es stimmt aber«, entgegnete Mum und wandte sich zu mir um.

Sie hatte Tränen in den Augen.

»Er kommt nicht mehr nach Hause. Er wohnt jetzt bei Granny Ruby.«

»Aber das ist meilenweit weg! Wie sollen wir ihn da besuchen?«

»Gar nicht.«

»Was soll das heißen, gar nicht?«

»Alice, du musst dich damit abfinden. Du hast doch mitgekriegt, was hier los war. Dein Vater und Michael kommen einfach nicht miteinander aus. Es ist besser für uns alle, wenn er nicht mehr hier wohnt. Wer weiß, was sonst eines Tages passiert.«

Mein Herzschlag pochte mir in den Ohren. Ich wollte nicht glauben, was Mum gesagt hatte. Michael war der Einzige, der sich gegen Dad auflehnte, er war mein Vorbild, meine Hoffnung.

»Er kann uns doch nicht allein lassen«, flüsterte ich und schaute Mum fassungslos an.

Sie konnte mir nicht in die Augen sehen und senkte den Kopf.

»Doch, mein Liebes. Er kommt nicht mehr zurück. Er wird von nun an bei Granny bleiben.«

Ich war vollkommen allein.

Kapitel 6

Kates Spitzname war Kitty Kat. Klein und dünn, wie sie war, fing sie schon im Alter von fünf Jahren an, sich herauszuputzen, denn sie war ziemlich kess. Sie konnte auch bereits Zöpfe flechten, und wenn wir abends in unserem Zimmer hockten, spielte sie gern mit meinen Haaren. Laura war sehr temperamentvoll, konnte aber auch ganz ruhig sein, wenn es darauf ankam. Charlie war ein anstrengendes Kind. Als er Zähne bekam, schrie er stundenlang. Und als er drei Jahre alt war, wollte er immer noch nicht auf sein Fläschchen verzichten. Aber Dad warf die Babyflaschen allesamt gegen die Wand, weil er nicht wollte, dass Charlie noch immer das Fläschchen bekam. Dann schrie Charlie so laut, dass Simon manchmal spätabends noch losziehen musste, um ihm ein neues zu kaufen.

Simon dagegen war ein stiller Junge. Er hockte stundenlang allein in seinem Zimmer und zerlegte alte Elektrogeräte – etwa einen Videorecorder, der die Klappe noch oben hatte –, um sie anschließend wieder zusammenzubauen. Normalerweise war ich abends, nachdem ich den ganzen Tag lang mit den Kleinen herumgerannt war, so müde, dass ich nur noch schlafen wollte. Aber selbst das war schwierig, denn obwohl Laura und Kate eigentlich zusammen in dem Doppelbett schlafen sollten, das in unserem Zimmer stand, und ich ein eigenes Bett hatte, endete es meistens damit, dass wir alle zusammen in dem großen Bett lagen, weil die Kleinen Angst hatten. Während von unten Geschrei heraufschallte, nahm ich sie in den Arm.

Als er älter war, krabbelte Charlie auch dazu, und ich musste noch mal aufstehen, um ihn zurück in sein Bettchen zu legen. Doch kurz darauf schlich er sich wieder zu uns ins Bett. Ich brachte es nicht über mich, ihn zurückzuschicken, aber ich achtete darauf, dass er morgens wieder in seinem Bettchen lag, weil der Idiot es ganz und gar nicht mochte, wenn er bei mir schlief.

Nachdem Michael fortgegangen war, kümmerte ich mich noch mehr um die Kleinen. Mum hatte wie immer genug damit zu tun, den Idioten von vorne bis hinten zu bedienen. Am Abend sank ich erschöpft ins Bett, sodass ich gar nicht dazu kam, an Michael zu denken. Er fehlte mir, obwohl ich ja wusste, dass ihm nichts anderes übrig geblieben war, als das Feld zu räumen. Wie gut, dass ich meine kleinen Geschwister hatte, sie ließen mich meinen Schmerz oftmals vergessen. Der Verlust schweißte Mum und mich noch mehr zusammen, denn auch sie vermisste Michael sehr. Dad duldete nicht, dass wir überhaupt seinen Namen aussprachen, und manchmal, wenn das Telefon klingelte, flüsterte Mum leise in den Hörer hinein, bis der Idiot merkte, wer am Apparat war, und sie auflegen musste.

»Du hast nichts mehr mit ihm zu schaffen«, schnauzte er Mum an. »Er ist abgehauen, und damit Schluss. Wenn ich dich noch einmal dabei erwische, dass du doch mit ihm sprichst, wird es dir noch leidtun.«

Mum widersprach nie, und als ich älter war, verstand ich auch, warum. Denn allmählich merkte ich, dass Dad sie auf tausenderlei Arten kontrollierte und demütigte. Zum Beispiel musste sie stundenlang am Ende seines Bettes sitzen, damit sie immer verfügbar war. Wenn sie ihn um eine Zigarette bat, ließ er sie eine geschlagene Stunde warten, bevor er sie ihr endlich zuwarf. Oder er befahl ihr, den Mund zu halten, bis er ihr wieder erlaubte, etwas zu sagen. Er war wie ein Puppenspieler, der die Fäden einer Marionette zog. Es schien ihm Freude zu bereiten, meine Mutter zu quälen. Nie hörte ich, dass er einmal etwas Nettes zu ihr sagte. Sie war die »fette Schlampe« oder »blöde Kuh«, die ihm jeden Wunsch zu erfüllen hatte, und je mehr Mums Gesundheit nachließ, desto weniger Energie brachte sie auf, sich dagegen zu wehren. Mittlerweile waren zu den Blasenproblemen, die durch die vielen Geburten bedingt waren, Beschwerden mit den Bronchien hinzugekommen, und sie nahm Tabletten für die Schilddrüse.

Mum war krank und schwach, und ich hatte zunehmend das Gefühl, mich um sie kümmern zu müssen wie um die Kleinen. Manchmal, wenn wir beide allein waren, versuchte ich, sie aufzuheitern, indem ich ihr die neuesten Aussprüche und Streiche der Kleinen erzählte. Das waren die seltenen Momente, in denen ich sie lachen sah. Zu Weihnachten und zum Geburtstag gab ich mir besondere Mühe, ihr ein schönes Geschenk zu machen. Dann waren wir für einen Moment wie andere Mütter und Töchter. Ich hätte wirklich alles getan, um sie zu beschützen. Aber wie sollte ich das tun? Abends, wenn ich ihre gedämpften Schreie hörte, weinte ich nur leise vor mich hin. Mum sprach nie darüber, aber ich wusste, dass es ihr ebenso erging wir mir: Dad verletzte sie hinter verschlossenen Türen. Hin und wieder fragte ich sie absichtlich, woher sie die blauen Flecken habe, in der Hoffnung, sie würde sich mir anvertrauen, doch sie behauptete stets, sie habe sich gestoßen. Manchmal saß sie auch weinend in der Küche.

»Ist alles okay?«, fragte ich dann, und sie wischte sich hastig die Tränen ab.

»Alles okay, mein Liebes«, antwortete sie und versuchte zu lächeln.

»Ganz bestimmt?«

»Ja, natürlich. Ich bin nur ein wenig erschöpft. Ich muss mich bloß mal richtig ausschlafen, dann geht es mir wieder gut. Hilfst du mir, das Abendessen vorzubereiten?«

Doch dann kam der Tag, an dem Dad vollkommen die Beherrschung verlor, und zum ersten Mal kriegte ich mit, wie gewalttätig er in all den Nächten tatsächlich war. Auslöser war ein Anruf von Michael. Er teilte Mum mit, er werde bei Granny Ruby ausziehen, um bei einer von Dads Schwestern zu wohnen. Daraufhin rastete der Idiot total aus.

»Sie wird ihn nicht bei sich wohnen lassen«, brüllte er. »Er soll meine Familie bloß in Ruhe lassen. Der kann ja wohl selbst für sich sorgen.«

»Aber dann wüssten wir wenigstens, wo er ist«, sagte Mum ganz ruhig.

»Ich gebe einen Scheiß darauf, wo er steckt, und du gefälligst auch. Ich will nichts mehr von ihm hören.«

»Aber ich bin beruhigt, wenn es ihm gut geht.«

Dad wankte auf Mum zu und schnauzte sie an: »Was fällt dir eigentlich ein? Dieser Bastard ist für uns gestorben!«

Er holte aus, schlug ihr ins Gesicht und boxte sie in den Magen. Entsetzt sah ich zu, wie Mum die Luft wegblieb und sie taumelnd einen Schritt zurückging. Ich wollte zu ihr laufen, ihn davon abhalten, ihr wehzutun, aber Dad drehte sich plötzlich um und blaffte mich an, ich solle verschwinden. Und sein Blick machte mir eindeutig klar, dass es besser war, zu tun, was er sagte.

Voller Panik lag ich kurz darauf auf meinem Bett und lauschte dem Geschrei von unten. Mir kam es vor wie eine Ewigkeit, bis Mum schließlich die Treppe heraufkam. Sie wankte in mein Zimmer und ließ sich neben mir aufs Bett sinken. Sie sah verweint aus, und an der Stelle, wo Dad sie geschlagen hatte, erblickte ich einen roten Fleck in ihrem Gesicht.

Ich begann zu schluchzen.

»Was sollen wir denn jetzt machen?«, flüsterte ich.

Sie strich mir das Haar aus dem Gesicht und tätschelte meine Hand.

»Ihm aus dem Weg gehen«, antwortete sie.

Ihre Stimme klang matt. Tonlos, ohne eine Spur von Zuversicht oder Wärme.

»Können wir nicht zu Michael fahren? Und uns mit ihm zusammen eine Wohnung suchen?«

»Er ist doch noch ein Junge, mein Liebes. Er kann uns nicht helfen.«

»Aber irgendwo müssen wir doch hingehen können. Irgendwohin. Hauptsache, wir kommen hier weg.«

Mum sah mich schweigend an.

»Wohin denn? Wir haben nichts und niemanden. Dafür hat er schon gesorgt.«

Ich weiß nicht, ob es daran lag, dass Michael fortgegangen war, oder ob jemand von meiner neuen Schule Kontakt zum Jugendamt aufgenommen hatte. Jedenfalls kamen die Sozialarbeiter bald zurück in unser Leben. Wieder einmal war ich in meiner Klasse als bedürftig aufgefallen und erhielt regelmäßig frische Kleidung. Natürlich hatten die Lehrer schnell durchschaut, wie mein Dad tickte, und so musste ich die Kleidung jeden Tag nach der Schule zurückgeben, weil er sie nicht wieder herausgerückt hätte. Ein paar Mal hatte ich erzählt, ich hätte Sachen verbummelt und würde sie am nächsten Tag zurückbringen, aber das tat ich nie, und deshalb funktionierte diese Lüge nach kurzer Zeit nicht mehr. Dad war so geizig, dass er sich alles unter den Nagel riss, was er umsonst bekommen konnte. Mittlerweile hatte mich sogar meine Kochlehrerin auf dem Kieker: Ich nahm zwar stets etwas von dem Essen mit nach Hause, das wir in der Schule zubereiteten, um es meinem Vater abzuliefern, aber er wollte mir die fünfzig Pence nicht geben, die wir für die Zutaten bezahlen mussten. Was sollte ich tun? Ich konnte ihn ja schlecht dazu zwingen.

Wie zuvor war ich schnell zur Außenseiterin geworden und hatte kaum Freunde. Die Einzigen, mit denen ich mich anfreundete, waren die Zwillingsschwestern Lucy und Sarah. Lucy hatte bei einem Brand schwere Verbrennungen erlitten, und sie wurde genauso gehänselt wie ich. Deshalb hielten wir zusammen. Sie störte sich nicht daran, wie ich war. Ihre Narben waren äußerlich und meine tief in mir verborgen. Lucy hatte bereits mehrere Hauttransplantationen hinter sich, damit ihre Narben nicht mehr so schlimm aussahen. Als sie mir die Behandlung erklärte, die sie im Krankenhaus bekam, erfuhr ich, wie furchtbar schmerzhaft das war.

»Warum lässt du es dann überhaupt machen?«, fragte ich sie eines Tages.

»Weil es sein muss, wenn ich einen halbwegs normalen Körper und ein normales Leben haben will«, antwortete sie.

Da wünschte ich, es gäbe eine Behandlung, die auch mich wieder heil machen konnte.

Mathe und Lesen waren meine Lieblingsfächer. Aber in den anderen Fächern strengte ich mich gar nicht richtig an, denn da mein Vater mir mein Leben lang erzählt hatte, wie nutzlos ich war, kam ich mir zu dumm vor, um im Unterricht etwas zu verstehen. Und an einigen Fächern durfte ich nicht einmal teilnehmen, zum Beispiel am Turnen oder Schwimmen, weil der Idiot nicht wollte, dass ich eine kurze Hose oder einen Badeanzug trug.

»Halt dich bloß von diesen dämlichen Typen in der Schule fern«, sagte er, wenn wir allein waren. »Wenn ich dich jemals mit einem von denen erwische, kannst du was erleben.«

Mum versuchte ihm zu erklären, dass ich Sport treiben müsse, aber er hörte gar nicht hin. Ich lernte nie Schwimmen oder Fahrradfahren und brachte immer eine Entschuldigung mit zur Schule, damit ich nicht am Sportunterricht teilnehmen musste. Eigentlich machte ich nichts von dem, was die anderen Mädchen in meiner Klasse so taten, aber anscheinend merkte das überhaupt niemand. Manchmal hoffte ich, es würde doch jemandem auffallen, wie verschlossen ich war und wie zurückgezogen ich lebte. Aber nur einmal fragte mich eine Lehrerin, ob ich zu Hause Probleme hätte. Ich kannte sie nicht besonders gut, und so behauptete ich, bei mir sei alles in Ordnung. Wenn ich in der Schule war, kam es mir manchmal sogar so vor. Denn dann hatte ich meine Ruhe, ich saß im Klassenraum wie jede andere Schülerin auch und konnte davon träumen, Krankenschwester zu werden oder Stewardess, um an all die Orte zu fliegen, von denen ich in Büchern gelesen hatte. Doch sobald die Schule zu Ende war, war ich ihm wieder ausgeliefert. Die Ketten, an die er mich allmählich legte, wurden immer enger, und ich musste jeden Mittag auf dem schnellsten Weg nach Hause laufen.

Den Unterricht verließ ich stets fünf Minuten vor Schulschluss, rannte durch den Flur zum Umkleideraum und zog hastig die Kleidung aus, die man mir morgens geliehen hatte, damit ich sofort nach Hause gehen konnte, wenn die Schulglocke läutete. Bei jeder noch so kleinen Verspätung nahm mich der Idiot ins Kreuzverhör, warum ich so spät dran sei. Er hielt mich immer mehr an der kurzen Leine, und ich durfte kaum mehr das Haus verlassen. Wenn ich einmal einkaufen gehen musste, durfte ich keine Sekunde verlieren. Und seit einiger Zeit verbot Dad es mir, mit den Kleinen draußen zu spielen. Er hatte angefangen, ein Gefängnis um mich herum zu errichten, und es gab für mich keine Möglichkeit zu entfliehen. Und jeden Morgen wachte ich mit dem gleichen Gedanken auf: Ich wünschte, dass er mich an diesem Tag nicht anfassen würde.

Niemandem fiel auf, was er machte – nicht einmal der Sozialarbeiterin, die uns eines Tages besuchte, als ich gerade aus der Schule gekommen war. Die Frau klopfte an unsere Tür, und mit ihrem strengen Gesicht und dem grauen Haar sah sie aus wie eine alte Hexe. Schon als sie unser Haus betrat, merkte ich, dass sie eigentlich so schnell wie möglich wieder gehen wollte. Nachdem sie sich die Toilette angesehen hatte, die vollkommen versaut war, weil wir nachts nicht die Spülung benutzen durften, öffnete sie die Türen zu unseren Schlafzimmern, wo sie durchnässte Matratzen und kotverschmierte Kleidung vorfand. Als der Gestank nach Urin ihr entgegenschlug, hielt sie sich eine Hand vor Mund und Nase und musste blinzeln, weil der beißende Geruch ihr in den Augen brannte.

»Du musst deiner Mutter helfen«, sagte sie und sah auf mich herab. »Sie kann das nicht alles allein bewältigen.«

Die Sozialarbeiterin blieb etwa eine Viertelstunde lang und hielt uns einen Vortrag darüber, wie wir das Haus sauber halten konnten. Dad war wütend, weil wir wieder aufgefallen waren. Aber ihm blieb nichts anderes übrig, als den Vorgaben der Sozialarbeiterin Folge zu leisten. Also ging er los und kaufte Desinfektionsmittel mit Pinienduft und Brillo Pads, womit Mum und ich anschließend die Flecken auf den Teppichen bearbeiteten. Wir luden die feuchten Bettbezüge und die schmutzige Kleidung in die Waschmaschine, warfen alte Zeitungen in den Müll und sammelten die dreckigen Windeln ein, die überall verstreut herumlagen. Die vollkommen verdreckten und durchlöcherten Kleidungsstücke packten wir in Mülltüten. Als wir endlich fertig waren, kam der Idiot, um zu inspizieren, was wir erledigt hatten. Er öffnete Schranktüren und Schubladen, um nachzusehen, ob alles zu seiner Zufriedenheit aufgeräumt war. Ehrlich gesagt wusste ich gar nicht, wie man eine Wohnung richtig sauber macht, weil ich nie in einem Zuhause gewohnt hatte, das ein normaler Mensch als bewohnbar betrachtet hätte. Dementsprechend hatte ich keine gute Arbeit geleistet und Mum auch nicht. Aber Dad hatte so niedrige Ansprüche, dass er einen

Schweinestall schon für einen Palast gehalten und sich darin wohlgefühlt hätte.

»Sorgt dafür, dass es so bleibt«, sagte er. »Ich will nicht, dass diese Scheißer vom Sozialamt ständig wiederkommen.«

Der Idiot setzte wirklich alles daran, Fremde aus der Welt fernzuhalten, die er um uns herum geschaffen hatte. Niemand lernte uns gut genug kennen, um auch nur ansatzweise Einblick in das zu bekommen, was bei uns hinter geschlossenen Türen passierte. Und mir ging es weiterhin wie allen missbrauchten Kindern – ich glaubte, ich hätte es verdient, dass so etwas Schreckliches mit mir geschah. Und niemand merkte, wie sehr ich darunter litt.

Charlie war vier und ich vierzehn, als ich eines Tages aus dem Unterricht herausgerufen wurde, weil ich ihn abholen sollte. Wie immer hatte ich ihn vor der Schule in den Kindergarten gebracht, und auf dem Weg dorthin überlegte ich fieberhaft, was passiert sein könnte. Als ich im Kindergarten ankam, erzählte man mir, dass Charlie ein kleines indisches Mädchen gebissen habe, und zwar so fest, dass sich seine Zähne durch ihre Strumpfhose hindurchgebohrt und ihr die Haut aufgerissen hätten.

»Richte deinen Eltern aus, dass sie hierherkommen sollen, weil ich mit ihnen sprechen möchte«, sagte die Leiterin des Kindergartens. »Ich glaube, wir können Charlie nicht mehr hierbehalten. Immer wieder macht er etwas kaputt oder hält sich nicht an die Regeln, und diese Sache hat das Fass endgültig zum Überlaufen gebracht.«

Ich wusste ja, wie wild Charlie war. Obwohl er noch so

klein war, schimpfte und fluchte er, wie der Idiot es ihm tagtäglich vormachte. Nachdem Charlie jahrelang Horrorfilme im Fernsehen mit angesehen und mitbekommen hatte, wie wir Älteren Ohrfeigen bekamen, schlug er manchmal grundlos nach mir, und wenn er wütend war, boxte er wild um sich. Dann wieder war er sehr anschmiegsam und wollte bei Mum oder mir auf den Arm, bis Dad uns befahl, ihn herunterzulassen.

»Soll er etwa ein Weichling werden?«, fuhr er uns dann barsch und ungehalten an.

Ich fragte mich, was nun mit Charlie geschehen würde. Mum konnte sich zu Hause nicht richtig um ihn kümmern, also würde er wohl sich selbst überlassen bleiben, bis er alt genug war, um in die Schule zu gehen, so wie wir.

Natürlich wurde der Idiot sauer, als ich ihm erzählte, was passiert war. Dass Charlie aus dem Kindergarten herausflog, bedeutete für ihn wieder einmal Ärger. Er gab meinem kleinen Bruder eine kräftige Ohrfeige, um ihm klarzumachen, was er angerichtet hatte. Aber einen Moment später fing er an zu lachen und sah Charlie an.

»Das ist mein Junge«, grölte er. »Du hast es dieser PakiSchlampe so richtig gezeigt.«

Charlie schaute zu ihm auf und wusste überhaupt nicht mehr, ob er nun etwas richtig oder falsch gemacht hatte. Er war noch zu klein, um zu verstehen, dass sein Vater ein Rassist war, der nicht einmal in den Laden an der Ecke ging, weil er von einer indischen Familie betrieben wurde. Während er immer im Auto sitzen blieb, rannte ich in den Laden und kaufte, was er haben wollte. Jeden, der eine dunklere Hautfarbe hatte, hielt er für kriminell.

Aber obwohl der Idiot seinen Spaß daran hatte, dass Charlie das kleine Mädchen angegriffen hatte, sah er doch bald ein, dass es ein Problem wäre, wenn Charlie nicht mehr in den Kindergarten durfte. Kein anderer Kindergarten würde ihn aufnehmen, und so kam Dad auf eine ganz einfache Lösung: Ich sollte nicht mehr so oft zur Schule gehen und mich stattdessen um meinen jüngsten Bruder kümmern. Es war die perfekte Ausrede, um mich von dort fernzuhalten, denn er wusste: Die Schule war der einzige Ort, wo ich mich vielleicht mit jemandem anfreunden und mich Dads Einfluss entziehen konnte. Die Schule war meine einzige Zuflucht, und nun hatte er die Möglichkeit, mich daran zu hindern, weiter dorthin zu gehen. Wenn jemand fragte, brauchte er nur zu sagen, ich würde zu Hause gebraucht. Schließlich war meine Mutter kränklich, und ich hatte viele kleine Geschwister.

Von da an musste ich fast immer im Haus bleiben. Außer zum Einkaufen durfte ich nur hinaus, um unsere Nachbarin Mrs Smith zu besuchen, deren Tochter im Rollstuhl saß. Wenn ich morgens zu Hause bleiben musste, ging ich manchmal am Nachmittag zur Schule. Die Lehrer gaben mir Hausaufgaben, die ich aber nie machen konnte, weil ich vollauf damit beschäftigt war, auf Charlie aufzupassen.

Lediglich wenn Dad Mum und Charlie zum Einkaufen schickte, war ich von der Betreuung befreit, und dann nahm sich der Idiot, was er wollte. Was früher nur alle paar Wochen geschehen war, kam nun mindestens einmal die Woche vor. Ich wehrte mich nie gegen Dad, und ich schrie auch nicht, das hätte ich mich nie getraut.

Ich wollte nichts weiter als so leben wie andere Mädchen

in meinem Alter – in die Schule gehen und mit Freundinnen spielen. Aber allmählich fand ich mich damit ab, dass ich niemals so sein würde. Ich hörte auf, von einem ganz normalen Leben zu träumen. Und jedes Mal, wenn Dad mich anfasste, sorgte er dafür, dass ich niemals ein normales Leben führen würde. Ich war beinahe noch ein Kind, aber durch ihn fühlte ich mich benutzt und schmutzig, wie ein Bündel Lumpen, das niemand haben wollte.

Früher wurde Mrs Smith wenigstens manchmal eingeladen, um etwa an Weihnachten etwas bei uns zu trinken, aber nun wurde sie an der Haustür schon abgewimmelt. Die einzigen Gelegenheiten, etwas vom Leben außerhalb unserer vier Wände mitzubekommen, waren meine Einkaufsgänge.

Mum konnte nicht besonders gut schreiben, deshalb schrieb ich immer an ihrer Stelle die Einkaufsliste: Brot, Milch, eine Schachtel Woodbines für sie und Zigarillos für ihn. Manchmal bat Mum mich, ein viertel Pfund Rosinen in Schokolade auf die Liste zu setzen, und ich schrieb ein Pfund auf, damit wir auch alle etwas davon abbekamen.

Dann rannte ich mit meiner Einkaufsliste zum Laden, und der Mann dort gab mir ein Stück Papier mit, worauf stand, wie viel wir bezahlen mussten. Nachdem ich mit den Einkaufstüten zurück nach Hause geeilt war, brachte ich Mum die Schokoladenrosinen heimlich in die Küche, und sie versteckte sie im Schrank. Später, wenn Schießereien und das Geschrei von Cowboys aus dem Fernseher plärrten, vor dem Dad wie immer klebte, steckte Mum mir eine Handvoll Rosinen zu.

»Gib deinen Geschwistern auch ein paar«, sagte sie.

Ich ging zurück ins Wohnzimmer. Dad hatte die Tür vom Flur zur Küche zugestellt, damit niemand hinein- oder hinausgehen konnte, ohne an seinem Bett vorbeizumüssen, denn er wollte immer wissen, was wir aßen oder tranken. Also steckte ich meine Hand in die Hosentasche, schlenderte an ihm vorbei und rannte die Treppe hinauf. So bekam er nicht mit, welche Leckereien ich bei mir hatte.

Mir machte es Spaß, etwas zu tun, das Dad nicht wusste, aber er musste meinen Trotz gespürt haben, so wie ein Hund einen Knochen riecht. Denn bald darauf stoppte er die Zeit, wenn ich einkaufen ging.

»Was hast du so lange gemacht?«, fuhr er mich an, wenn ich nach Hause kam.

»Nichts«, antwortete ich.

»Wieso hat das dann so lange gedauert?«

»Ich war nur einkaufen und bin sofort zurückgekommen.«

»Nein, bist du nicht.«

»Doch.«

»Bist du verflucht noch mal nicht! Du warst fünfundzwanzig Minuten lang weg, und Einkaufen dauert nicht so lange. Mit wem hast du gesprochen? Hast du etwa mit diesen Typen aus der Schule getratscht?«

»Nein, ich habe mit niemandem gesprochen.«

»Das solltest du auch nicht, denn wenn ich dich dabei erwische, kannst du was erleben. Ich hab dir doch gesagt, du sollst dich von den Jungs fernhalten. Hast du das kapiert?«

»Ja, Dad.«

»Was hast du dann gemacht?«

»Nichts. Ganz bestimmt nicht.«

»Wenn du noch mal so lange brauchst, dann setzt es was.«

Seitdem wusste ich, dass er jedes Mal, wenn ich einkaufen ging, auf die Uhr sah. Ich hatte fünfzehn Minuten Zeit für den Weg und fünf Minuten, um zu kaufen, was auf der Liste stand, sonst würde ich Ärger bekommen. Doch obwohl ich immer rechtzeitig zu Hause war, fand er bald einen anderen Grund, um misstrauisch zu werden.

»Wo ist mein Wechselgeld?«, fragte er eines Tages, als ich ins Wohnzimmer kam.

Ich war nach Hause gerannt, weil ich im Laden lange hatte warten müssen, und nun stand ich mit klopfendem Herzen vor seinem Bett. Er hatte nur ein Unterhemd an und bombardierte mich lautstark mit Fragen.

»Hier«, sagte ich. Ich ließ die Münzen in seine Hand fallen.

»Da fehlt ein Pfund«, sagte er leise.

»Das kann nicht sein.«

»Doch, verdammte Scheiße. Wo ist es?«

»Ich weiß nicht.«

Schweigend starrte er mich an, und seine Augen verdunkelten sich.

»Es muss mir aus der Tasche gefallen sein«, sagte ich aufgeregt.

Er zog die Oberlippe hoch.

»Du verlogene Schlampe. Du hast es ausgegeben, oder etwa nicht?«

Der Idiot wuchtete sich aus dem Bett und beugte sich zu mir herüber. Er stieß mit seinem Gesicht gegen meins und sog tief die Luft ein, mit seiner Nase ganz dicht vor meinem Mund. Mir wurde schlecht von seinem Gestank.

»Hast du Süßigkeiten gekauft?«, fragte er gefährlich ruhig.

Ich hörte, wie er einatmete, um festzustellen, ob mein Atem nach etwas Süßem roch.

»Nein, Dad. Das habe ich wirklich nicht. Das Geld muss mir aus der Tasche gefallen sein.«

Er ging einen Schritt zurück und musterte mich.

»Wenn du nichts zu verbergen hast, leer deine Taschen aus!«

Ich stülpte meine schmuddeligen Jackentaschen um. Sie waren leer.

»Zieh deine Schuhe und Socken aus!«, befahl er und musterte mich weiter.

Auch dort war nichts versteckt, was er nicht hätte sehen dürfen. So etwas hätte ich überhaupt nicht gewagt. Aber Dad ließ nicht locker, denn wenn es eine weitere Möglichkeit gab, mich zu quälen, nutzte er sie.

»Du gehst mit deinen Brüdern noch einmal raus und suchst mein Geld!«, schnauzte er mich an und ließ sich wieder aufs Bett fallen.

Ich sah ihn fassungslos an, und mir wurde schlecht. Niemals würde ich das Geld auf der Straße jetzt noch finden. Die Kinder aus der Gegend hatten es garantiert eingesteckt, nachdem es mir aus der Tasche gefallen war. Trotzdem musste ich tun, was er verlangte. Also suchten meine Brüder und ich eine halbe Ewigkeit. Ich bekam immer mehr Angst vor dem, was mir blühte, wenn ich mit leeren Händen nach Hause zurückkam.

»Verlier nicht noch mal mein Geld!«, schrie Dad mich an, als ich schließlich zitternd vor ihm stand. Er ohrfeigte mich, bis mir schwindelig wurde. »Und jetzt raus hier!«

Ich drehte mich um und rannte aus dem Wohnzimmer. Hätte ich jemals geplant, etwas von seinem Geld beiseitezulegen und irgendwann damit abzuhauen, wäre mir spätestens jetzt klar geworden, dass es mir nie gelingen würde, ihm auch nur einen Penny abspenstig zu machen.

Manchmal benutzte Dad Kondome, wenn er sich auf mich drängte, doch als ich dreizehn wurde, wollte er, dass ich die Pille nehme. Kurz vor meinem fünfzehnten Geburtstag hörte ich auf, sie zu nehmen, weil ich furchtbare Kopfschmerzen davon bekam. Obwohl ich nun aus der Schule mehr über alles Mögliche im Leben wusste, hatte noch nie jemand erwähnt, dass Väter mit ihren Töchtern ins Bett gingen. Als es angefangen hatte, fragte ich mich, ob andere Väter heimlich das Gleiche mit ihren Töchtern machten. Aber mittlerweile war mir klar, dass sie das nicht taten, und schon deshalb war ich mir sicher, ich würde niemals schwanger werden, denn man konnte doch sicher nicht ein Kind vom eigenen Vater bekommen.

Tief innen hatte ich jedoch Angst davor. Und obwohl ich meine Angst verdrängte, verschwand sie nicht wieder, und bald setzte meine Periode monatelang aus. Ich ging zum Arzt, und er machte einige Tests, um die Ursache herauszufinden. Schließlich sagte er, eine körperliche Ursache gebe es nicht, also müsse es wohl am Stress liegen.

Heute glaube ich, mein Körper wollte verhindern, dem Idioten das zu geben, was er in meinen Horrorvorstellungen von mir wollte. Aber damals habe ich das noch nicht verstanden. Ich wusste nur: Ich konnte nichts tun, um ihn davon abzuhalten, Sex mit mir zu haben, wann immer ihm danach war. Wenn Mum meinen Geschwistern sagte, sie sollten ihre Mäntel anziehen, wusste ich sofort, was als Nächstes passieren würde. Ich kannte den Ablauf gut. Er würde nach mir schreien, und ich würde zu ihm gehen und mich neben ihn legen. So wie sich die Wellen stets aufs Neue am Strand brechen und die Sonne jeden Morgen aufgeht, war dies das immer wiederkehrende Muster in meinem Leben.

Kapitel 7

Der Boden verschluckte mich, und während ich weiterfiel, versank ich in der Dunkelheit.

»Alice?«, sagte eine Stimme, und als ich die Augen öffnete, sah ich Mum mit einem nassen Tuch über mir.

»Was ist passiert?«, fragte ich.

Ich hob den Kopf, mir wurde übel und schwindelig.

»Du bist ohnmächtig geworden«, sagte Mum. Sie legte mir den nassen Lappen auf die Stirn. »Bleib eine Minute ganz ruhig liegen, dann helfen wir dir beim Aufstehen. Ich glaube, du hast dich am Kamin gestoßen, als du gefallen bist.«

Als ich mich aufsetzte, fuhr ein Schmerz durch meine Hand. Irritiert sah ich mich um. Ich wusste nicht mehr, was geschehen war. Gerade war es mir noch gut gegangen, und dann wurde mir plötzlich schwarz vor Augen.

»Was ist denn jetzt schon wieder, verdammt noch mal?«, fragte Dad in scharfem Ton von seinem Bett aus.

»Sie ist ohnmächtig geworden. Ich glaube, ich muss sie ins Krankenhaus bringen. Sie hat sich den Kopf gestoßen.«

»Na gut, aber mach schnell! Ich will gleich mein Abendessen«, knurrte Dad.

Mum brachte mich ins Krankenhaus. Die Ärzte untersuchten mich eingehend, um festzustellen, was mit mir los war.

»Hast du überhaupt genug gegessen?«, fragte Mum. »In letzter Zeit isst du so wenig. Vielleicht ist dir deshalb schlecht geworden.«

»Nein, das ist es nicht.«

Wir warteten, bis der Arzt zurückkam, um mit uns zu sprechen.

»Gibt es etwas, das du deiner Mum erzählen möchtest?«, fragte er und sah mich eindringlich an.

Auf einmal bekam ich Angst.

»Es wird Zeit, deiner Mutter die Wahrheit zu sagen«, erklärte er in strengem Tonfall.

In meinem Kopf rauschte es. Wusste er von Dad? Konnte er es mir ansehen? Als Mum mich fragend anschaute, stieg brennende Scham in mir auf. Ich konnte ihr doch nicht erzählen, was passiert war. Es würde sie mehr verletzen, als sie ertragen konnte. Dafür war sie einfach nicht stark genug.

»Alice?«, sagte Mum.

Schweigend starrte ich den Arzt an.

»Sie ist schwanger«, sagte er unwirsch.

Unter mir tat sich der Boden auf. Mein Kopf war völlig leer. Das konnte doch nicht wahr sein. Das konnte einfach nicht sein. Ich konnte kein Baby bekommen. Nicht von ihm. Das war unmöglich.

»Nein«, flüsterte ich, und Übelkeit stieg in mir auf.

Am liebsten wäre ich hinausgerannt, fort von diesem Blick, der mich durchbohrte und nach den Geheimnissen suchte, die ich mit niemandem teilen durfte.

»Doch, es gibt keinen Zweifel. Und ich bin mir sicher, du weißt, wie es passiert ist, auch wenn du erst fünfzehn bist.«

Die Stimme des Arztes klang hart und vorwurfsvoll, sein Blick bohrte sich noch tiefer in mich hinein, und ich saß unbeweglich dort wie eine Statue. Das Herz schlug mir bis zum Hals.

»Wann hattest du das letzte Mal deine Periode? Ist dir morgens schlecht?«

Ich starrte ihn nur an. Während er mich mit Fragen bestürmte, brachte ich keinen Ton hervor.

»Aber ich habe nichts getan«, stammelte ich schließlich.

Das schien ihn nur noch mehr zu verärgern.

»Aber natürlich hast du das.«

Mum sah mich an. »Alice, wer war es?«

»Ein Junge aus der Schule«, flüsterte ich.

Mum stand auf und zupfte an ihrem Mantel.

»Ich glaube, es ist besser, wenn wir jetzt nach Hause gehen«, sagte sie. Sie bedankte sich bei dem Arzt und führte mich hinaus.

»Oh, Alice«, entfuhr es ihr, und sie sah mich an. »Was sollen wir denn nur deinem Dad sagen? Du hast doch gesagt, du würdest so etwas noch nicht tun. Du hast versprochen, du würdest dich nicht in Schwierigkeiten bringen. Was wird er nur machen, wenn er davon erfährt?«

Ich wusste nicht, was ich antworten sollte. Da wuchs etwas in mir, der Beweis dafür, was für ein schlimmes Mädchen ich war, und ich hätte alles dafür getan, es wieder loszuwerden.

Als wir nach Hause kamen und Mum meinem Vater alles erzählte, rastete er sofort aus.

»Wie konnte das passieren, verdammt noch mal?«, schrie er. »Was hast du gemacht, du kleine Hure?«

Doch trotz seines Geschreis konnte ich das Zucken in seinen Mundwinkeln sehen. Ich verstand das nicht. Er fand das Ganze wohl lustig.

»Was hat der Arzt gesagt?«, schnauzte er mich an, nachdem Mum das Wohnzimmer verlassen hatte.

»Genau das, was Mum gerade erzählt hat.«

»Hat er nicht nach dem Vater gefragt?«

»Nein. Und ich habe ihm auch nichts gesagt.«

Ich saß weit entfernt von ihm, und Dad starrte zu mir herüber.

»Was soll ich denn jetzt machen?«, flüsterte ich.

Er kam auf mich zu und blieb dicht vor mir stehen.

»Ist schon in Ordnung«, sage er leise.

Verwirrt sah ich ihn an. Wie konnte das jemals in Ordnung sein? Ich bekam ein Kind von ihm. Ein Baby von meinem Vater.

Mir schoss alles Mögliche durch den Kopf. Ich hatte von Abtreibungen gehört, ich wusste, dass man eine machen lassen konnte, wenn man das Kind nicht wollte. Würde er mir dabei helfen?

»Deine Mum und ich werden uns um dich kümmern«, versicherte Dad, und mir schnürte es die Kehle zu. »Wir helfen dir. Wir schaffen das schon.«

Zunächst war ich verwundert, aber als mir allmählich klar wurde, was er meinte, packte mich ein eisiger Schauer.

»Ich kann es nicht bekommen«, flüsterte ich. »Du weißt, dass das nicht geht.«

Noch immer umspielte ein leichtes Grinsen seine Lippen.

»Doch, das kannst du«, sagte er. »Und das wirst du auch.«

Als mir bewusst wurde, wohin Dad mich treiben wollte, fühlte und dachte ich nichts. Ich musste dichtmachen, wie ein zugedrehter Wasserhahn, um nicht überwältigt zu werden von der schrecklichen Vorstellung, was mit mir geschehen würde. Was da in mir war, das war kein Baby, sondern nur ein Ding, und ich wollte es aus mir heraushaben, egal wie. Ich hätte wirklich alles getan, was der Idiot von mir verlangte, wenn ich es nur irgendwie hätte loswerden können. Sobald ich daran dachte, dass ich schwanger war, überkam mich Ekel. Dann stellte ich mir vor, ich würde mit etwas Spitzem in mich hineinstechen oder mich einfach aus dem Fenster stürzen, um das, was in mir heranwuchs, und auch mich selbst zu töten. Abends im Bett betete ich und hörte auf die Atemzüge meiner jüngeren Geschwister. Wenn ich Gott nur oft genug darum bat, vielleicht würde er dann dafür sorgen, dass dieses Baby nicht geboren wurde. Es durfte nicht geboren werden.

Aber wie konnte ich es verhindern? Dad behielt mich jetzt noch strenger im Auge – er beobachtete mich ununterbrochen. Ich sollte mehr Wasser trinken, weil mir morgens immer furchtbar schlecht war, und er dachte, so würde es besser. Aber wenn ich mich übergeben musste, war mir klar, dass es durch nichts besser werden konnte. Nicht das, was in mir war, verursachte mir Übelkeit. Die Übelkeit kam von den Gefühlen, die aus mir hinausflossen. Ich kam mir vor wie ein Tier, das in der Falle saß, während Dad abwartete, bis er bekommen würde, was er wollte. Ich fühlte mich so allein. Ich wusste, dass Mum wütend auf mich war, obwohl sie es nicht zeigte. Aber sie stellte mir alle möglichen Fragen, auf die ich keine Antwort geben konnte.

»Wie konntest du nur so dumm sein, Alice? Triffst du dich noch mit ihm? Wie heißt der Junge eigentlich? Er muss doch erfahren, was los ist. Er ist doch genauso dafür verantwortlich wie du.«

Immer wieder erzählte ich, es sei einer der älteren Jungen gewesen, er habe die Schule schon verlassen, und ich wisse nicht, wo er nun sei. Aber Mum hörte nicht auf zu fragen, bis der Idiot ihr irgendwann Einhalt gebot.

»Hältst du jetzt mal den Mund?«, schrie er eines Tages. »Lass sie doch endlich in Ruhe! Es ist nicht zu ändern. Wir müssen eben damit zurechtkommen.«

Wahrscheinlich sollte ich ihm auch noch dankbar sein, weil er mich in Schutz nahm. Seit er wusste, dass ich schwanger war, wollte er keinen Sex mehr von mir, und er schlug mich auch nicht mehr. Er schien richtig gut gelaunt, und das machte mir nur noch mehr Angst. Mir dagegen ging es so schlecht wie noch nie. Wenn ich nur daran dachte, was mir bevorstand, schlug mein Herz wie wild, und am liebsten hätte ich mir den Bauch aufgerissen, damit das Ding in mir nicht weiterwuchs. Ich hatte Angst, Mum könnte erfahren, dass ich sie hintergangen und zugelassen hatte, dass Dad mich anfasste, oder die Polizei könnte herausfinden, dass ich etwas so Schlimmes getan hatte. Aber am meisten Angst hatte ich davor, dass das Baby tatsächlich geboren wurde.

»Noch ein Kleines«, sagte der Idiot und sah mich von seinem Bett aus an. »Wie geht es dir?«

Was sollte ich darauf antworten? Manchmal kam es mir vor, als würde ich einen Film sehen, in dem es um jemand ganz anderen ging. Aber dies war kein Film, das war die Wirklichkeit. War ich denn ein so schlechter Mensch, dass mir etwas so Schlimmes passieren musste? Ich hasste das Ding in mir so sehr, dass ich sterben wollte.

Manchmal dachte ich, ich müsste es jemandem sagen. Aber wer würde mir schon glauben, was mein eigener Vater mir angetan hatte? Immer wieder hatte er mir erzählt, ich würde Ärger bekommen, wenn ich jemandem davon erzählte. Was sollte dann jetzt aus mir werden, wo ich ein Baby von ihm bekam? Ich dachte auch daran, wegzulaufen. Aber wohin? Und was sollte aus meinen kleinen Geschwistern werden, wenn ich nicht mehr da war? Und Mum wollte ich auch nicht bei dem Idioten zurücklassen.

So lief mein Leben weiter wie bisher. Morgens weckte ich meine Geschwister, machte ihnen Brote zum Frühstück und brachte sie dann zur Schule. Manchmal ging ich selbst auch in die Schule, aber meistens verbrachte ich den Tag zu Hause, bis ich die Kleinen wieder abholen musste. Ein Tag nach dem anderen verging, und ich fühlte mich immer mehr wie eine Gefangene. Dieses Baby hielt mich genauso gefangen wie Dad, und ich konnte nichts weiter tun, als zu hoffen, dass ich es verlieren würde. Wochenlang wartete ich darauf, bis ich eines Morgens tatsächlich feststellte, dass ich blutete.

»Das passiert manchmal bei schwangeren Frauen«, sagte Dad. »Es ist sicher nicht so schlimm.«

Aber als Mum mich in die Notaufnahme brachte, sagte man mir, das Baby sei abgegangen, wie es eben manchmal passiere. Eine grenzenlose Erleichterung stieg in mir auf. Meine Gebete waren erhört worden.

Als wir nach Hause kamen, erzählte Mum dem Idioten gleich, was geschehen war.

»Was hast du gemacht, verdammt noch mal?«, zischte er mich später an.

»Nichts. Ich bin aufgewacht und habe gesehen, dass ich blute. Der Arzt hat gesagt, ich hätte nichts dagegen tun können.«

»Irgendetwas musst du aber getan haben. Bist du zu viel herumgehüpft, oder hast du zu heiß gebadet?«

»Nein. Ich habe nichts gemacht.«

»Heißt das, du wolltest nicht, dass das passiert?«

»Nein, Dad. Natürlich nicht.«

»Das heißt also, du bist einfach zu dämlich. Sogar zu nutzlos, um ein Baby zu bekommen. Du taugst zu gar nichts, oder? Nichts weiter als ein fetter, dummer Klotz.«

Ohne etwas zu entgegnen, drehte ich mich um und ging zur Tür. Dad hatte recht. Ich hatte mir so sehr gewünscht, das Baby würde sterben, und ich war froh, dass es nun endlich weg war.

Als ich nach dem Türknauf griff, spürte ich eine Hand auf meinem Arm.

»Keine Sorge«, sagte Dad leise. »Vielleicht bist du noch zu jung und körperlich noch nicht so weit.«

Erstaunt sah ich ihn an, in der Erwartung, dass auf seine freundlichen Worte ein Tritt oder eine Ohrfeige folgen würde. Ich wusste, wie wütend er auf mich war, und so einfach würde er mich nicht davonkommen lassen.

»Wir warten ein oder zwei Jahre«, sagte er und kam näher zu mir heran.

»Wie meinst du das?«, fragte ich matt.

»So wie ich es gesagt habe«, flüsterte er. »Wir warten ein Jahr und versuchen es noch mal.«

Als ich das hörte, gefror mir das Blut in den Adern. Es war kein Unfall gewesen, der sich nicht wiederholen würde, weil Dad nun vorsichtiger wäre. Er hatte dieses Baby gewollt, und er würde alles daransetzen, ein neues zu bekommen.

Kapitel 8

Ein paar Monate nach der Fehlgeburt verließ ich kurz vor meinem sechzehnten Geburtstag ohne Abschluss die Schule. Ich wäre gern weiter zur Schule gegangen, aber selbst wenn ich die Prüfungen mitgemacht hätte, wäre ich durchgefallen, weil ich so oft gefehlt hatte. Außerdem brauchte Mum zu Hause Hilfe, und Dad wollte, dass ich mich arbeitslos meldete, damit er mehr Geld kassieren konnte. Also saß ich nun gänzlich fest, und meine Welt beschränkte sich auf die vier Wände, in denen mein Vater herrschte. Ich wollte sterben, ertrinken in der Dunkelheit, die mich erfüllte. Kurz nach der Fehlgeburt schluckte ich eine Handvoll Schmerztabletten, die man mir gegen Migräne verschrieben hatte, aber ein paar Stunden später wachte ich vollkommen benommen wieder auf.

Mein Wunsch hatte sich nicht erfüllt, also musste ich weitermachen wie bisher. Ich versuchte, an die Kleinen zu denken. Was sollten sie machen, wenn ich nicht mehr da wäre? Ich konnte sie zwar nicht vor Dads Schlägen mit Gürtel und Spazierstock beschützen, aber ich wischte ihnen die Tränen ab, wenn er sie verprügelt hatte, flüsterte ihnen tröstende Worte zu, wenn sie Angst hatten, und nahm sie nachts in meine Arme. Mum und ich, wir waren alles, was sie hatten, und Mum brauchte mich fast ebenso sehr, wie meine Geschwister mich brauchten. Doch angesichts meiner tiefen Verzweiflung musste ich mir Erleichterung verschaffen, und so fing ich an, mir mit einer Rasierklinge die

Arme und Beine aufzuschneiden. Denn sobald mir das Blut über die Haut lief, ließ mein innerer Schmerz für eine Weile nach.

Ich führte nur noch ein Schattendasein, und dennoch wuchs das Bedürfnis des Idioten, mich zu kontrollieren. Ich durfte mir nicht selbst etwas zum Anziehen kaufen – stattdessen wählte er meine Kleidung aus, und nun trug ich die gleichen formlosen Leggings, Röcke und Jogginghosen wie Mum. Dann bekam ich auch noch den gleichen Haarschnitt und die gleiche Dauerwelle verpasst wie sie, sodass ich fast genauso aussah wie Mum. Nicht einmal meine Unterwäsche durfte ich mir selbst aussuchen. Ich wusste gar nicht, welche BH-Größe ich überhaupt hatte, und ich besaß nicht ein einziges Kleidungsstück, das mir nicht zu weit war.

Nach und nach formte mein Vater mich, so wie er es mit Mum getan hatte, und das jagte mir große Angst ein. Manchmal versuchte ich, mich ihm zu verweigern, indem ich vorgab, ich hätte meine Periode, denn ich wusste, dann würde er mich nicht anrühren. Aber selbst wenn es funktionierte, war mir klar, dass ich ihm letztlich ohnehin nicht entkommen konnte. Außerdem wurde er immer gnadenloser, wenn er nicht bekam, was er wollte. Dann reagierte er seinen Frust an Mum und den Kleinen ab. Das war sein bestes Druckmittel, denn er wusste, wie sehr ich darunter litt.

»Was ist das für ein Fraß?«, schrie er Mum oft an, wenn sie ihm das Abendessen brachte.

»Der Tee ist zu kalt«, brüllte er und schleuderte ihr die Tasse ins Gesicht.

Ohne es auszusprechen, sagte er mir damit, dass alle anderen es ausbaden mussten, wenn ich mich weiter querstellte, und ich fühlte mich tatsächlich schuldig dafür. Ganz gleich, wie sehr die Kleinen auch schrien oder flehten, der Idiot kannte kein Erbarmen. So erschien es mir letzten Endes besser, zu tun, was er verlangte.

»Tu gefälligst, was ich dir sage, verdammt noch mal!«, schnauzte er mich an. »Jetzt zieh die Unterwäsche aus, und wasch dich!«

Mir blieb keine Wahl. Also ging ich zu ihm ins Wohnzimmer. Wenn ich auf dem schmuddeligen Bett lag und er mich erniedrigte, fühlte ich mich wie tot. Dann starrte ich auf das Muster der Tapete – große Blätter, die in der Mitte braun waren, umrahmt von kleineren grünen Blättern. Wieder und wieder zog ich in meiner Vorstellung die Linien des Musters nach, fuhr mit den Augen immer aufs Neue um die Umrisse herum, und wenn ich am unteren Ende der Wand angekommen war, fing ich oben von vorn an. Ich wollte mich von meinem Körper lösen, bis es vorbei war. Seit ich das Baby verloren hatte, wusste ich, wie ich innerlich abschalten konnte.

Ein paar Monate nach der Fehlgeburt musste ich noch einmal zum Arzt, weil ich nachts schlafwandelte – ich stand aus dem Bett auf und lief schreiend und jammernd in meinem Gefängnis herum. Der Arzt gab mir ein Beruhigungsmittel, aber er fragte nicht, wovor eine Sechzehnjährige solche Angst hatte. Genau wie die Lehrer und Sozialarbeiter verschloss er die Augen. Für den Rest der Welt war ich unsichtbar.

Simon verließ ein Jahr nach mir die Schule. Dad besorgte

meinem Bruder einen Job als Zeitungsbote, sodass er jeden Tag ein paar Stunden lang außer Haus war. Ich blieb eine Gefangene und kümmerte mich weiter um meine Geschwister. Als Dad von mir verlangte, dass ich Sozialhilfe beantragte, tat ich es. Jede Woche holte ich mir nun mein Geld ab, und er nahm es mir bis zum letzten Penny ab und gab es selbst aus. Alles, was ich besaß, gehörte ihm, vor allem mein Körper.

Manchmal dachte ich, er würde es vielleicht eines Tages leid, mich zu quälen, weil er seinen Spaß gehabt hatte. Aber dieser Tag kam nicht, und ich sah ihm an den Augen an, dass der Tag auch niemals kommen würde. Ich fühlte mich genauso, wie er es mir eingeredet hatte: wertlos, zu nichts nütze, durch und durch schlecht. In der Schule hatte ich normale Mädchen kennengelernt, und ich war mir sicher, dass sie nicht so leiden mussten wie ich. Mehr denn je war ich felsenfest davon überzeugt: Ich hatte irgendetwas verbrochen, womit ich all das verdiente.

Inzwischen war es unzählige Male vorgekommen, dass Mum vom Einkaufen zurückkehrte und die Tür verschlossen vorfand. Wenn ich schließlich aufsperrte, sagte keiner von uns beiden ein Wort. Ich hatte es jedes Mal eilig, wieder im Haus zu verschwinden. Wenn die Kleinen bei ihr waren, beklagten sie sich manchmal, weil sie so lange draußen hatten warten müssen, aber sie fragten nie, warum ich nicht eher geöffnet hatte.

Irgendwann wurde mir klar, dass die meisten Leute keine Fragen stellen, weil sie die Antworten eigentlich gar nicht hören wollen, und ich glaube, so ging es Mum. Ich redete mir immer wieder ein, dass sie auf keinen Fall wissen durfte, was vor sich ging, denn es wäre viel zu schmerzhaft für sie gewesen. Aber nach der Fehlgeburt passierte etwas, das mich vollkommen verwirrte, und zum ersten Mal stellte ich mir die Frage, ob sie es nicht doch wusste. Es war an einem Nachmittag, der Idiot war fertig mit mir, und ich zog gerade mein T-Shirt herunter. Plötzlich stand Mum im Wohnzimmer. Erschrocken sah ich sie an.

»Was ist hier los?«, fragte sie.

»Nichts«, antwortete ich und eilte hinaus. »Nichts ist los.«

Mum kam nicht hinter mir her, aber am Abend hörte ich Geschrei, und da wusste ich: Dad brachte sie mit Faustschlägen zum Schweigen. Nie wieder erwähnte sie diesen Nachmittag, und ich war umso mehr davon überzeugt, dass alles meine Schuld war. Wenn Mum mir gegenüber kein Wort darüber verlor, hatte ich dann nicht ganz bestimmt etwas falsch gemacht? Weil ich zuließ, dass Dad mit mir machte, was er wollte, hatte ich das Gefühl, sie zu hintergehen.

Und zu all den verworrenen Gedanken, die in meinem Kopf herumschwirrten, kam der schlimme Verdacht, dass sie vielleicht doch davon wusste. Manchmal stieg natürlich Ärger in mir auf, wenn ich darüber nachdachte, dass Mum nichts unternahm, um mich zu schützen. Aber ich verdrängte solche Gefühle, denn mir war klar, dass sie genauso viel Angst vor ihm hatte wie ich. Ein Leben bestehend aus Beschimpfungen und Prügeln hatte aus ihr ebenso eine Gefangene gemacht. Mum wollte die Wahrheit gar nicht wissen, weil sie sie ohnehin nicht hätte ertragen können. Und wenn ich sie einmal ausgesprochen hätte, wäre sie nicht mehr zu leugnen gewesen. Also schaute sie lieber weg und hielt den Mund.

Für mich jedoch war es die Wirklichkeit, und immer wieder malte ich mir aus, ich würde Dad umbringen. Tagsüber hatte ich Kopfschmerzen vor lauter Anstrengung, nicht ständig an die Übergriffe zu denken. Bis in meine Träume verfolgte mich sein heimtückisches Grinsen. Ich klammerte mich an die Vorstellung, Mum würde eines Tages ihren Mut zusammennehmen und mit mir und den Kleinen davonlaufen. Ich weiß gar nicht, wie ich darauf kam. Eigentlich hätte ich damals schon wissen müssen, dass Mum das nie tun würde. Sie war genauso wie ich – ein Feigling. Eins war ihr klar: Dad würde sie überall finden und sich zur Strafe etwas einfallen lassen, das ihre schlimmsten Vorstellungen überstieg.

Der Idiot erinnerte uns immer wieder daran, wozu er fähig war – wie an jenem Tag, als Mum und er einkaufen waren und bei ihrer Rückkehr entdeckten, dass ein Armbrustpfeil im Videoschrank steckte. Simon hatte mit der Waffe herumgespielt und aus Versehen einen Pfeil abgeschossen. Dad hatte immer versucht, ihn für Waffen zu begeistern. Im Garten hatte er ihm gezeigt, wie man mit einem Luftgewehr schießt, oder er hatte ihn bei einem unserer seltenen Ausflüge aufs Land Messer auf einen Baum werfen lassen. Aber als Dad nach Hause kam und sah, dass jemand ohne seine Erlaubnis eine seiner heiß geliebten Waffen angerührt hatte, wurde er wütend.

»Wer war das?«, fragte Dad, während wir Kinder im Wohnzimmer stocksteif vor Angst dastanden. »Wer von euch hat damit geschossen?«

»Lass sie doch«, bat Mum. »Ich kümmere mich schon darum.«

»Nein, das tust du verdammt noch mal nicht!«

Der Idiot drehte sein Stilett in der Hand. Bei dem Anblick rutschte mir der Magen in die Knie. Wenn wir auch nur eine falsche Bewegung machten, würde er das Messer ganz sicher benutzen, und ich wollte nicht, dass den Kleinen etwas zustieß. Dann schon lieber mir selbst.

Dad schritt an uns vorüber und fragte jeden Einzelnen.

»Warst du das?«, brüllte er Simon an.

»Nein, Dad. Ehrlich nicht.«

»Warst du es?«, schrie er mich an.

Mit klopfendem Herzen starrte ich auf das Messer. Er hätte mich auf der Stelle damit erstechen können.

»Simon war es. Simon war es«, jaulte eins meiner kleinen Geschwister vor lauter Angst.

Dad drehte sich um und schnappte sich einen Hammer. Er schleuderte ihn nach uns, und wir rannten davon. Wir schafften es zu entkommen, ohne dass jemand verletzt wurde. Simon kriegte an diesem Tag eine schlimme Tracht Prügel, und er wagte nie wieder, irgendetwas von Dads Sachen anzurühren. Und keiner von uns vergaß, dass nicht viel gefehlt hätte, und einer hätte das Messer im Bauch gehabt.

Ein anderes Mal hörte ich lautes Geschrei und rannte zum Wohnzimmer, hinter mir die Kleinen. Als ich die Tür aufriss, sah ich, dass Dad Mum gegen die Wand presste.

»Petes Nutte«, brüllte der Idiot. »Du bist doch nichts weiter als ein nutzloses Stück Scheiße! Komm bloß nicht auf die Idee, mir Widerworte zu geben!«

Als ich sah, dass er ein Messer in der Hand hatte, stieg Angst in mir auf.

»Dad, nein!«, schrie ich. »Lass sie los. Lass sie.«

»Raus hier, oder du kriegst auch was ab!«, schnauzte Dad mich an und drehte sich schon zu mir um.

Wie gebannt schaute ich das Messer an. Beim Anblick der Klinge wurde mir ganz schlecht, und ich zitterte vor Angst. Würde er es dieses Mal benutzen?

Mum sagte nichts, aber als sie mich ansah, wusste ich, was ich zu tun hatte. Ich machte die Tür wieder zu, nahm die Kleinen an die Hand und lief mit ihnen die Treppe hinauf. Es war genau wie immer: Mum würde Prügel einstecken, und ich konnte ihr nicht helfen, und umgekehrt war es genauso. Besser einer wurde verletzt als alle, diesen Standpunkt hatten wir schon lange verinnerlicht.

»Du weißt doch, dass dich niemand haben will?«, flüsterte der Idiot mir ins Ohr. »Niemals wird irgendein Mann dich auch nur ansehen.«

Mit gesenktem Kopf hörte ich mir an, was er sagte.

»Nun mach schon!«, zischte er mich an. Er packte mich im Nacken und presste meinen Kopf hinunter.

Dazu hatte er mich bis jetzt noch nicht gezwungen, und ich wollte es nicht. Immerhin konnte ich sonst den Kopf zur Seite drehen und innerlich abschalten, wenn er sich in mich hineindrängte. Ich musste nur daliegen und so tun, als sei ich tot. Aber das hier war anders. Ich wollte auf keinen Fall so nah an ihn herankommen.

Ich versuchte, den Kopf zu heben, aber er drückte ihn wieder hinunter. Er hatte sein T-Shirt hochgezogen und war von der Taille abwärts nackt.

»Hör auf zu zappeln, du dämliche Kuh!«, schnauzte er mich an.

Er drängte sich in meinen Mund, und der scharfe Geruch nach Urin überwältigte mich. Er war so dick und stark, dass ich davon vollkommen ausgefüllt war. Als der Idiot meinen Kopf hinauf- und hinunterzog, musste ich würgen. Ich bekam kaum Luft und hatte das Gefühl zu ersticken. Er roch wie ein Tier im Käfig – bitter, beißend und schmutzig. Er ließ mich nicht los. Immer wieder zog er meinen Kopf hinauf und hinunter.

»Benutz deine Zunge, verdammt noch mal!«, schrie er mich an. »So geht das nicht. Saugen! Jetzt mach es richtig.«

Es kam mir vor, als würde es ewig dauern, bis ich den Idioten schließlich stöhnen hörte und sich der Griff seiner Hände lockerte. Ich konnte es nicht aushalten. Ich konnte das nicht noch einmal tun. Mir war übel. Von seinem Geruch. Von dem widerlichen Geschmack. Von seinen Händen, die mich gepackt hatten.

Als ich den Kopf hob, spürte ich, wie mir die Galle den Rachen hinaufstieg, und ich wusste, was kommen würde. Ich versuchte, es hinunterzuschlucken, aber es war zu spät. Erbrochenes tropfte mir aus dem Mund – spritzte auf den Idioten und auf den Fußboden neben dem Bett.

»Was soll das, verflucht noch mal?«, brüllte er.

Mit der flachen Hand verpasste er mir einen Schlag auf den Hinterkopf.

»Du dreckige Schlampe«, schnauzte er mich an. »Das hast du mit Absicht gemacht, oder?«

»Tut mir leid, Dad«, sagte ich und versuchte, die Sauerei von ihm abzuwischen. »Tut mir leid.«

Ich wollte vermeiden, dass er mir einen Fausthieb oder

noch Schlimmeres verpasste. Unter dem Bett konnte ich die Kiste mit den Messern sehen.

»Hol einen Lappen!«, befahl er.

»Es tut mir leid. Ich wollte das nicht. Es wird nicht noch mal passieren.«

»Nein, wird es nicht, verdammt noch mal! Und wenn doch, weißt du ja, was dir blüht. Oder etwa nicht? Wisch das ab, und dann verschwinde!«

Ich lief in die Küche, hielt ein Handtuch unter den Wasserhahn und ging zurück ins Wohnzimmer.

»Es tut mir leid«, wiederholte ich immer wieder, während ich versuchte, ihn abzuwischen.

»Du bist noch weniger als nutzlos!«, fuhr Dad mich an. »Du kriegst aber auch gar nichts hin, du Schlampe. Wenn du das noch mal machst, trete ich dir die Fotze ein!«

In meinem Kopf rauschte es, und ich musste mich beinahe noch einmal übergeben, aber ich schluckte es hinunter und wischte Dads Oberschenkel ab. Es dauerte scheinbar eine Ewigkeit, die Sauerei, die ich angerichtet hatte, zu beseitigen. Ich musste die Flecken wegbekommen, sonst würde er auf mich losgehen. Ich dachte unwillkürlich an all die Waffen, die hier lagen – die scharfen Messer, die Wurfsterne mit den scharfen Spitzen. Ich musste tun, was auch immer er verlangte, sonst würde er mich umbringen.

»Mach schneller!«, schrie er, und ich schrubbte noch fester.

Plötzlich beugte er sich zu mir herunter und sah mich an.

»Du bist wirklich eine blöde Kuh! Das musst du üben, bis du es richtig kannst.«

Ich hockte auf allen vieren auf dem Boden und schwieg.

»Zu mehr taugst du doch nicht, oder? Putzen, dich um die Kleinen kümmern und auf dem Rücken liegen.«

»Ja, Dad.«

»Hörst du überhaupt zu, du dämliche Schlampe?«, schrie er. Er holte aus, und ich zuckte zusammen. »Lass dir bloß keine Flausen in den Kopf setzen, von wegen einen Freund haben oder so. Ich weiß, worauf du aus bist, wenn du einkaufen gehst. Ich weiß genau, dass du nach all den Typen schielst und willst, dass einer von denen es dir besorgt. Aber wer könnte so dämlich sein? Wer könnte glauben, du wärst was anderes als irgendeine Schürze, die es längst hinter sich hat? Du bist total verdorben, ein abgelegtes Miststück, zu nichts nütze. Und eins lass dir gesagt sein: Wenn jemand erfährt, was wir gemacht haben, kriegst du genauso viel Ärger wie ich. Schlampen wie du kommen ins Gefängnis, weißt du das eigentlich?«

Ich schluckte die Tränen hinunter, die brennend in mir aufstiegen.

»Du kriegst aber auch gar nichts hin«, zischte er, als ich aufstand und hinausging.

»Nein, Dad«, flüsterte ich.

Der Idiot ließ mich nicht mehr aus den Augen und wartete darauf, dass er bekam, was er von mir wollte. Es dauerte nur ein paar Monate, bis meine Periode wieder aussetzte, und da wusste ich: Der Gott, zu dem ich betete, hatte mich vergessen. Ich wartete eine Woche. Dann sagte ich es Dad, und er hörte sich die Neuigkeit grinsend an.

»Wann warst du fällig?«, fragte er.

»Letzte Woche.«

»Warum sagst du es mir dann erst jetzt?«

»Weil ich dachte, sie kommt noch.«

»Dann geh zur Apotheke, und mach einen Test. Da hast du Geld.«

Als ich kurz darauf die Apotheke betrat, meinen Namen auf einen Zettel schrieb und eine Urinprobe abgab, wäre ich am liebsten im Boden versunken. Die Minuten krochen vorwärts, bis eine Angestellte mir den Zettel zurückgab. Ich faltete das Stück Papier auseinander und las zwei Worte: »positiv« und »negativ«. Das Kästchen neben dem Wort »positiv« war angekreuzt. Ich schlich nach Hause und erzählte es Dad.

»Gut«, sagte er grinsend und wandte sich wieder dem Fernseher zu.

Natürlich musste ich es auch Mum sagen. Die Worte kamen mir kaum über die Lippen, und mir war, als müsste ich an meiner Lüge ersticken.

»Es war ein One-Night-Stand«, behauptete ich. »Ich bin mit einem der Jungen aus der Gegend hier in die Büsche gegangen, als ich vom Einkaufen kam. Ich konnte nicht anders. Es tut mir leid.«

Sie erwiderte nichts, und einen Moment lang wünschte ich, sie würde mich mit Fragen bestürmen – mit so vielen Fragen, dass ich zusammenbrach und die Wahrheit erzählte. Aber sie schwieg beharrlich. Und später hörte ich, wie sie ins Wohnzimmer ging, um Dad zu erzählen, was er längst wusste.

»Wie konnte das bloß passieren?«, fragte sie.

»Woher soll ich das wissen? Deine Tochter ist eben eine Schlampe, genau wie du.«

Wochen vergingen, und im Stillen betete ich dafür, dass das Baby in mir sterben würde wie das andere vorher. Ich stellte es mir bildlich vor, genau wie beim letzten Mal – wie es mit all dem Blut aus meinem Körper hinausfloss. Jede einzelne Minute war mir entsetzlich zumute. Vielleicht musste ich es dieses Mal bekommen, aber ich wusste, ich würde es niemals lieben können. Ich würde es ebenso sehr hassen, wie ich mich selbst dafür hasste, dass ich es so weit hatte kommen lassen. Eigentlich sollte man sich doch freuen, wenn man schwanger war, und so schienen meine Gefühle mir ein weiteres Zeichen dafür zu sein, wie verkommen ich war.

Ich bekam immer mehr Angst, je mehr Wochen verstrichen: acht, neun, zehn ... das Baby war immer noch in mir. Elf, zwölf, dreizehn ... es wollte einfach nicht verschwinden. Manchmal wachte ich nachts tränenüberströmt auf. Während die Zeit verging, schottete ich mich innerlich wieder ab und weigerte mich, überhaupt daran zu denken. Ich schämte mich so sehr und fühlte mich so schmutzig. Und wenn jemals die Wahrheit herauskam, würde man mich bestrafen. Das hatte Dad unzählige Male und mit angsteinflößender Stimme gesagt. Wenn ich doch nur als Junge auf die Welt gekommen wäre, dann hätte er mir nicht so wehtun können.

Zwei Tage nach Weihnachten 1986 fing ich an zu bluten, und da wusste ich: Meine Gebete waren abermals erhört worden. Ich kam ins Krankenhaus, wurde operiert, und als ich aufwachte, fühlte ich mich frei, denn nun war es vorbei. Aber sobald ich wieder zu Hause war, packte mich die Verzweiflung. Meine erste Schwangerschaft war so schnell wieder zu Ende gewesen, dass ich mir einreden konnte, es hätte sie nie gegeben. Aber diese hatte so lange gedauert, dass ich meine riesengroßen Ängste nicht einfach hinter mir lassen und vergessen konnte.

»Du musst vorsichtiger sein, Alice«, sagte Mum eines Tages, als ich auf dem Bett lag. »Du bist erst sechzehn. Viel zu jung für so etwas. Du musst warten, bis du den richtigen Mann gefunden hast, mit dem du eine Familie gründen möchtest. Willst du nicht einmal darüber nachdenken, mir zuliebe, bitte? Ich möchte, dass du glücklich wirst, mit einem Ehemann und Kindern, aber noch ist es dafür zu früh. Du hast dein ganzes Leben doch noch vor dir.«

Warum merkte sie nicht, dass mir mein Leben gestohlen wurde? Ich wollte überhaupt nicht mehr leben. Ich zog mich innerlich vollkommen zurück und hoffte, ich würde irgendwie sterben.

»Du bist echt eine nutzlose Schlampe«, sagte der Idiot später. »Was hast du mit dem Baby gemacht? Wolltest du, dass es so kommt?«

Es gab keine Antwort auf diese Frage. Es spielte keine Rolle, was ich wollte. Ich war nichts weiter als eine Sache – ein Körper, den er schlagen konnte, wenn er wütend wurde, und den er missbrauchen konnte, wenn ihm danach war. Es war nur eine Frage der Zeit, bis er mich wieder schwängern würde. Ich war eine Gefangene, und mein Vater würde mich nicht freilassen, bevor er nicht bekommen hatte, was er wollte.

Kapitel 9

Kate legte ihren Arm um meinen geschwollenen Leib.

»Was wird es wohl, Alice?«, fragte sie.

»Ich weiß es nicht. Und jetzt Schluss damit, sonst verpasst du noch den ganzen Film.«

Es war im April 1988, ich war fast achtzehn Jahre alt und zum dritten Mal schwanger. Im Sommer sollte das Baby kommen. Als Kate sich wieder dem Fernseher zuwandte und sich an mich schmiegte, war ich einen Moment lang beinahe glücklich. Ich lag mit den Kindern auf dem Bett, und wir waren so versunken in einen Film, dass ich so gut wie alles andere vergaß. *Bambi* und *Susi und Strolch* waren meine Lieblingsfilme, Kate und Laura sahen am liebsten *Tschitti Tschitti Bäng Bäng*.

Als ich gemerkt hatte, dass ich wieder schwanger war, hatte ich wie zuvor meine Gefühle abgeschaltet. Um das Baby loszuwerden, hatte ich mich aus dem Bett fallen lassen und mehr von den Schmerztabletten genommen, die der Arzt mir verschrieben hatte, als ich eigentlich sollte. Doch das Baby war in mir geblieben. In diesem Moment, als ich meine Schwester fester in den Arm nahm und auf den Bildschirm sah, wollte ich nicht daran denken. Mum hatte ich erzählt, der Vater sei ein Freund von Michael, den ich kannte, seit ich klein war, und den ich beim Einkaufen wiedergetroffen hätte. Dieses Mal fragte sie mich nicht, wie ich es fertiggebracht hätte, Sex mit einem Jungen zu haben, wo ich doch nur ein paar Minuten lang aus dem Haus gehen durfte.

»Sorg dafür, dass dieses Mal nichts schiefgeht«, hatte Dad zu mir gesagt, nachdem ich ihm davon berichtet hatte.

Natürlich hoffte ich, dass doch etwas schiefgehen würde, und so vergingen zwölf Wochen, in denen ich betete, dass ich endlich eine Blutung bekam. Aber nichts war passiert, und als ich einsah, dass es keinen Ausweg gab, packte mich die Angst. Ich hasste das Baby, das in mir heranwuchs, sogar noch mehr als das Grinsen des Idioten, wenn er meinen dicker werdenden Bauch taxierte. Manchmal musste ich mich nackt vor ihn stellen, damit er mich besser begaffen konnte. Auf einmal schien ich doch etwas wert zu sein, weil ich ihm gab, was er wollte.

»Heb etwas von der Milch für mich auf, wenn das Baby da ist«, sagte er und setzte ein Lächeln auf.

Er widerte mich an. Trotzdem wusste ich, dass es tief in mir noch ein bis dahin unbekanntes Gefühl gab. Eines Nachmittags war es ganz plötzlich in mir aufgeflammt. Die Kleinen spielten ziemlich laut im Wohnzimmer, und ich eilte aus der Küche, um mit den Kleinen zu schimpfen.

»Wollt ihr wohl endlich den Mund halten?«, brüllte er. Dann nahm er den Hammer, der immer neben seinem Bett lag, und warf ihn nach uns.

Ich spürte einen dumpfen Schlag an meinem Bauch, und heiße Wut stieg in mir auf.

»Was fällt dir eigentlich ein?«, rief ich.

Dads Blick wurde streng, und erst in dem Moment wurde mir wieder bewusst, wen ich da eigentlich vor mir hatte. Ich wandte mich um und ging zurück in die Küche. Ich war vollkommen verwirrt darüber, dass ich den Impuls verspürt hatte, mein Baby in diesem Augenblick zu beschützen.

Seitdem ich von der Schwangerschaft wusste, wünschte ich, das Baby sei tot. Ich wollte es ebenso wenig wie die anderen Kinder. Ich konnte mir nicht vorstellen, wie ich überhaupt weiterleben sollte mit einem Kind von dem Idioten. Ich wollte gar nicht darüber nachdenken. Doch aus Wochen wurden Monate, und mein Bauch wurde immer dicker. Mum sprach darüber, wie es weitergehen sollte, wenn das Baby geboren war, aber ich wollte nichts davon hören. Ich weigerte mich, darüber zu sprechen und meine Gefühle zuzulassen.

Ich verlagerte nun mein Gewicht, drehte mich zum Fernseher und wollte mich wieder auf den Film konzentrieren. Doch immer wieder musste ich an meinen Bruder Simon denken. Zuvor an diesem Tag hatte ich ihm geholfen, Zeitungen auszutragen. Ich hatte tagelang drinnen gehockt und wollte endlich mal wieder frische Luft schnappen. Wenn Simon dabei war, um mich im Auge zu behalten, ließ Dad mich manchmal hinaus. Auf dem Weg nach Hause spürte ich plötzlich ein Stechen, der Schmerz schnitt mir dermaßen in die Seite, dass ich keuchend die Luft anhielt. Simon sagte, ich solle mich hinsetzen, bis ich wieder durchatmen könne, und er rieb mir den Bauch, bis ich in der Lage war, nach Hause zu gehen. Wir waren zehn Minuten zu spät, und sobald wir durch die Tür kamen, packte Dad mich an den Schultern.

»Wo seid ihr gewesen?«, brüllte er und schüttelte mich.

»Mir war nicht gut. Wir mussten eine Pause machen.«

Der Idiot fuhr herum und warf meinem Bruder einen wütenden Blick zu.

»Was habt ihr beiden vor, verdammt noch mal?«

Ich verstand nicht, warum er so wütend war. Er hatte

mich schon oft mit Simon hinausgehen lassen. Er wusste doch, dass wir nicht ungehorsam waren.

»Wie meinst du das?«, fragte ich in flehendem Ton. »Ich hatte Seitenstechen. Simon hat mir geholfen.«

Dads Augen wurden noch dunkler.

»Sicher. Was hat er überhaupt damit zu tun?«

»Ich hatte Seitenstechen«, rief ich. »Er hat mich massiert, bis es besser wurde.«

Der Idiot kam näher an mich heran, mit funkelndem Blick.

»Er hat was?«

»Er hat mich massiert, damit die Schmerzen aufhören.«

Dad schubste mich zurück, und ich geriet ins Stolpern.

»Ist es etwa sein Baby? Fickst du mit ihm?«

»Nein«, schrie ich, und vor Angst schlug mir das Herz bis zum Hals.

»Was soll das heißen?«, rief Simon. »Wovon redet ihr da?«

Ich warf ihm einen beschwörenden Blick zu, damit ich Dad erst einmal beschwichtigen konnte.

»Simon hat mir bloß geholfen, mehr nicht«, sagte ich.

»Was soll das Ganze?«, schnauzte Dad uns an.

»Wir mussten eine Pause machen, bis es mir wieder besser ging. Deshalb sind wir so spät zurückgekommen. Das ist alles.«

Aber der Idiot hörte überhaupt nicht zu. Plötzlich drehte er sich zu Simon um, seine Halsadern pochten, und ich wusste: Jetzt würde ihn nichts mehr besänftigen.

»Glaubt ihr etwa, ich weiß nicht, was los ist?«, blaffte er uns an. »Meint ihr etwa, ich weiß nicht, was da bei euch läuft?«

»Nichts, Dad«, sagte Simon. »Gar nichts.«

»Du dreckiger Lügner!«, brüllte Dad und schob sich an mir und meinem Bruder vorbei – mit geballten Fäusten. »Ist das Kleine von dir? Hast du es mit deiner Schwester getrieben? Ich bringe dich um!«

Als sich mein Vater auf ihn stürzen wollte, lief Simon davon.

»Lass mich in Ruhe!«, rief er. »Lass mich bloß in Ruhe.«

Der Idiot stürzte hinter Simon her, aber mein Bruder hatte schon den Türknauf in der Hand.

»Komm zurück!«, brüllte Dad.

Simon riss die Tür auf und rannte hinaus. Der Idiot wollte ihn sich schnappen.

»Ich habe genug davon«, rief mein Bruder und wandte sich zu ihm um. »Hast du das kapiert? Du bist ja total verrückt!«

»Komm sofort her, du kleiner Scheißer«, schrie Dad.

»Nein. Ich habe die Nase voll. Ist das klar? Ich bin schon sechzehn. Du hast mir nichts mehr zu sagen. Du kannst mich nicht mehr einfach so verprügeln. Ich zeige dich an, das wirst du schon sehen.«

Der Idiot blieb in der Tür stehen, und Simon lief weiter. Keuchend starrte Dad ihm hinterher.

»Der kommt zurück«, zischte er. »Jetzt geh rein, und mach die Tür zu«, befahl er mir. »Die Nachbarn brauchen ihre Nasen hier nicht reinzustecken.«

Ich tat, was Dad verlangte, und im Haus wurde es still.

Simon war seit dem Streit nicht wieder nach Hause gekommen. Als ich mit den Kleinen nun vor dem Fernseher lag, fragte ich mich, wo er sein mochte. Würde er seine

Drohung wahr machen? Nein, das würde er ganz bestimmt nicht wagen.

»Kann ich mir etwas zu trinken holen?«, fragte Kate und riss mich aus meinen Gedanken.

»Nein«, sagte ich. »Du bleibst hier. Ich hole dir etwas.«

Ich verließ das Schlafzimmer und ging die Treppe hinunter. Im Wohnzimmer war alles ruhig. Im ganzen Haus war es ruhig. Die Ruhe vor einem Sturm.

Ein paar Stunden später kam die Polizei und sagte Dad, dass Simon ihn angezeigt habe und sie der Sache nachgehen wollten.

»Er ist durchgedreht«, erzählte der Idiot den Polizisten. »Das ist ja lächerlich. Er macht nichts als Ärger.«

Die Polizisten hörten nur schweigend zu und sagten Dad anschließend, sie würden wiederkommen. Es war also klar, dass sie ernst nahmen, was Simon ihnen erzählt hatte. Und sobald sich die Tür hinter ihnen geschlossen hatte, tobte der Idiot vor Wut.

»Dein Bruder, dieser kleine Scheißer!«, brüllte er. »Was bildet der sich eigentlich ein? Er hat denen erzählt, ich hätte ihn angegriffen, und jetzt haben die mich auf dem Kieker. Ich bringe ihn um.«

Ich konnte es nicht glauben. Noch nie hatte sich jemand auf diese Weise gegen Dad gewehrt. Dass Simon das wirklich getan hatte. Wusste er denn nicht, wie es uns allen nun ergehen würde?

Dad holte tief Luft. Er kam auf mich zu und sah mir fest in die Augen.

»Du verlierst kein Wort über die Sache, ist das klar?«,

fuhr er mich an. »Und wenn doch, wird es dir leidtun. Hast du gehört? Solange unsere Aussage gegen seine steht, können sie nichts machen.«

Ich nickte zögernd. Was auch immer Simon der Polizei erzählt hatte, ich würde es ohnehin nicht wagen, etwas zu sagen. Jetzt konnten wir nur noch abwarten, was passieren würde.

In den folgenden Tagen erlaubte Dad mir, die Kleinen von der Schule abzuholen, aber ansonsten durfte niemand das Haus verlassen. Dad saß wie immer vor dem Fernseher, und er wirkte unruhig, beinahe verängstigt. So lange hatte er uns vor neugierigen Blicken versteckt, aber nun hatte die Polizei uns im Visier. Zuvor waren wir vor den Sozialarbeitern und der Polizei geflüchtet. Ob Dad nun auch in Erwägung zog, einfach abzuhauen? Auf jeden Fall war er außer sich vor Wut, weil er momentan nichts tun konnte. Das Einzige, worüber er in seinem armseligen Leben stets die Macht gehabt hatte, waren seine Kinder – jahrelang hatte er es geschafft, uns Angst einzujagen, damit wir taten, was er wollte. Aber zunächst hatte sich Michael gegen ihn aufgelehnt und nun auch noch Simon. Sollte er Simon jemals in die Finger kriegen, würde er ihn windelweich schlagen.

Wir schlichen um Dad herum und gingen ihm aus dem Weg, um ihm nur ja keinen Grund zu geben auszurasten. Es war wie im Krieg, so als harrten wir des Angriffs unseres Feindes. Ich fühlte mich rastlos, denn falls all unsere Geheimnisse herauskämen, würde Dad uns sicher übler mitspielen, als wir es je zuvor erlebt hatten. Wenn ich zu ihm ins Wohnzimmer ging, hatte ich immer die Kiste mit den Messern im Blick, die unter dem Bett lag, oder ich musste an seine Nunchakus denken – zwei dicke Stöcke mit einer Kette –, die er irgendwo versteckt hatte, und an die Armbrust. Ich betete, dass das Ganze nicht zu große Konsequenzen haben würde.

Zunächst passierte gar nichts, aber nach einigen Tagen, als ich Laura, Kate und Charlie zur Schule brachte, fiel mir auf, dass ein Wagen vor dem Schulhof parkte. Ich war mir sicher, dass ich ihn in der Nähe unseres Hauses gesehen hatte, als wir uns auf den Weg gemacht hatten. Ich warf einen Blick durch die Scheiben und erkannte einen Mann und eine Frau, die uns beobachteten.

»Ich glaube, jemand ist hinter uns hergefahren, als ich die Kleinen zur Schule gebracht habe«, erzählte ich dem Idioten später, als ich nach Hause kam.

Ich schaffte es einfach nicht, meine Beobachtung für mich zu behalten.

»Was soll das heißen?«

»Ein Auto mit einem Mann und einer Frau. Es stand hier, als wir losgegangen sind, und dann habe ich es vor der Schule gesehen.«

»Wer sind die, verdammte Scheiße?«, fragte Dad ungehalten. Er stand auf und ging zum Fenster.

Er zog die Vorhänge zu, und im Wohnzimmer wurde es dunkler.

»Geh bloß nicht zur Tür!«, schnauzte er mich an.

Wir blieben den ganzen Tag lang zu Hause, so wie immer – ab und zu spähte Dad zwischen den Vorhängen hindurch nach draußen. Mum und ich sagten kein Wort. Seit Simon weg war, war meine Mutter noch stiller als sonst. Sie wirkte wie ein Tier, das sich in seine Höhle verkrochen hatte und darauf wartete, dass die Gefahr vorüberging. Als ich mich später auf den Weg machen wollte, um die Kleinen von der Schule abzuholen, klingelte das Telefon, und Mum nahm den Hörer ab.

»Hallo?«, meldete sie sich.

Ein paar Sekunden lang sagte sie nichts und lauschte, dann wurde sie ganz blass im Gesicht.

»Wie meinen Sie das?«, fragte Mum. »Wer hat sie?«

Unsicher, ob ich nun gehen sollte oder nicht, stand ich da. Dann riss Dad Mum den Hörer aus der Hand.

»Was ist los?«, fragte er unwirsch.

Er hörte einen Augenblick lang zu, dann fing er an zu schreien.

»Hören Sie mal, Sie dämliche Schlampe! Ich komme jetzt vorbei und hole meine Kinder ab. Sie dürfen sie gar nicht dabehalten.«

Er knallte den Hörer auf und brüllte herum.

»Simon, dieser Scheißer! Die Kinder sind in Pflege. Die haben sie von der Schule abgeholt. Die vom Sozialamt.«

Ich verstand das Ganze nicht. Ich wusste nur, dass das Sozialamt seine Mitarbeiter zu Leuten wie uns schickte und die Wohnung begutachten ließ. Damals hatten die Sozialarbeiter ihre Nasen über den Gestank bei uns gerümpft und uns ein paar Plastiklaken dagelassen, mit denen wir die Betten beziehen sollten. Und nun hatten sie die Kleinen einfach von der Schule abgeholt? Meine Geschwister hatten doch hier ihr Zuhause.

»Was bedeutet das?«, fragte ich unsicher und sah abwechselnd von Mum zu Dad.

»Die haben sie uns weggenommen, du dämliche Kuh«,

stieß der Idiot wütend hervor. »Wir kriegen sie erst zurück, wenn diese Arschlöcher hier herumgeschnüffelt haben.«

Panik überkam mich. Die Kleinen waren alles, was Mum und ich hatten. Sie waren mein einziger Halt, der einzige Grund, der mich am Leben hielt.

Mum verließ das Wohnzimmer, und Dad packte mich an den Schultern.

»Du sagst kein Wort über irgendwas!«, zischte er mich an. »Hast du verstanden?«

»Ich sage nichts, Dad. Ganz bestimmt nicht.«

Er kam näher an mich heran.

»Ich meine es ernst. Wenn du den Mund aufmachst, bringe ich dich um.«

Seine Augen waren schwarz wie die Nacht.

»Wenn sie mir etwas anhängen, dann schneide ich dich und deine Mutter in tausend Stücke, bevor sie mich abholen. In tausend Stücke! Ich bringe euch alle beide um. Ist das klar?«

Ich schwieg.

»Ob du mich verstanden hast, du kleine Schlampe?«, schnauzte er mich an und kam mit seinem Gesicht ganz dicht an mich heran.

»Ja, Dad.«

Mir war klar, dass er es ernst meinte. Schließlich wusste ich von allen am besten, wozu er fähig war. Dafür war das Baby, das ich erwartete, der beste Beweis.

Kapitel 10

Ungefähr eine halbe Stunde später klopfte jemand, und Dad ging zur Tür.

»Was soll das alles?«, fragte er ungehalten.

Vor der Haustür standen zwei Polizisten.

»Sie müssen mit uns kommen, Sir«, sagte einer der Beamten. »Ihr Sohn hat Anschuldigungen gegen Sie erhoben, und wir müssen mit Ihnen sprechen.«

»Simon ist ein Lügner. Der will mich verleumden. Aber so kommt der mir nicht davon.«

Dad musste in den Wagen steigen, der draußen wartete. Als die Autotür zugeschlagen wurde, warf er Mum und mir einen warnenden Blick zu, um uns an seine Drohung zu erinnern. Voller Angst beobachtete ich vom Fenster aus, wie der Polizeiwagen losfuhr. Ein Polizist und eine Polizistin waren bei uns geblieben, und das wusste mein Vater. Ich wollte sie nicht im Haus haben, ich wollte gar nicht erst in Versuchung kommen, etwas Falsches zu sagen, denn mir war klar, was uns später deshalb blühen würde.

Mum weinte.

»Wir müssen mit Ihnen sprechen«, sagte der Polizist.

Er war groß und dünn und hatte strähniges, blondes Haar. Ich führte ihn zusammen mit der Polizistin ins Wohnzimmer, wo es erbärmlich stank und nur so starrte vor Dreck. Sicherlich würden sie sich fragen, wie wir es hier überhaupt aushielten.

»Wie Sie bereits wissen, hat Ihr Sohn Simon sehr schwerwiegende Anschuldigungen gegen Ihren Mann erhoben«, erklärte der Polizist. »Darüber müssen wir mit Ihnen sprechen.«

Mum schwieg. Sie hatte ebenfalls Angst – Angst, etwas auszuplaudern und Dad damit einen Grund zu liefern, uns zu verprügeln, wenn er nach Hause kam. Gleichzeitig fürchtete sie jedoch, durch ihr Schweigen ihre Kinder zu verlieren.

»Was hat Simon erzählt?«, fragte ich.

»Er hat gesagt, Ihr Vater habe gedroht, ihn umzubringen«, antwortete der Polizist. »Vor lauter Angst traut er sich nicht mehr nach Hause.«

Ich entgegnete nichts, und der Polizist beugte sich von seinem Platz aus ein Stück vor.

»Er hat behauptet, er selbst und seine Geschwister seien von Ihrem Vater seit Jahren misshandelt worden. Immer wieder habe Ihr Vater Sie alle geschlagen und sich selbst überlassen. Simon behauptet des Weiteren, dass Ihr Vater sich pornografische Filme im Fernsehen ansieht und über Waffen verfügt, mit denen er die ganze Familie bedroht.«

Mum rührte sich nicht. Ihr Gesicht war vollkommen ausdruckslos.

»Außerdem hat er erklärt, das Baby, das Sie erwarten, sei von Ihrem Vater«, fügte der Polizist hinzu.

Als ich das hörte, schlug mir das Herz bis zum Hals. In meinem Kopf dröhnte es. Simon wusste von Dad und mir? Vor lauter Panik wurde mir flau im Magen. Ich wollte nicht, dass Mum das alles mitbekam.

»Das stimmt nicht«, sagte ich weinend. »Das Baby ist von einem alten Freund meines Bruders.«

Der Polizist beugte sich weiter vor, und ich sank auf meinem Stuhl zusammen.

»Ich weiß, das Ganze ist nicht leicht, Alice, aber wir sind hier, um Ihnen zu helfen«, beschwor er mich. »Wir haben Möglichkeiten, Sie zu beschützen. Wenn Sie bereit sind, mit uns zu reden, können wir entsprechende Maßnahmen einleiten.«

Mum hob den Kopf, und ich brachte keinen Ton hervor.

»Es gibt nichts, wovor wir beschützt werden müssen«, sagte sie verärgert.

»Ihr Sohn sieht das offenbar anders.«

»Hören Sie, Officer, ich weiß nicht, was er sich dabei gedacht hat, aber ich versichere Ihnen, dass es hier keine Schwierigkeiten gibt. Ich möchte jetzt zu meinen Kindern und sie nach Hause bringen. Sie können sie mir nicht so einfach wegnehmen.«

»Doch, das können wir. Denn es handelt sich hier um sehr schwerwiegende Anschuldigungen, denen wir nachgehen müssen. Und ich möchte Ihnen noch einmal versichern, dass wir Ihnen Schutz bieten können.«

Nur für einen kurzen Augenblick fing ich Mums warnenden Blick auf, aber das reichte. Ich sah die beiden Beamten an, die uns gegenübersaßen, und erwiderte: »Nein, das können Sie nicht.«

Schließlich verabschiedeten sich die beiden Polizisten von uns. Sie hatten noch nach belastenden Beweisen gesucht, aber nichts gefunden, denn der Idiot hatte alles, was ihm hätte Ärger bereiten können, sicher versteckt. Lediglich der Film *Die blaue Lagune* lag gut sichtbar auf dem Tisch –

als Zeichen dafür, dass Dad nur harmlose Streifen anschaute.

Nun waren Mum und ich allein. Ich hatte es noch nie so still im Haus erlebt. Ich musste ununterbrochen an meine kleinen Geschwister denken. Wo waren sie jetzt? Und wie ging es ihnen? Würde Charlie in einer fremden Umgebung einschlafen können, und würde sich Laura anständig benehmen? Ich konnte mir vorstellen, dass sie weinten, weil wir nicht bei ihnen waren. Ich wollte sie wieder bei uns haben, mit ihnen im Bett liegen und sie in die Arme nehmen. Der Gedanke, dass sie bei fremden Leuten waren, machte mich schier verrückt. Ich musste genau das tun, was Dad mir eingeschärft hatte. Ich musste sagen, was er verlangte. Dann würde die Polizei uns in Ruhe lassen, und die Kleinen konnten zurück nach Hause kommen.

»Stimmt das?«, fragte Mum und brach damit das Schweigen, das sich zwischen uns ausgebreitet hatte.

»Was?«, flüsterte ich. Dabei war mir klar, was sie meinte.

Aber ich wollte nicht darüber sprechen. Ich wusste, Mum würde die Wahrheit nicht ertragen können.

»Hat er dich angefasst?«

»Nein«, rief ich. »Nein!«

»Wirklich nicht, Alice?«

»Ich habe doch gesagt, es war ein Freund von Michael.«

»Wo wohnt der denn?«

»In der Nähe der Läden.«

»Das musst du der Polizei auch sagen, damit sie Bescheid wissen.«

»Ja. Und dann haben sie keinen Grund mehr, die Kleinen noch länger zu behalten.«

Mum sagte nichts darauf, und ich war froh darüber. Ich wollte mein Geheimnis, das ich schon so lange gehütet hatte, nicht preisgeben. Simon konnte eigentlich gar nichts Genaues wissen. Ich musste auf jeden Fall den Mund halten, denn sonst würde die Polizei mich mitnehmen und zur Strafe einsperren.

Am nächsten Tag kam der Polizist noch einmal vorbei, um mit uns zu sprechen. Wir blieben dabei, dass alles in Ordnung war – und Simon nur einen riesigen Aufstand machte, um Dad eins auszuwischen. Später am Nachmittag durften wir die Kleinen im Sozialzentrum eine Stunde lang besuchen. Als ich den Raum betrat, war mir flau im Magen, denn ich fragte mich, was sie von der ganzen Sache mitbekommen hatten.

Als Charlie und Kate uns entgegenliefen, brach Mum in Tränen aus. Die Kleinen schmiegten sich an uns und stellten lauter Fragen. Laura hingegen stand still da, und ihr Blick versetzte mir einen Stich. Sie war wütend, und ganz sicher gab sie mir die Schuld an allem, was geschehen war.

»Warum können wir nicht nach Hause, Mum?«, fragte Kate flehentlich, bevor wir wieder gehen mussten.

»Ihr kommt bald nach Hause, mein Liebes«, versicherte Mum ihr. »Sobald sich alles aufgeklärt hat.«

Als ich in die Gesichter meiner Geschwister blickte, stieg Scham in mir auf. Alles war meine Schuld. Wenn ich nicht mit Simon hinausgegangen wäre, hätte ich keine Seitenstiche bekommen, und er hätte mir nicht den Bauch massieren müssen. Dann wäre Dad nicht auf ihn losgegangen, und wir alle säßen nun wie immer zu Hause. Als wir uns verabschiedeten, weinten die Kleinen und fragten abermals, wann sie nach Hause kommen dürften. Es ging ihnen genau wie mir, als ich noch klein war – sie hatten Angst vor Dad, aber sie liebten Mum. Es scheint unglaublich, wie sehr Kinder das brauchen, was sie kennen, auch wenn es noch so schlimm ist. Sie wollten zurück nach Hause, zurück zu Mum und mir.

»Warum darf ich sie nicht mitnehmen?«, fragte Mum schluchzend, als wir auf dem Weg nach Hause waren. »Meinst du, wir haben sie überzeugt, Alice?«

»Ich weiß nicht«, antwortete ich, und das Gefühl der Schuld schnürte mir fast den Hals zu.

»Hoffentlich haben wir das«, sagte Mum weinend. »Wir müssen die Kinder zurückbekommen.«

Zu Hause saß Mum stundenlang stumm da und starrte vor sich hin. Ich wollte sie nicht stören und überlegte, was nun aus uns allen werden würde. Es kam mir vor, als stürze die ganze Welt über uns ein. Nach all den Jahren der Isolation hätte ich mich am liebsten wieder abgeschottet. Plötzlich hatte ich Angst, jemand könne in mein Gefängnis eindringen. Nachdem ich so lange in meinem Käfig gehockt hatte, schien mir ein Hauch von Freiheit bedrohlicher, als ich mir je hatte vorstellen können. Ich hatte immer gedacht, wenn irgendjemand merken würde, was bei uns geschah, würde mir das das Leben retten und ich könnte endlich glücklich werden. Aber das hier hatte ich nicht gewollt – die Kleinen in der Sozialstation und Mum zu Hause mit gebrochenem Herzen. Ich wollte die gesamte Entwicklung stoppen. Wenigstens kannte ich mich in meiner Welt aus, und ich wollte nicht, dass Fremde diese Welt aus den Angeln hoben. Wenn wir uns nur an das hielten, was Dad uns eingeschärft hatte, würde sich bestimmt bald alles wieder einrenken.

Während ich dasaß und darüber nachdachte, spürte ich, wie sich das Baby in meinem Bauch bewegte. Niemand durfte je die Wahrheit erfahren. Ich musste sie für mich behalten, dann würde sich alles finden.

»Sie werden sie uns nicht zurückgeben«, sagte Mum plötzlich.

»Was meinst du damit?«

»Sie werden die Kinder nicht mehr nach Hause lassen nach all diesem Aufruhr.«

Mum fing wieder an zu weinen, und ich nahm ihre Hand.

»Sag nicht so etwas«, rief ich. »Sie werden bald wieder bei uns sein.«

Mit Tränen in den Augen sah sie mich an.

»Vielleicht ist es das Beste so«, sagte sie leise. »Immerhin tut ihnen dann niemand mehr weh.«

Wir schauten einander an. Es war das erste Mal, dass sie so etwas sagte. Ein Wort von ihr, eine einzige Andeutung, die hätte erkennen lassen, dass sie fortwollte aus diesem Haus, und ich hätte ihr all meine Geheimnisse erzählt. Sie brauchte mir nur zu zeigen, dass sie Verständnis für mich hatte und dass sie mir helfen würde, von hier wegzukommen. Dann konnten wir die Kleinen zurückholen und allein mit ihnen wohnen. Alles wäre so, wie ich es mir erträumt hatte – und der Idiot würde uns niemals finden.

»Warum sagen wir es nicht einfach?«, flüsterte ich. »Warum erzählen wir nicht alles der Polizei?«

Mum starrte aus dem Fenster hinaus in die Dunkelheit.

»Du weißt warum, Alice«, antwortete sie. »Weil er uns aufspüren würde.«

Am nächsten Tag standen erneut Polizisten vor unserer Tür und baten mich, mit ihnen zu kommen und mir Fotos von Männern aus unserer Gegend anzusehen. Sie wollten wissen, ob ich den Vater meines Babys identifizieren könne. Als ich auf der Polizeiwache eintraf, wartete der Polizist schon auf mich, der am Vortag bei uns zu Hause gewesen war. Ich wollte so schnell wie möglich wieder zurück nach Hause, denn man hatte uns gesagt, Dad würde an diesem Tag freigelassen. Die Polizei hatte ihre Befragungen abgeschlossen, und noch war keine Anklage erhoben worden. Sie mussten ihn gehen lassen, würden ihre Ermittlungen aber fortsetzen. Ich wollte nicht, dass Mum mit dem Idioten allein war – er würde bestimmt alle möglichen Fragen stellen und sofort in die Luft gehen, wenn sie nicht die richtigen Antworten gab.

»Wie geht es Ihnen jetzt, Alice?«, fragte der Beamte, nachdem ich mich hingesetzt hatte. »Wie geht es dem Baby?«

Ich wandte den Kopf ab. Mir war es mehr zuwider als je zuvor, über das zu sprechen, was da in mir heranwuchs.

»Wir haben Neuigkeiten«, fuhr der Polizist fort. »Wir möchten, dass Sie ebenso wie Ihre Geschwister eine Weile nicht zu Hause wohnen.«

»Wie meinen Sie das? Ich kann doch Mum nicht allein lassen.«

»Wir verfügen über einen rechtsgültigen Beschluss, durch den sie unter Vormundschaft des Gerichts gestellt werden. Das heißt, in nächster Zeit können Sie nicht zu ihren Eltern zurück. Sie kommen in ein Kinderheim, während wir unsere Ermittlungen fortsetzen.«

»Das können Sie doch nicht machen«, rief ich voller Panik. »Ich muss mich um meine Mutter kümmern. Es geht ihr nicht gut. Sie braucht mich.«

»Wir möchten dafür sorgen, dass Sie in Sicherheit sind. Aber wir möchten auch die Wahrheit erfahren. Deshalb ist es so im Moment das Beste.«

»Aber ich habe doch all Ihre Fragen beantwortet«, sagte ich weinend. »Simon hat gelogen. Er hat sich alles nur ausgedacht. Dad hat uns nie etwas getan. Das Baby ist nicht von ihm. Lassen Sie mich doch nach Hause gehen! Lassen Sie mich zurück zu meiner Mutter.«

»Es ist erst mal nur für ein paar Wochen, Alice«, sagte der Polizist. »Sie werden bald achtzehn, und dann sind Sie volljährig und können tun, was sie wollen.«

Aber das würde noch Wochen dauern. Außerdem glaubte ich ihm nicht. Der Beamte würde mich ausfragen, bis ich nicht mehr konnte und ihm die Wahrheit erzählte. Und dann würde er dafür sorgen, dass ich bestraft wurde.

»Sobald Sie achtzehn sind, ist das Sozialamt nicht mehr befugt, Sie in Obhut zu nehmen«, erläuterte der Polizist. »Vorerst jedoch werden wir uns um Sie kümmern.«

Er stand auf und öffnete die Tür. Jetzt würden sie mich holen.

»Das können Sie nicht machen. Bitte, bitte, tun Sie das nicht! Lassen Sie mich gehen.«

Dad würde glauben, ich hätte etwas preisgegeben. Und er würde es an Mum auslassen. Er würde sie umbringen, so wie er es uns angedroht hatte. Ich musste fort von hier.

Aber zwei Beamte packten mich und hielten mich fest. Ich schlug wild um mich und schrie aus Leibeskräften, doch es half alles nichts. Die Männer führten mich aus der Polizeiwache hinaus und setzten mich in einen Streifenwagen.

»So verletzen Sie sich doch nur selbst«, hörte ich eine Stimme sagen. »Sie werden Ihre Brüder und Schwestern bald wiedersehen. Hören Sie auf, Widerstand zu leisten. Denken Sie an ihr Baby!«

Aber ich wollte nichts von alldem hören. Diese Leute waren Lügner. Sie würden mich nicht in Sicherheit bringen. Mich hatte noch nie jemand beschützt. Warum sollte jetzt jemand damit anfangen? Ich musste nach Hause, koste es, was es wolle.

Kapitel 11

Ich wurde in das gleiche Kinderheim gebracht wie Laura, Kate und Charlie. Aber obwohl ich froh war, bei ihnen zu sein, musste ich die ganze Zeit über an Mum denken. Ich sah die Messer vor mir, die unter Dads Bett versteckt waren, die Armbrust auf dem Schrank und die Wurfsterne. Zum ersten Mal in meinem Leben war ich fort von dem Idioten, aber trotzdem spürte ich die Macht, die er ausübte, genauso stark wie vorher. Die Außenwelt machte mir Angst, denn im Gegensatz zu anderen Jugendlichen in meinem Alter hatte ich sie nie richtig kennengelernt. Während die anderen begannen, unabhängig zu sein, war ich eingesperrt und musste mich um meine Geschwister kümmern. Als andere anfingen auszugehen, durfte ich kaum allein einen Laden betreten.

Zu Hause hatte Dad mich immer im Auge behalten. Aber jetzt befand ich mich außerhalb seiner Reichweite, und ich wusste: Er würde sich ausmalen, dass ich ihn auf alle nur erdenklichen Arten hinterging. Und er würde sich etwas einfallen lassen, um mich dafür zu bestrafen.

In den folgenden Tagen sprachen die Sozialarbeiter mit jedem von uns Geschwistern einzeln. Immer wieder stellten sie mir Fragen darüber, wie es bei uns zu Hause zuging, erkundigten sich nach den Pornofilmen, die Dad schaute, den Waffen und Messern, ob wir genügend zu essen bekommen hätten, wie oft sauber gemacht werde und ob mein Vater uns schlage.

»Wenn wir es richtig verstanden haben, sind Sie oft mit Ihrem Vater allein zu Haus.«

»Wollen Sie uns irgendetwas über Ihr Baby erzählen, Alice?«

»Stimmt es, dass sich Ihr Vater oft in Ihrem Beisein Pornofilme ansieht?«

»Hat er Sie mit Messern bedroht?«

Wieder und wieder befragten sie mich nach meiner Schwangerschaft, bis ich am liebsten laut geschrien hätte. Niemals würde ich ihnen etwas über dieses Ding in mir erzählen. Mehr war es nämlich nicht – für mich war es kein Baby. Aber sie ließen nicht locker, und mir wurde jedes Mal schlecht, wenn sie wieder davon anfingen. Der große Polizist kam oft dazu, und jedes Mal wollte er mich davon überzeugen, dass er mich beschützen könne. Wenn ich bereit sei, eine Aussage zu machen und zu erzählen, was mein Vater uns angetan habe, werde er ihn einsperren. Die Polizei brauchte Beweise, um Anklage gegen ihn zu erheben. Der Polizist sagte außerdem, er werde veranlassen, dass mir und Dad und später auch dem Baby Blut abgenommen werde, um die Vaterschaft festzustellen. Aber ich weigerte mich, ihm zu helfen. Er wusste ja nicht, wie Dad war. Woher auch? Woher hätte irgendjemand das wissen sollen?

»Es war ein Freund meines Bruders«, beharrte ich. »Mein Vater hat mich nie angerührt.«

Der Polizist blieb fast die ganze Zeit lang geduldig und blickte mich stets freundlich an. Aber als ich weiter abstritt, was er längst wusste, wirkte er manchmal auch frustriert.

»Alice, bitte«, sagte er seufzend. »Reden Sie mit mir. Wir wissen doch, was passiert ist.«

»Nein, das wissen Sie nicht. Simon hat sich das alles ausgedacht. Bitte, bitte lassen Sie uns nach Hause gehen! Unsere Mum braucht uns. Sie verstehen das nicht.«

Wie konnte ich Leuten, die ich erst seit ein paar Tagen kannte, alles erzählen, was ich durchlitten hatte? Mein Vater hatte mir beigebracht, jedem gegenüber misstrauisch zu sein, und das war ich auch – ich wagte Fremden gegenüber kaum zu sprechen, geschweige denn mich jemandem anzuvertrauen. Außerdem saß die Angst tief, dass ich ebenfalls bestraft werden würde. Ich mochte gar nicht daran denken, was die Polizei mit mir anstellen würde.

Die Kleinen waren ein wenig durcheinander, aber sie wirkten nicht allzu verängstigt. Laura hingegen schien wütend zu sein. Sie war zwölf Jahre alt und verstand schon viel mehr von allem, was vor sich ging, als die Kleinen. Einige Tage nachdem ich im Kinderheim angekommen war, gerieten wie aneinander.

»Was weißt du denn schon?«, schrie sie. »Sie werden uns hierbehalten. Aber ich will zu Mum.«

»Ich doch auch. Und sie werden uns nicht für immer hierbehalten.«

»Werden sie doch. Die können machen, was sie wollen.«

»Nein, das können sie nicht. Wir sind bald wieder zu Hause. Wir müssen nur zusammenhalten, dann lassen sie uns gehen.«

Als ich das sagte, funkelten Lauras Augen.

»Halt den Mund, du blöde Kuh!«, rief sie. »Woher willst du das denn wissen? Das ist alles deine Schuld.«

»Was? Ich bin doch nicht weggelaufen und zur Polizei gegangen. Das war Simon.«

»Das meine ich doch überhaupt nicht.«

»Was meinst du denn dann?«

»Alles ist deine Schuld, weil du schwanger bist.«

Schuldgefühle stiegen in mir auf. Wusste sie es also auch? Kannten alle mein Geheimnis?

»Aber das war doch keine Absicht!«, schrie ich, ohne darüber nachzudenken.

Die Worte hingen zwischen uns in der Luft. Sie waren mir einfach so herausgerutscht – zum ersten Mal hatte ich überhaupt etwas dazu gesagt. Ich starrte Laura an, und mir wurde schlecht. Ich war versucht, alles herauszuschreien, was ich durchgemacht hatte, doch ich schaffte es, den Impuls zu unterdrücken. Laura drehte sich wortlos um und ging davon. Ich wollte ihr hinterherlaufen, ihr alles erklären, aber ich konnte nicht. Sie hatte ja recht. Es war alles meine Schuld.

Wir sprachen nicht mehr miteinander, und einige Tage später kam ich zu einer Pflegemutter. Ich war traurig, weil ich meine Geschwister zurücklassen musste, aber auch erleichtert, weil ich ihnen nun nicht mehr ins Gesicht sehen musste. Ich wollte, dass meine Schuldgefühle verschwanden. Ich wollte sie in mir begraben – so wie ich es in all den Jahren gemacht hatte, in denen Dad mir so Schlimmes angetan hatte. Immer wieder musste ich daran denken, wie es Mum wohl ging. Ich wollte wissen, was zu Hause los war, aber niemand antwortete auf meine diesbezüglichen Fragen.

Die Pflegemutter war sehr nett. Jeden Tag gab sie mir ein großes Glas Milch zu trinken, weil ich so gut wie nichts essen wollte. Aber ich konnte mit ihrer Fürsorglichkeit nichts anfangen, ich kannte so etwas einfach nicht. Ich hasste es, wenn sie mit mir über das Baby sprechen wollte. Und sie konnte nicht verstehen, dass es mir vollkommen gleichgültig war, was aus dem Baby wurde. Es war mir zuwider, wenn es in meinem Bauch strampelte, und wenn ich mich im Spiegel sah, drehte ich sofort den Kopf weg. Wenn dieses Baby nicht wäre, wäre all das nicht passiert. Dann wäre ich jetzt noch zu Hause, und Mum hätte wenigstens die Kleinen bei sich. So aber hatte sie nichts mehr.

Abermals kam der große Polizist, um nach mir zu sehen. Voller Angst fragte ich ihn, wie es Mum ging.

»Sie ist ziemlich niedergeschlagen«, sagte er. »Sie macht sich Gedanken darüber, was nun aus euch wird.«

An diesem Tag hätte ich ihm beinahe alles erzählt. Ich wollte nur noch, dass all das ein Ende hatte. Ich wollte frei sein und wieder nach Hause. Wie gern hätte ich den Menschen geglaubt, die mir versicherten, Dad werde eingesperrt, wenn ich endlich alles preisgab. Aber ich fand nicht die passenden Worte, und so schwieg ich weiter.

Doch der Gedanke an Mum ließ mich nicht los. Also beschloss ich, heimlich nach Hause zu gehen. Ich hatte schreckliche Angst vor meinem Vater. Wusste er, dass ich bislang den Mund gehalten hatte? Oder war er misstrauisch? Ich musste wenigstens einmal kurz mit Mum sprechen. Ich stahl mich also davon, und als ich bei uns zu Hause an die Tür klopfte, schlug mir das Herz bis zum Hals.

»Alice!«, rief Mum und ließ mich sofort hinein.

Ich ging ins Wohnzimmer. Dort saß Dad, und er sah furchtbar aus – unrasiert und schmuddelig. Aber als ich

Mum näher in Augenschein nahm, war ich erleichtert. Sie war blass, aber sie hatte keine blauen Flecken oder anderen Verletzungen.

»Dann bist du also wieder zurück?«, knurrte Dad wütend. »Wo bist du die ganze Zeit gewesen, verdammt noch mal?«

Ich erzählte, was er ohnehin längst wusste – das ich bei einer Pflegemutter gewesen war.

»Heute konnte ich zum ersten Mal abhauen«, sagte ich.

Während Dad mich mit Fragen bestürmte, drehte ich mich um. Ich sah Mum eindringlich an, und es versetzte mir einen Stich. Ihr Blick war stumpf und leer, nicht der kleinste Funken Hoffnung darin. Nun, da ihre Kinder weg waren, hatte sie sich offenbar aufgegeben.

»Komm her und erzähl mir, was du denen gesagt hast!«, schnauzte Dad mich an. »Und was haben die kleinen Scheißer diesen Weltverbesserern erzählt?«

»Nichts«, entgegnete ich. »Die Polizei wollte mir Blut abnehmen, aber ich habe es nicht zugelassen.«

»Was soll das heißen?«

»Sie wollen eine Blutprobe. Auch von dir und dem Baby, wenn es da ist. Aber ich habe ihnen gesagt, dass das nicht nötig ist, weil Simon gelogen hat.«

»Und was haben sie dann gesagt?«

»Sie waren nicht gerade begeistert. Aber ich wusste, dass du dagegen sein würdest.«

»Und warum sind die Kleinen dann immer noch bei denen vom Sozialamt, wenn du wirklich nichts gesagt hast? Warum sind die nicht längst wieder zu Hause? Irgendetwas musst du doch ausgeplaudert haben!«

»Nein, Dad, ganz bestimmt nicht. Ich habe nichts falsch gemacht.«

»Das will ich dir auch geraten haben«, schnauzte er mich an. »Diese Sozialfuzzis sollen mich in Ruhe lassen und die Kleinen wieder herausrücken.«

Für den Rest meines Besuchs saß der Idiot mit finsterem Gesicht auf dem Sofa.

»Dann kommst du also in ein paar Wochen aus der Pflegefamilie raus?«, fragte er ungehalten, als ich mich auf den Weg machen wollte.

»Ja.«

»Halt dich bloß an das, was ich gesagt habe, solange du noch bei denen bist!«

Er warf mir einen drohenden Blick zu, und ich wusste, was er mir damit mitteilen wollte. Im Moment war Mum in Sicherheit, aber wenn ich den Mund aufmachte, würde das nicht so bleiben. Ich drehte mich zu ihr um und nahm sie zum Abschied in den Arm. Es fiel mir unendlich schwer, sie zurückzulassen. Ich gab mir einen Ruck und verließ das Haus. Auf dem Weg zurück zu meiner Pflegemutter klang mir noch in den Ohren, was Dad zu mir gesagt hatte.

In einigen Wochen wurde ich achtzehn, und er wusste genau, was das hieß – dann hatte ich das Recht, von zu Hause wegzugehen. Aber wie sollte ich das tun? Ich erwartete ein Baby, Mum war in seiner Gewalt, die Kleinen in der Obhut des Sozialamts – eine verfahrene Situation. Wie sollte ich es fertigbringen, all das hinter mir zu lassen? Der Polizist hatte immer wieder versucht, mich davon zu überzeugen, dass alles gut werden konnte, aber ich wusste, dass das nicht stimmte. Ich konnte nichts gegen Dad unternehmen. Er hatte mich an der Leine, und jedes Mal, wenn er daran zog, wurde es für mich noch enger. Ich würde niemals frei sein, solange Mum und die Kleinen nicht in Sicherheit waren. Ich sah hinunter auf meinen dicken Bauch und ging weiter die Straße entlang, und ich wusste nur eins: Sobald ich aus der Obhut der Pflegemutter entlassen wurde, musste ich zurück nach Hause. Ich musste Mum beschützen, denn sie würde nicht mehr für sich selbst sorgen können. Den ganzen Weg lang dachte ich an nichts anderes, und dabei war mir in dem Moment gar nicht bewusst, dass ich dem Idioten damit das größte Geschenk überhaupt machte: Ich hatte mich dafür entschieden, in mein Gefängnis zurückzukehren. Und solange Mum dort war, würde auch ich bleiben.

Kapitel 12

Als Dad fühlte, wie das Baby in meinem Bauch strampelte, lächelte er.

»Jetzt hat er sich umgedreht«, sagte er und strich mit der Hand über meinen Bauch.

»Woher willst du wissen, dass es ein Junge ist?«

»An der Art, wie du trägst.«

Er starrte auf meine nackte Brust.

»Bald wirst du Milch haben. Es dauert nicht mehr lange.«

Ich wich vor ihm zurück. Nur wenn der Idiot über das Baby sprach, klang seine Stimme sanfter. Aber das widerte mich an.

Genau an dem Tag, als ich achtzehn wurde, war ich nach Hause zurückgekehrt. Dad hatte kaum ein Wort gesagt. Aber um mir klarzumachen, dass ich mir keine Flausen in den Kopf setzen lassen sollte, hatte er einen Scheck zerrissen, den ich vom Sozialamt bekommen hatte. Er duldete es nicht, dass sich irgendjemand in unsere Angelegenheiten einmischte – auch wenn er dafür einen Scheck zerreißen musste.

»Was fällt dir ein, das anzunehmen?«, schnauzte er mich an. »Hast du etwa gedacht, du könntest es behalten?«

»Nein, natürlich nicht.«

»Das Geld steht mir zu. Also versuch nicht noch mal, mich zu hintergehen! Hast du verstanden?«

»Ja, Dad.«

Seit ich wieder zu Hause war, missbrauchte er mich weiter, trotz meines dicken Bauchs. Und wieder schottete ich mich innerlich ab, um es auszuhalten. Der Idiot witterte überall Anzeichen von Verrat und stellte mir misstrauisch alle möglichen Fragen. In der Erwartung, die Polizei könne wieder vor der Tür stehen, behielt er mich wachsamer im Auge als je zuvor. Vor lauter Paranoia hielt er die Haustür stets verschlossen. Nur zum Einkaufen durften Mum und ich hinaus.

Einige Wochen später kam die Polizei erneut und holte Dad ab, um ihn zu verhören. Als er wieder freigelassen wurde, beschwerte er sich lautstark über einen der Polizisten. Der Idiot war davon überzeugt, dieser Polizist habe es auf ihn abgesehen. Ich wusste nicht, ob es der freundliche Beamte war, der sich so sehr um mich bemüht hatte. Klar war, dass Dad den Mann hasste, und dadurch wurde er noch reizbarer.

Ich verließ das Haus so gut wie überhaupt nicht mehr. Einmal im Monat fuhr Dad Mum und mich zum Supermarkt, ansonsten durfte ich nur gelegentlich zu den umliegenden Läden gehen, wenn wir irgendwelche Kleinigkeiten brauchten. Rund um die Uhr wollte er mich im Blick haben, und so musste ich von dem Schlafzimmer, das ich mir mit meinen Geschwistern geteilt hatte, in den Abstellraum neben dem Wohnzimmer ziehen. Ich brauchte nur zur Toilette zu gehen, und schon rief er einige Minuten später nach mir. Wenn ich ihm eine Tasse Tee machte und es ihm zu lange dauerte, brüllte er sofort los. Tag für Tag hockten wir drei zusammen in der Wohnung, und während sich mein Vater Pornos ansah, scheuchte er Mum und mich herum.

Ich wusste, Simon ging Dad nicht aus dem Kopf. Schließlich gab er ihm die Schuld daran, dass die Kleinen immer noch nicht zu Hause waren. Einige Wochen nachdem ich zurückgekommen war, ging ich ins Wohnzimmer und sah, dass er eine Aussage für mich aufgeschrieben hatte. Ich sollte sie abschreiben und der Polizei geben. Darin stand, Simon habe mich vergewaltigt und sei der Vater meines Kindes.

»Das wird für ordentlich Aufregung sorgen«, sagte er spöttisch. »So was nennt man eine Vorsichtsmaßnahme. Wenn Simon unbedingt Ärger will, dann kann er ihn haben. Dann sieht der kleine Scheißer mal, wie das ist.«

Mum starrte uns an, und einen Moment lang sah es so aus, als wolle sie etwas sagen. Aber dann setzte sie sich schweigend aufs Sofa.

»Was machst du überhaupt hier, du dämliche Schlampe?«, fuhr Dad sie an. »Beweg deinen fetten Arsch, und bring mir eine Tasse Tee!«

Mum verließ umgehend das Wohnzimmer, und er winkte mich zu sich heran.

»Denk daran: Du kriegst genauso viel Ärger wie ich, wenn jemand das mit dem Baby herausfindet. Und jetzt schreib das ab!«

Ich setzte mich auf einen Stuhl, und er gab mir einen Kugelschreiber und ein Blatt Papier. Nachdem ich die Aussage abgeschrieben hatte, die er sich ausgedacht hatte, las er sie noch einmal durch.

»Da sind Rechtschreibfehler drin, du blöde Kuh. Schreib es noch mal ab. Du kriegst aber auch gar nichts hin.«

Dann schickte er mich zur Polizeiwache, damit ich die Aussage abgab.

Der nette Polizist nahm mich in Empfang und führte mich in ein Büro. Wir setzten uns beide, und er las aufmerksam, was ich geschrieben hatte.

»Warum machen Sie diese Aussage erst jetzt, nachdem Simon Anschuldigungen gegen Ihren Vater erhoben hat?«, fragte er.

Ich starrte hinunter auf meinen dicken Bauch. Ich musste jetzt bei meiner Aussage bleiben.

»Ich hatte Angst«, flüsterte ich.

Ich fühlte mich entsetzlich bei dieser Lüge, doch ich konnte mir eigentlich nicht vorstellen, dass der Polizist mir überhaupt glaubte. Er sprach es zwar nicht offen aus, aber ich konnte es seiner Miene ansehen.

Und ich war sehr erleichtert, als wegen dieser Falschaussage nichts weiter geschah und Dads Racheversuch scheiterte.

Mum wirkte mittlerweile wie ein Geist – vollkommen abwesend saß sie meist da und starrte stundenlang vor sich hin. Ich wusste, dass sie ständig an die Kleinen dachte. Auch mir fehlten meine Geschwister. Es war so still im Haus, und ohne sie gab es überhaupt nichts zu tun. Spielsachen aufzuräumen, ihnen Essen zu machen und sie abends ins Bett zu bringen, all das war eine Beschäftigung für mich gewesen, aber nun schien jeder Tag endlos.

Mum und ich setzten all unsere Hoffnungen darauf, dass die Kinder wieder nach Hause kamen, und so strichen wir ihre Zimmer neu. Wir wollten alles schön für sie machen, und Dad erlaubte es uns sogar. Obwohl er die Kleinen nicht sonderlich vermisste, wollte er sie um jeden Preis zurückhaben. Schließlich ging es hier um seinen Stolz – und natürlich ums Geld. Er brauchte das Kindergeld, das er für die Kleinen kassierte, aber nun bekam er nichts mehr, und es wurde allmählich knapp. Darüber wurde der Idiot im Verlauf der Wochen immer wütender. Er ließ sich von uns jede Einkaufsquittung zeigen, um sicherzugehen, dass das Wechselgeld stimmte, das wir ihm zurückbrachten. Wenn auch nur ein Penny fehlte, kriegten wir Ärger.

Mum und ich strichen die Wände des Schlafzimmers für die Mädchen lila und tapezierten für Charlie die Wand mit Piratenschiffen und Ritterburgen. Und wir schmiedeten Pläne für die Zeit, wenn die Kleinen wieder bei uns sein würden. Dass Simon nicht mehr zurückkam, war uns klar, aber die Hoffnung auf eine Zukunft mit den drei Jüngeren war das Einzige, was Mum aufrecht hielt. Und mir ging es ebenso. Bis dahin wollte ich Mum aufmuntern, wo ich nur konnte. Ich dachte nicht einmal darüber nach, ob die Kinder nicht sicherer wären, wenn man sie weiter von Dad fernhielt. Ich sehnte mich einfach nach ihnen, sie waren mir wichtiger als alles andere auf der Welt.

Während wir die Zimmer renovierten, ertappte ich mich manchmal dabei, dass ich an das Baby dachte, daran, wie es sein würde, wenn es da wäre. Aber sobald solche Gedanken aufkamen, schob ich sie beiseite. Ich mochte mir nicht vorstellen, wie es wäre, das Baby in meinen Armen zu halten, denn ich würde niemals vergessen, dass es von ihm war. Und das Schlimmste war: Der Idiot hatte mir zu verstehen gegeben, dass er noch mehr Kinder mit mir bekommen wollte.

»Was?«, rief ich da und schnappte nach Luft.

»Deine Mum kann keine mehr kriegen, und ich will noch mehr, also wirst du sie für mich bekommen.«

Ich fühlte mich wie eine Gefangene, sowohl in meinem eigenen Körper als auch in diesem Haus. Nichts und niemand konnte mich befreien. Auch nicht mein Bruder Michael, der eines Tages bei uns hereinschneite. Als es an der Tür klopfte und ich öffnete, stand er da, mein großer Bruder, den ich seit sechs Jahren nicht mehr gesehen hatte. Er sah ganz anders aus als der Jugendliche, den ich in Erinnerung hatte. Er war jetzt erwachsen, mit kräftigem Oberkörper und längerem Haar, und er trug einen Bart mit Schnauzer.

»Michael?«, flüsterte ich.

Ich konnte nicht glauben, dass er tatsächlich hierhergekommen war, nach all den Jahren.

»Alles klar, Schwesterchen?«, fragte Michael, als wäre er nie fort gewesen. »Ich habe gehört, was mit den Kleinen passiert ist. Ich will Dad sprechen. Wo ist er?«

»Im Wohnzimmer.«

Ohne zu zögern, betrat Michael das Haus, und ich ging hinter ihm her. Meine Nerven lagen blank. Was wollte er hier? Wie würde Dad reagieren? Jener Streit war so lange her, aber ich wusste, dass mein Vater Michael noch genauso sehr hasste wie damals.

Michael betrat das Wohnzimmer. »Hallo Dad«, sagte er.

Der Idiot, der wie immer vor dem Fernseher lag, starrte ihn erstaunt an.

»Was willst du hier, verdammt noch mal?«, zischte er.

Ich blieb in der Tür stehen, und Dad warf mir einen Blick zu. Seine Augen waren schwarz. Mum saß reglos auf dem Sofa und blickte Michael an, als könne sie gar nicht glauben, dass er tatsächlich hier war. Michael ging zu ihr hinüber und gab ihr einen Kuss. Dann drehte er sich wieder zu Dad um.

»Ich will mit dir über die Kinder sprechen«, sagte er.

»Was meinst du damit?«, schnauzte der Idiot ihn an.

»Ich habe gehört, was passiert ist. Ich weiß, dass die Kinder nicht hier sind, und ich will sie zu mir holen.«

»Was redest du da für einen Scheiß?«

»Ich brauche deine Erlaubnis, wenn ich sie aus dem Kinderheim herausholen soll. Sie brauchen nicht dort zu bleiben, weil ich mich um sie kümmern kann. Die Sozialarbeiter haben gesagt, sie können bei mir wohnen, bis die Sache geklärt ist.«

»Hast du sie noch alle?«, schrie Dad heiser. »Glaubst du etwa, ich würde sie zu dir lassen? Du kriegst sie nicht.«

»Warum nicht? Das wäre doch besser als das Kinderheim.«

»Kommt nicht infrage«, donnerte Dad. »Nur über meine Leiche. Denkst du vielleicht, du könntest hier einfach reinspazieren und mir sagen, wie es zu laufen hat, du kleiner Scheißer?«

»Ich wollte doch nur helfen.«

»Du? Helfen? Du bist doch nichts weiter als ein kleines Stück Scheiße. Du kannst uns gestohlen bleiben.«

Ich starrte Michael an. Wut und Traurigkeit spiegelten sich in seinem Gesicht. Mum und ich schwiegen lieber, denn wenn wir den Mund aufmachten, würden wir ein paar Ohrfeigen kassieren. Plötzlich drehte sich Michael um und sah mich an.

»Stimmt es, was sie gesagt haben?«, wollte er wissen. »Ist es von ihm?«

»Mach dich nicht lächerlich!«, brüllte der Idiot ihn an. »Was fällt dir überhaupt ein? Raus hier! Raus, sofort!«

»Erst wenn ich die Wahrheit erfahren habe.«

»Verpiss dich, du kleiner Bastard«, schrie Dad. »Hast du nicht gehört? Du sollst verschwinden!«

Aber Michael rührte sich nicht von der Stelle. Ich starrte ihn an, und die Worte stiegen in mir auf, aber sie kamen mir nicht über die Lippen. Ich hatte Angst davor, was mein Bruder machen würde, wenn er die Wahrheit erfuhr, und ich schämte mich, weil er sicher angewidert von mir wäre.

»Du brauchst keine Angst vor diesem Arschloch zu haben, Alice«, sagte mein Bruder in sanftem Ton. »Ich lasse nicht zu, dass er dich anrührt. An mir kommt er nicht vorbei. Also, von wem ist es?«

»Von Pete«, antwortete ich.

»Pete – der Pete, mit dessen Schwester ich vor ein paar Jahren mal zusammen war?«

»Ja. Ich hatte etwas mit ihm. Nur für ein paar Wochen.«

»Stimmt das wirklich?«

Schweigend musterte Michael mich. Ich sah ihm an den Augen an, dass das, was ich gesagt hatte, ihn verwirrte und er es nicht so recht glauben konnte.

»Ja«, sagte ich, und in dem Moment schrie der Idiot Michael wieder an.

»Was fällt dir ein?«, brüllte er. »Verschwinde!«

Michael sah ihn an.

»Überlass mir die Kinder, damit sie ein Zuhause haben. Ich bin jetzt zwanzig – alt genug, um für sie zu sorgen. Ich werde mich gut um sie kümmern.«

Auf einmal stieg ein Funken Hoffnung in mir auf. Michael

war zurückgekommen, so wie er es uns immer versprochen hatte. Er würde mich sicher auch mitnehmen. Dann würde ich Mum überreden, mit uns zu kommen. Vielleicht wären wir dann endlich in Sicherheit. Und alles wäre genau so, wie wir es uns als Kinder ausgemalt hatten.

Mit einem spöttischen Grinsen blickte Dad Michael an.

»Warum solltest du sie bekommen?«, knurrte er. »Sie sind ja nicht mal deine Geschwister.«

Es war, als entgleisten Michaels Gesichtszüge. Für einen Augenblick sah ich seinen schmerzerfüllten Blick, dann packte ihn rasende Wut.

»Ich gebe einen Scheiß auf dein Geschwätz«, schrie er. »Ich weiß, wer meine Mum ist, und die Kinder sind mein Fleisch und Blut. Überlass sie mir einfach.«

»Kommt nicht infrage«, brüllte Dad.

Schließlich musste Michael einsehen, dass er nichts ausrichten konnte. Er marschierte in den Flur, und Mum und ich lotsten ihn schnell in die Küche – wir wollten unbedingt wissen, wie es ihm ging und was er machte. Er blieb noch für eine Weile und erzählte, dass er eine Freundin habe und zwei kleine Töchter. Er hatte also eine eigene Familie. Plötzlich war er mir irgendwie fremd. Mein Traum zerplatzte.

»Lass mich wissen, wenn du etwas brauchst, Mum«, sagte er, bevor er ging. »Du brauchst mich nur anzurufen, dann kümmere ich mich darum.«

Dann wandte er sich an mich. »Pass auf dich auf, Schwesterchen.«

Er verlor kein Wort mehr über meine Schwangerschaft und darüber, wer der Vater meines Kindes war. Vielleicht hatte er den Gerüchten von vornherein keinen Glauben geschenkt. Oder er weigerte sich schlichtweg, es zu glauben. Manche Geheimnisse sind einfach zu schrecklich, als dass man sie überhaupt in Betracht ziehen könnte. Er versprach immerhin, von jetzt an öfter anzurufen, und ich hoffte inständig, dass er das auch tun würde, denn ein Teil von mir klammerte sich weiter an die Hoffnung, mein großer Bruder würde eines Tages zurückkommen, um Mum und mich und die Kleinen zu retten. Erst dann würde ich ihm mein Geheimnis erzählen – wenn wir weit genug fort von hier in Sicherheit waren. Bis dahin musste ich warten.

Ich war seit mehr als acht Monaten schwanger, da fiel mir auf, dass sich das Baby gar nicht mehr bewegte. Beim Ultraschall, ein paar Monate zuvor, war noch alles in Ordnung gewesen, aber ich hatte eine Untersuchung verpasst, weil Dad mich nicht dorthin gebracht hatte. Nun fragte ich mich, ob etwas nicht stimmte. Ich versuchte, mich daran zu erinnern, wann ich das letzte Mal eine Bewegung gespürt hatte – es musste mindestens einen Tag her sein.

Am folgenden Tag achtete ich genau darauf, ob sich das Baby in mir rührte – wartete auf irgendein Zeichen dafür, dass ich mir nicht nur einbildete, es sei reglos.

Ich hatte mich an sein Strampeln gewöhnt, und mittlerweile war das Baby so groß geworden, dass ich manchmal sehen konnte, wie sich mein Bauch ausbeulte, wenn es mit einem Ellbogen oder mit einem Fuß dagegenstieß. Obwohl der Geburtstermin unmittelbar bevorstand, konnte ich mir immer noch nicht vorstellen, wie es sein würde, ein Baby zu haben. Und ich mochte auch gar nicht daran denken. Manchmal erinnerte ich mich an meine jüngeren

Geschwister, als sie noch Babys gewesen waren, und daran, welche Gefühle ich für sie gehabt hatte. Selbst wenn ich müde war und sie mich nachts weckten und stundenlang schrien, liebte ich sie. Aber für dieses Baby würde ich ganz sicher nichts empfinden. Ich wusste gar nicht, wie ich Mum noch in die Augen sehen sollte, wenn ich das Baby im Arm hielt.

»Ich muss zum Arzt«, sagte ich schließlich zu dem Idioten, als ich nach einem weiteren Tag noch immer nichts spürte.

»Lauf dem Empfangskomitee nur gleich in die Arme!«, schnauzte er mich an. »Die Polizei wartet doch nur darauf, dass so etwas passiert. Und ich will nicht, dass sie weiter Fragen stellen. Dir geht es gut, und damit Schluss.«

In den nächsten drei Tagen sagte ich Dad immer wieder, es sei besser, wenn er mich ins Krankenhaus bringen würde, denn ich war mir sicher, dass etwas nicht stimmte. Aber erst nach vier Tagen willigte er ein.

Im Krankenhaus wurde ich in einen Raum geführt und von einem Arzt untersucht. Nach ein paar Minuten sah er mich mit ernstem Gesichtsausdruck an.

»Ich kann keinen Herzschlag feststellen. Ich glaube, das Baby ist in Ihrer Gebärmutter gestorben.«

»Was?«, fragte ich mit belegter Stimme. In meinem Kopf rauschte alles.

»Ich sagte, wahrscheinlich ist das Baby in Ihrer Gebärmutter gestorben.«

Als Erstes packte mich die Wut – Wut darüber, dass der Arzt so herzlos und kalt darüber sprach, als wäre das alles nichts. Dann aber fiel mir ein: War es nicht genau so gekommen, wie ich gewollt hatte? Erleichterung durchströmte mich, als mir bewusst wurde, dass ich das Baby doch nicht bekommen musste. Doch ich mochte gar nicht daran denken, was der Idiot daraufhin mit mir machen würde. Ich fühlte plötzlich gar nichts mehr, alles in mir war taub.

Man sagte mir, ich würde eine Spritze bekommen, damit die Wehen einsetzten, denn das Baby war schon so groß, dass es auf natürlichem Weg geboren werden musste. Kurz darauf setzten die Wehen ein. Mum war mitgekommen, und während ich furchtbare Qualen litt, hielt sie mir die Hand. Ich versuchte, mich von dem, was da geschah, abzuspalten. Ich wollte nur noch, dass es vorbei war. Aber die Schmerzen kamen immer wieder, und ich musste daran denken, warum ich hier war: um das Baby herauszupressen, das er mir eingepflanzt hatte.

»Versuch zu atmen, mein Liebes«, flüsterte Mum immer aufs Neue.

Ich wusste, dass der Idiot draußen wartete, und mich überkam eine maßlose Wut. Als die nächste Wehe einsetzte, grub ich meine Zähne in Mums Hand.

»Weiterpressen«, sagte der Arzt.

Es kam mir vor wie eine Ewigkeit. Ich presste und presste, damit dieser Schmerz endlich aufhörte, aber es passierte nichts. Immer wieder wurde ich von Wehen übermannt, und der Arzt redete mir gut zu. Dann kam der Schmerz ein letztes Mal, und danach war es vorbei.

»Es ist ein Junge«, hörte ich eine Stimme sagen.

Ich wandte den Kopf ab. Ich wollte ihn nicht sehen.

Für die Nacht gaben mir die Ärzte etwas, damit ich besser

schlafen konnte, aber sobald ich die Augen schloss, hörte ich im Geist Geschrei und sah im Traum Kinder vor mir – Charlie und Kate als Babys, kleine Gesichter, die mich aus ihren Bettchen ansahen und von mir getröstet werden wollten. Als ich schließlich im trüben Morgenlicht dalag, in dem Bewusstsein, dass in mir nichts mehr war, überkam mich eine große Erleichterung. Mein Wunsch hatte sich erfüllt. Das Baby war weg. Vielleicht war nun all der Ärger, den es gebracht hatte, überstanden, und meine kleinen Geschwister konnten nach Hause kommen.

Als die Polizei erschien und noch einmal Blutproben verlangte, weigerte ich mich. Und ich sagte den Ärzten, dass ich keine Obduktion des Babys wolle. Das hatte Dad mir eingeschärft. Ich wollte dieses Baby, das es beinahe gegeben hätte, nur noch vergessen. Aber nach ein paar Tagen kam es mir vor, als zöge sich die Welt um mich herum zusammen, jeder Atemzug und jede Bewegung strengten mich ungeheuer an. Es war, als sei ich von einer unsichtbaren Wolke umgeben, die mich von allem trennte. Als Mum mich besuchte, hatte sie Tränen in den Augen. Sie hatte das Baby, das in mir gewesen war, gesehen, und sie nahm an, dass es ein großer Verlust für mich sein müsse.

Während ich mir immer wieder sagte, dass es kein Verlust war, konnte ich nicht aufhören, an das Baby zu denken. Ich hatte es Jonathan genannt, und wenn meine Gedanken zu ihm wanderten, hätte ich am liebsten geschrien. Warum war ich so traurig? Ich hatte doch gewollt, dass es so kam. Ich hatte mir verzweifelt gewünscht, das Baby möge verschwinden, und genau das war nun geschehen. Jonathan war gestorben, meinetwegen. Ich hatte ihn auf dem Gewissen.

Als ich aus dem Krankenhaus entlassen wurde, holte Mum mich ab und brachte mich nach Hause. Der Idiot wollte nicht da sein, wenn die Polizei kam und weitere Fragen stellte, also versteckte er sich eine ganze Zeit lang draußen in seinem Van. Ich ging ihm so gut wie möglich aus dem Weg, denn ich wusste nicht, was mir noch blühte. Aber ich konnte mich ja nicht ewig von ihm fernhalten, und nach ein paar Tagen sagte Mum, ich solle ihm etwas zu essen hinausbringen. Ich ging also nach draußen und klopfte kurz darauf an die Tür des Vans, der in einiger Entfernung am Straßenrand stand.

»Komm rein«, zischte er und kletterte sofort wieder nach hinten, wo es dunkler war.

Als ich ihn sah, bekam ich Angst. Was würde er mit mir machen? War er böse, weil das Baby tot zur Welt gekommen war? Wusste er, dass Jonathan meinetwegen gestorben war?

»Wo ist deine Mutter?«, schnauzte der Idiot mich an.

»Im Haus«, antwortete ich. »Sie schickt dir etwas zu essen.«

»Das esse ich später«, sagte er. Er riss mir das Tablett aus den Händen und ließ es auf den Boden des Vans fallen.

Ohne ein Wort zu sagen, kletterte er auf den Fahrersitz und ließ den Motor an. Als wir losfuhren, wurde mir klar, was er von mir wollte. Ich hockte hinten, und nach ein paar Minuten merkte ich, dass wir über eine holprige Straße fuhren. Kurz darauf hielten wir an und parkten auf irgendeinem Weg.

Der Idiot drehte sich zu mir um und kletterte über den Sitz.

»Bitte nicht, Dad«, sagte ich leise, als er näher kam.

Ich konnte das jetzt nicht ertragen. Erst vor wenigen Tagen hatte ich ein Kind geboren. Ich war wund und fühlte mich schwach, und immer wenn ich an mein Baby dachte, kamen mir die Tränen.

»Halt den Mund«, knurrte Dad. »Zieh den Rock aus!«

Als er mit den Händen nach mir griff, versuchte ich, innerlich abzuschalten, so wie ich es zuvor immer getan hatte. Aber die Gedanken an mein Baby konnte ich nicht stoppen. Ich hatte meinen kleinen Sohn nicht einmal angesehen, ihn nicht in den Armen gehalten. Nun wünschte ich, ich hätte es getan. Vielleicht hätte ich ihm sagen können, wie leid es mir tat – dass ich ihn gehasst hatte, dass ich gewollt hatte, dass er starb.

»Hast du schon Milch?«, fragte der Idiot und hockte sich vor mich.

»Nein«, flüsterte ich.

Er beugte sich zu mir herüber, und der Gestank nach abgestandenem Schweiß schlug mir entgegen. Ich starrte auf seine schmutzigen Fingernägel, auf sein fettiges Haar.

»Verlogene Schlampe«, zischte er mich an. »Sieh dir doch mal dein T-Shirt an.«

Ich senkte den Blick und sah einen nassen Fleck auf meiner Brust: Milch für das Baby, das ich verloren hatte.

»Zieh das T-Shirt aus«, fuhr Dad mich an.

Ungläubig starrte ich ihn an. Das konnte er doch nicht wirklich wollen? Das würde er mir doch nicht antun.

»Warum?«, fragte ich.

»Ich habe gesagt, du sollst dein T-Shirt ausziehen. Oder willst du eine Ohrfeige?«

Als ich zögernd mein T-Shirt hochzog und meinen BH öffnete, spießte er mich geradezu auf mit seinem Blick. Als er den Kopf auf meine Brust senkte, gelang es mir, sämtliche körperlichen Empfindungen abzustellen. Ein einziger Gedanke kreiste in meinem Kopf: Ich hatte mein eigenes Baby getötet, und Mum hatte meinetwegen ihre Kinder verloren. Ich war durch und durch schlecht. Und das hier war meine Strafe. Mein Vater war meine Strafe und würde es auf ewig bleiben. Denn ich hatte es nicht besser verdient.

Kapitel 13

Alle vierzehn Tage besuchten wir die Kleinen im Kinderheim, und jedes Mal, wenn wir uns verabschiedeten, klammerten sie sich an uns und fragten, wann sie nach Hause kommen dürften. Aber diese Frage konnten wir nicht beantworten, denn wir wussten es selbst nicht. Die Kinder standen unter der Obhut des Sozialamts, und obwohl die Polizei keine Anklage gegen meinen Vater erhoben hatte, gab es keinerlei Anzeichen dafür, dass man sie uns zurückgeben würde. Ob es noch zu einer Anklage kommen würde, wusste ich nicht. Dad setzte jedenfalls alles daran, den Sozialarbeitern das Leben so schwer wie möglich zu machen.

»Hört bloß nicht darauf, was diese Arschlöcher euch erzählen«, sagte er zu den Kleinen. »Und tut nichts von dem, was sie von euch verlangen. Wir werden denen zeigen, dass es nichts bringt, sich mit uns anzulegen.«

Natürlich machten die Kleinen, was der Idiot ihnen eingeschärft hatte: Sie prügelten sich, störten und brachten im Kinderheim alles durcheinander. Dad stiftete sie sogar dazu an wegzulaufen, und ein paar Mal klopfte es bei uns zu Hause, und Laura stand vor der Tür.

»Richtig so«, sagte Dad lachend und ließ sie herein. »Jetzt wollen wir doch mal sehen, ob diese Scheißer dich finden.«

Irgendwann kam dann die Polizei oder einer der Sozialarbeiter, um Laura abzuholen. Aber jedes Mal, wenn sie wieder ausriss, war es für den Idioten wie ein kleiner Triumph, weil er den Leuten, die er so sehr verabscheute, eins ausgewischt hatte. Nach einigen Monaten erhielt er Besuchsverbot im Kinderheim. Dad tobte vor Wut. Immer wieder rief er dort an und wollte wissen, ob er die Kleinen besuchen könne – in erster Linie, um den Sozialarbeitern auf die Nerven zu gehen. Aber sie hatten durchschaut, was er vorhatte. Sie wussten, dass es ihm überhaupt nicht um die Kinder selbst ging. Deshalb gaben sie nicht nach. Daraufhin wollte Dad Mum nicht mehr zum Kinderheim fahren. Wenn er die Kinder nicht sehen durfte, sollte sie es auch nicht, und sie hätte niemals gewagt, allein zu ihnen zu gehen.

Mum zog sich daraufhin noch mehr zurück. Ich wusste, wie sehr ihr das alles zu schaffen machte, aber ich konnte ihr nicht helfen, denn ich war ebenso machtlos wie sie.

Immer wieder musste ich an Jonathan denken – ich vermisste ihn, wie ich es noch nie erlebt hatte. Es war ein tiefer, brennender Schmerz, der mich vollkommen verwirrte. Wie konnte ich so traurig sein, obwohl ich dieses Baby doch nie gewollt hatte?

Die Ärzte hatten mir Medikamente verschrieben, aber auch das half nicht gegen die lähmende Traurigkeit. Es war mir gleichgültig, was aus mir wurde. Ich hatte mein Baby getötet, und es war meine Schuld, dass man Mum ihre Kinder weggenommen hatte – ich war genauso schlecht, wie Dad immer wieder behauptete.

Mein Vater verlor kein Wort über das Baby. Es war so, als hätte Jonathan überhaupt nicht existiert – bis zu dem Tag, als ein Brief vom Krankenhaus kam. Darin stand, dass es eine Trauerfeier für ihn geben solle. In dem Umschlag lag Jonathans Totenschein, und als der Idiot ihn zu Gesicht bekam, beklagte er sich sofort mürrisch.

»Jonathan Peter? Warum hast du ihn nicht nach mir benannt?«, zischte er mich an. »Was ist verdammt noch mal schlecht an meinem Namen? Lass das ändern!«

Ich nahm den Kugelschreiber, den er mir hinhielt, setzte mich auf einen Stuhl neben das Bett und schrieb sorgfältig seinen Namen auf den Totenschein.

»Hier bitte, Dad«, sagte ich und zeigte ihm den Schein.

»Und jetzt verpiss dich!«, schrie er. Er riss mir das Papier aus der Hand und warf es hinter mir her.

Ich hob es auf, um es zu verstecken. Dieses Blatt Papier war alles, was mir als Erinnerung an meinen Sohn geblieben war.

»Kann ich zu seiner Beerdigung gehen?«, fragte ich Dad.

»Was soll der Scheiß?«, schnauzte er mich an. »Die Polizei wird doch wohl da sein, oder nicht? Auf keinen Fall wirst du da hingehen.«

Der Tag, an dem Jonathan beerdigt wurde, kam, und ich konnte nichts weiter tun, als an ihn zu denken. Wochen und Monate verstrichen, und ich fühlte mich hundeelend – taub und traurig zugleich. Von dem Moment an, in dem ich morgens die Augen aufschlug, bis zu dem Augenblick, in dem ich sie abends wieder schloss, konnte ich an nichts anderes mehr denken als an mein Baby. Wie konnte ich mir jemals verzeihen, dass ich mir seinen Tod gewünscht hatte?

Die Beruhigungsmittel und Schlaftabletten konnten nichts gegen meine dunklen Gedanken ausrichten, und so stahl ich dem Idioten ein paar von seinen Pillen, um sie zusammen mit den anderen Tabletten zu schlucken. Ich wollte mich umbringen, aber als der Idiot merkte, dass ich seine Tabletten genommen hatte, musste ich sie ihm zurückgeben, und er verstaute seine Medikamente fortan in einer Einkaufstüte neben dem Bett, damit er sie stets im Auge behalten konnte. Doch das hielt mich nicht davon ab, mich selbst zu verletzen. Ich stach mir mit Nadeln in die Beine, um mir Wunden zuzufügen, oder ich ritzte mir die Haut an verschiedenen Stellen auf. Mit einer Glasscherbe von einer Flasche, die Dad nach mir geworfen hatte, schnitt ich mir so tief in den rechten Arm, dass ich ins Krankenhaus musste, wo die Wunde genäht wurde. Als ich mir später die Narbe ansah, wusste ich: Sie würde mich immer an Jonathan erinnern. Im Folgenden benutzte ich Rasierklingen und schnitt mir die Unterarme oder die Handgelenke auf. Und wenn ich sah, wie das Blut aus mir hinausströmte, wurde mir klar, dass Dad recht hatte: Ich war durch und durch verdorben. Und es gab nur eins, das meinem verkorksten Leben noch einen Sinn geben konnte – mich um Mum kümmern.

Ohne die Kinder war meine Mutter einfach nicht mehr dieselbe. Kein Lächeln, keine Umarmungen, keine Scherze. Lethargisch saß sie da und hatte große Mühe, Dads Befehle auszuführen. Wenn er ihr eine Ohrfeige gab oder etwas nach ihr warf, zuckte sie nicht einmal mehr zusammen.

»Was ist los mit dir, du blöde Schlampe?«, schrie er sie dann an. Er wollte die Angst in ihren Augen sehen, denn daran hatte er schon immer Spaß gehabt.

Dad wurde immer fauler und kommandierte uns noch mehr herum. Mittlerweile raffte er sich nicht einmal mehr auf, um zur Toilette zu gehen. Stattdessen benutzte er einen Toilettenstuhl, den Mum bekommen hatte, weil sie es oft nicht rechtzeitig zur Toilette schaffte. Dad fand den Stuhl sehr praktisch, denn so musste er sein Fernsehprogramm nicht unterbrechen. Anschließend rief er uns, um die Toilette auszuleeren.

Mum hatte alle Hoffnung verloren, die Kinder wiederzubekommen. Obwohl gegen Dad keine Anklage erhoben worden war, stand für sie fest, dass das Sozialamt sie niemals wieder nach Hause lassen würde. Ende 1989, mehr als ein Jahr nachdem man sie abgeholt hatte, erhielten wir dann die offizielle Bestätigung. Zu dem Zeitpunkt hatte man sie bereits getrennt. Kate lebte in einer Pflegefamilie, die sie adoptieren wollte, aber Dad verweigerte seine Zustimmung. Simon war in einem Heim in einer anderen Stadt untergebracht. Und Laura und Charlie wohnten in unterschiedlichen Einrichtungen.

Nach dieser Nachricht mobilisierte Mum noch einmal all ihre Kräfte. Sie sprach nun ständig von den Kleinen – und flehte Dad an, sie besuchen zu dürfen. Das machte ihn wütend, und er ging noch öfter auf sie los als bisher, aber Mum gab nicht auf. Sie bat Dad immer wieder, ihr zu helfen, die Kinder zurückzubekommen.

»Können wir nicht wenigstens versuchen, sie nach Hause zu holen?«, fragte Mum wohl zum hundertsten Mal.

»Du dämliche Schlampe!«, schrie Dad. »Du wirst sie nie zurückbekommen, kapierst du das nicht? Warum willst du sie überhaupt zurück? Denk mal daran, was sie über mich erzählt haben. Die sind selbst schuld, dass sie jetzt woanders sind.«

»Sie haben nichts erzählt, ganz bestimmt nicht. Sie wollen einfach nur nach Hause.«

»Du lügst! Wer hat denn den Sozialarbeitern von den Filmen erzählt? Das waren doch die verdammten Gören. Ich will sie gar nicht wieder hier haben.«

Entgeistert sah Mum Dad an.

»Aber ich«, sagte sie leise.

Dad warf ihr einen verächtlichen Blick zu.

»Ich habe mir schon überlegt, wie wir es hinkriegen«, begann Mum aufgeregt. »Du könntest für ein paar Wochen verschwinden, dann würden sie mir die Kleinen zurückgeben.«

»Was?«, fauchte der Idiot.

»Es wäre doch nur vorübergehend. Du könntest doch wieder nach Hause kommen.«

Dad musterte Mum und lief dunkel an.

»Komm mir nicht noch mal mit einer so dämlichen Idee«, schrie er. »Was fällt dir eigentlich ein, mir zu sagen, dass ich verschwinden soll?«

»Ich könnte die Sozialarbeiter anrufen und ihnen sagen, du wärst ausgezogen. Und dann könnten die Kleinen zurückkommen.«

Als ich Mum so reden hörte, bekam ich furchtbare Angst um sie. Warum hörte sie nicht endlich auf, ihm zu widersprechen? War ihr denn nicht klar, dass er ein solches Verhalten nicht duldete?

»Halt die Klappe!«, schrie Dad heiser. »Oder willst du eine Ohrfeige?«

Doch Mum gab immer noch keine Ruhe.

»Hör doch mal«, sagte sie flehentlich. »Ich hole die Kinder zurück, und wenn sie wieder hier sind, kommst du nach Hause. Du brauchst doch nicht lange wegzubleiben – nur bis die Sozialarbeiter uns in Ruhe lassen.«

Mum stand auf und wollte ihn weiter beschwören. In dem Moment nahm der Idiot seinen Hammer und warf ihn nach ihr. Er traf Mum am Bein, und sie sank weinend auf den Teppich.

»Bitte hör mir doch zu! Wir müssen sie zurückbekommen«, bat sie schluchzend.

»Verschwinde endlich, du dreckige Schlampe«, knurrte der Idiot.

Schließlich verstummte Mum, aber ich wusste: Der Idiot würde es ihr nicht durchgehen lassen, dass sie ihm in meiner Gegenwart dermaßen vehement widersprochen hatte. An diesem Abend hörte ich aus dem Wohnzimmer leises Stöhnen. Es war nicht das übliche Geschrei. Stundenlang waren diese Geräusche zu hören, wie die Laute eines Tiers. Als ich am nächsten Morgen aufstand, erwartete ich, dass Mum ein blaues Auge oder eine aufgeplatzte Lippe hatte. Doch stattdessen war ihre ganze Haut übersät mit leuchtend roten Wunden – an den Armen, am Hals und den ganzen Körper hinunter. Es schaute anders aus als alles, was ich zuvor gesehen hatte. Ich wusste nicht, was der Idiot mit ihr gemacht hatte, aber es hatte gereicht, um dafür zu sorgen, dass Mum nie wieder davon sprach, die Kinder nach Hause zu holen.

Noch Jahre später fragte ich mich, warum sie überhaupt bei meinem Vater geblieben war, nachdem man ihr seinetwegen ihre Kinder weggenommen hatte. Eine Zeit lang dachte ich, dass sie ihn auf irgendeine Art tatsächlich noch liebte. Aber allmählich kam ich zu der Überzeugung, dass ich mich geirrt hatte. Mum hasste ihn abgrundtief. Doch vor lauter Angst konnte sie sich gar nicht vorstellen, dass es auch ein Leben ohne Dad gab. Mum war an ihren Peiniger gebunden – genau wie ich.

»Alice«, brüllte Dad. »Komm sofort her!«

Er hatte Mum zum Einkaufen geschickt, und sobald ich das Wohnzimmer betrat, begann mein Herz zu rasen.

»Zieh deine Unterwäsche aus!«, befahl er.

Ich starrte ihn nur an. Ich konnte es kaum ertragen, dass er mich anfasste. Seit Jonathans Tod hätte ich ihm am liebsten schreiend die Haut zerkratzt, wenn er mir nahe kam.

»Was stehst du da rum?«, schnauzte Dad mich an.

Meine Beine fühlten sich an wie aus Blei. Ich schaffte es einfach nicht, mich zu bewegen und einen Schritt auf ihn zuzugehen.

»Hast du nicht gehört?«, sagte der Idiot und stand auf. »Weißt du eigentlich, in wie viele Stücke ich dich zerhacken könnte? Und wie deine Mutter dann schreien würde? Glaubst du vielleicht, das würde irgendjemand hören?«

Ich hielt den Atem an und ging auf ihn zu.

»Aber auch wenn es jemand hört, würde keiner was unternehmen«, sagte Dad spöttisch. »Hast du es immer noch nicht kapiert? Niemand wird dir helfen. Du bist weniger als ein Nichts, und wenn du dir einbildest, du müsstest mir nicht gehorchen, hast du dich geirrt.«

Ich tat also, was er von mir verlangte, und wünschte mir dabei sehnlichst, er wäre tot. Später an diesem Tag nahm ich ein paar von seinen Schlaftabletten und mischte sie ihm in den Tee. Schweigend saß ich da und beobachtete, wie er davon trank. Würde es reichen, um ihn zu erledigen? Wären Mum und ich dann endlich frei? Aber natürlich wirkten die Tabletten überhaupt nicht. Nichts, was ich tat, würde jemals etwas ändern.

Kapitel 14

Ich muss etwa sechzehn gewesen sein, als der Idiot entdeckte, wie viel Spaß ihm Karaoke machte. Der größte Teil des elektrischen Schnickschnacks, den er angesammelt hatte, stapelte sich in einem der Schlafzimmer – alte Videorekorder, Fernseher, Stereoanlagen –, zusammen mit Tausenden von Videokassetten, alles bezahlt von der Sozialhilfe, die er für uns Kinder kassierte. Irgendwann kaufte er sich davon auch eine Karaokemaschine, die er immer abends einstöpselte. Während wir im Bett lagen, sang er dazu, und wir mussten uns sein Gegröle anhören. Seine Lieblingssongs waren *Put Your Sweet Lips a Little Closer to the Phone* von Jim Reeves, *In the Ghetto* von Elvis und alle Stücke von Hank Williams.

Nachdem man uns die Kleinen weggenommen hatte, war er natürlich knapp bei Kasse, weil er kein Kindergeld mehr bekam. Da hatte er eine Idee: Er schickte mich zum Arzt, damit ich einen Behindertenausweis beantragte. Auf diese Weise wollte er mehr abkassieren. Aber der Antrag wurde abgelehnt, und so behielt er die ganze Sozialhilfe, die Mum und ich bekamen, für sich. Von diesem Geld kaufte er unter anderem ein Gerät, mit dem er seinen Gesang aufnehmen konnte. Die Aufnahmen spielte er dann ständig ab, ich glaube, er hielt sich für einen unwiderstehlichen Sänger.

Anfang der 90er-Jahre kam Dad zu der Ansicht, wir hätten lange genug am selben Ort gewohnt. Die Kinder bekamen wir ohnehin nicht zurück, also brauchten wir auch nicht mehr länger dortzubleiben. Ich weiß, dass es Mum genauso ging wie mir. Wir wollten die Kleinen nicht zurücklassen, obwohl sie mittlerweile bereits seit achtzehn Monaten unter der Obhut des Sozialamts standen. Aber der Idiot hatte seine Entscheidung getroffen. Er forderte Mum auf, Michael anzurufen und ihn zu fragen, ob wir eine Zeit lang bei ihm wohnen könnten. So etwas machte er öfter – es sich zunächst mit Leuten verderben und dann seinen Stolz über Bord werfen, sobald er sich einen Vorteil von ihnen versprach. Und ich war sicher, dass mein Bruder uns aufnehmen würde, schon wegen Mum. Und so war es auch. Als sie ihn um Hilfe bat, konnte er einfach nicht Nein sagen, und ich glaube, insgeheim hoffte er auch, dass er sie davon überzeugen könne, Dad zu verlassen.

Und so zogen wir zu Michael, in die Stadt, in der ich geboren worden war. Wir teilten uns die Dreizimmerwohnung mit ihm, seiner Freundin Julie und ihren beiden kleinen Töchtern.

»Ich helfe euch, ihn loszuwerden«, sagte Michael manchmal. »Ich besorge euch ein anständiges Zuhause.«

Aber ich wusste, Mum würde Michael niemals in ihre Angelegenheiten hineinziehen. Anfangs fragte ich mich, ob sie vielleicht der Meinung sei, sie habe nichts anderes verdient als diesen gewalttätigen Ehemann. In ihren Augen hatte sie als Mutter versagt, schließlich hatte man ihr die Kinder weggenommen. Aber dann wurde mir klar, dass sie Michael nicht um Hilfe bitten wollte, weil sie sich denken konnte, was der Idiot dann mit ihm machen würde. Mum wollte Michael schützen, immerhin hatte er jetzt eine eigene Familie.

Seine beiden kleinen Töchter waren wirklich niedlich: die zweieinhalbjährige Paula mit ihrem dunklen Haar und die achtzehn Monate alte rothaarige Jacqueline. Manchmal erinnerten sie mich so sehr an Laura und Kate, dass es mich schmerzte.

Ich weiß nicht genau, was mein Bruder und Julie von mir hielten, als wir bei ihnen einzogen. Ich war so verschlossen, dass sie mich wahrscheinlich wie alle Menschen ein wenig seltsam fanden. Ich war immer auf der Hut, um den Idioten ja nicht zu provozieren. Auch wenn Bekannte oder Verwandte zu Besuch kamen, blieb ich im Hintergrund. Und keiner beachtete mich, ich war nahezu unsichtbar.

Einige Wochen später zogen wir in unsere neue Sozialwohnung. Mum und Dad schliefen auf einer Schlafcouch im Wohnzimmer, und mein Schlafzimmer lag direkt gegenüber – was bedeutete, dass Dad mich ständig im Auge behalten konnte. Und natürlich blieb die Wohnungstür verschlossen. So verstrichen die Tage, und mein Leben spielte sich wie immer innerhalb unserer vier Wände ab. Allmählich machte ich mir noch größere Sorgen um Mum, denn gesundheitlich ging es ihr stetig schlechter. Immer häufiger musste sie ins Krankenhaus, ein paar Mal sogar mit dem Krankenwagen. Natürlich entlastete ich sie, wo ich nur konnte, aber mir war bewusst: Ganz gleich, wie sehr sie sich schonte und wie viele Tabletten sie auch nahm – nicht das Herz, die Schilddrüse oder der hohe Blutdruck waren es, die ihr zu schaffen machten, sondern der Idiot.

Die Wochen schleppten sich dahin, wir achteten nicht darauf, welches Datum wir hatten, geschweige denn auf Geburtstage. Der Idiot verbrachte den ganzen Tag vor dem

Fernseher, und ich saß da und malte mir lebhaft aus, ich wäre irgendwo anders. Anstelle unseres schmuddeligen Wohnzimmers sah ich unzählige Orte vor mir, die mir wie das Paradies erschienen. Auf diese Weise wurde die Realität für mich ein wenig erträglicher.

Und es fiel in diese Zeit, dass Michael Dad etwas zeigte, das er noch besser fand als Karaoke.

Mein Bruder ging gern in Country- und Westernclubs – wo sich die Leute als Cowboys verkleideten, Line Dance tanzten und Schießereien veranstalteten, mit Gewehren, die mit Platzpatronen geladen waren –, und das war ganz nach dem Geschmack des Idioten. Dort konnte er seiner Vorliebe für Schusswaffen nachgehen, zusammen mit anderen Leuten, die sich einfach nur für den Wilden Westen begeisterten. Also besuchten Michael und er einmal die Woche einen Country- und Westernclub. Mum und ich blieben zu Hause. Zum ersten Mal waren wir für einige Stunden allein, und für mich waren es die einzigen schönen Stunden, seit man uns meine jüngeren Geschwister weggenommen hatte.

Wenn Dad mit Michael unterwegs war, machten Mum und ich es uns mit Tee und Toast vor dem Fernseher gemütlich. Sie konnte es kaum fassen, dass sie nun die Fernbedienung nehmen und sich aussuchen durfte, was sie schauen wollte. Als ich noch jünger war, hatte sie gern eine Polizeiserie gesehen, die *Juliet Bravo* hieß. Jetzt schaltete sie *The Bill* ein. Manchmal spielten wir auch Siebzehnundvier oder Rommé, und dann waren wir beinahe überschwänglich, frei von ihm und dem Gefühl, überwacht zu werden. Wenn ich Mum mit irgendetwas aufzog, lachte sie so ausgelassen, wie ich es selten erlebt hatte, und dann wurde mir bewusst, dass es die richtige Entscheidung gewesen war, bei ihr zu bleiben. Noch hatte sie sich nicht vollkommen aufgegeben, und eines Tages würde ich sie schließlich doch noch überreden, mit mir fortzugehen. Wenn wir allein zu Hause waren, sprachen wir nie über Dad, wir beide wollten diese kostbaren Augenblicke nicht zerstören.

Solange wir bei Michael gewohnten hatte, hatte sich der Idiot mit ihm arrangiert, aber dann gab es zwischen den beiden wieder den üblichen Krach. Es war genauso wie damals, als Michael noch ein Junge gewesen war: Im einen Moment herrschte Waffenstillstand, und im nächsten gingen sie aufeinander los.

»Dieser Bastard kommt mir nicht noch mal ins Haus«, schrie Dad, wenn Mum nach Michael fragte. »Ich habe die Nase voll von ihm. Jetzt ist endgültig Feierabend!«

Doch allmählich wurde uns klar, dass er das nicht ernst meinte. Michael tauchte immer wieder bei uns auf, und mein Vater ließ es zu. Sie hatten beide ihre Gründe: Mein Bruder wollte überprüfen, ob es Mum gut ging, und Dad brauchte jemanden, mit dem er ausgehen konnte. Also vertrugen sie sich widerwillig miteinander, und bald darauf zogen sie wieder zusammen durch die Country- und Westernclubs. Natürlich dauerte es nie lange, bis der nächste Streit ausbrach. Und als sie wieder einmal verkracht waren, beschloss Dad, Mum in die Clubs mitzunehmen.

Wenn es ihr gut ging, freute sie sich, dass sie ausgehen konnte. Aber Dad nahm keine Rücksicht auf ihre Verfassung, und oftmals begleitete sie ihn nur widerstrebend. Ich blieb allein zu Hause zurück und fühlte mich sehr einsam. Wenn sich Dad und Michael jedoch gerade gut verstanden, durfte ich zu meinem Bruder gehen und auf die Mädchen aufpassen. Ich genoss diese Abende und stellte mir vor, es sei mein Zuhause und es seien meine Kinder, die im Zimmer nebenan schliefen. Auf diese Idee kam ich durch die Liebesromane, die ich seit einiger Zeit las. Ich hatte einen Coupon aus einer Zeitschrift eingeschickt und ein Gratisexemplar erhalten, das ich sofort verschlang. Dies war ein herrlicher Zeitvertreib, und bald darauf bestellte ich noch weitere Bücher. Alle trüben Gedanken verflogen, wenn ich mich in die Geschichten von Ärzten und Krankenschwestern vertiefte, von Verliebten, die gegen Widrigkeiten zu kämpfen hatten und am Ende doch glücklich wurden.

Als dem Idioten bewusst wurde, dass ich mich für einige kostbare Stunden seinem Einfluss entzog, stellte er sogleich klar, dass ihm das nicht passte. Aber ich war nicht bereit, das Lesen aufzugeben – es war das Einzige, das mir Freude bereitete, also versteckte ich die Bücher unter einem Handtuch im Badezimmer, und jedes Mal, wenn ich dorthin ging, las ich ein paar Seiten. Ich durfte mich nicht zu lange aus Dads Blickfeld entfernen, denn dann hätte er sofort nach mir gerufen, aber ein paar Seiten reichten, um mich bei der Stange zu halten. Und es waren nicht nur die Geschichten, die mir so sehr gefielen, sondern auch die Gefühle, die sie in mir auslösten. Abends hatte ich plötzlich Gedanken, die mir vollkommen neu waren – ich dachte darüber nach, ob ich mich irgendwann auch verlieben und selbst eine Familie haben würde. In den zwei Jahren nach Jonathans Tod war ich mehr als je zuvor davon überzeugt gewesen, dass ich ein solches Glück überhaupt nicht verdiente. Jetzt aber regte sich eine große Sehnsucht in mir, denn die Romane öffneten mir ein Fenster in eine Welt, die mir bis dahin verborgen geblieben war – eine Welt, wo Männer und Frauen einander liebevoll verbunden waren, wo Eltern ihre Kinder liebten und die Familien fröhlich waren. Natürlich behielt ich das alles für mich. Es war mein Geheimnis, und ich genoss es, mich in Gedanken in diese Welt zu flüchten.

Der Idiot war vollauf mit seinen Clubs beschäftigt und bekam nichts von meinem Hobby mit. Er ging so gern dorthin, dass er sich die komplette Ausrüstung kaufte, die alle dort trugen: Fransenhemd, eine lange schwarze Jacke, schwarze Stoffhose und einen schwarzen Cowboyhut. Er trug sogar einen Pistolengürtel und übte zu Hause in voller Montur mit seinen Waffen – dann zog er blitzschnell die Pistole aus dem Halfter und hielt sie vor sein Gesicht im Spiegel oder schoss auf Luftballons. Mich schauderte es schon bei dem Gedanken, wie gern er wohl eine seiner echten Waffen ausprobiert hätte, während sich alle anderen mit ihren Spielzeugpistolen zufrieden gaben. Und tatsächlich ließ sich Dad irgendwann seine Spielzeugpistolen so umrüsten, dass sie für echte Munition tauglich waren. Davon wusste natürlich niemand etwas. Und ich lebte fortan in großer Furcht davor, dass er irgendwann eine der Waffen gegen uns richten würde. Den Gedanken hatte ich auch stets im Hinterkopf, wenn er mich zum Sex zwang.

Eines Tages geschah etwas Unerwartetes: Dad wollte, dass ich ihn in den Club begleitete. Ich weiß nicht, wie er darauf kam – vielleicht hatte Michael keine Zeit, oder Mum ging es so schlecht, dass sie das Haus nicht verlassen konnte. Wie auch immer, jedenfalls nahm er mich mit. Ich konnte es gar nicht glauben. Er wollte mit mir etwas unternehmen, so wie ein richtiger Vater mit seiner Tochter. Gleichzeitig war ich misstrauisch. Bezweckte er etwas damit? Und so war ich ziemlich aufgeregt, als ich zum ersten Mal einen Club betrat. Ich hielt mich im Hintergrund und sah zu, wie Dad mit seinen Freunden lachte und trank. Ich wagte nicht, mit jemandem zu sprechen, um Dad nur ja keinen Anlass zu geben, sauer auf mich zu sein.

Doch es ging alles gut, und Dad fragte mich nun öfter, ob ich mitkommen wolle. Allmählich vergaß ich meine Bedenken, und so machten mir die Ausflüge immer mehr Spaß. Immerhin war ich unter Menschen, ich lernte ein Leben außerhalb unserer Wohnung kennen. Schon bald ging ich ein paar Mal pro Woche mit in die Clubs. Ich beobachtete die anderen Leute, die unbeschwert lachten und sich unterhielten, mit wem sie wollten, und beneidete sie. Auch hier war ich eine Außenseiterin, aber trotzdem freute ich mich auf diese Abende, denn dann konnte ich wenigstens so tun, als wäre ich frei. Ich lernte einige Frauen kennen, und sie brachten mir ein paar Line-Dance-Schritte bei. Ich nahm sogar an den Schießwettbewerben teil – und war mächtig stolz, wenn ich die Luftballons traf und die Leute applaudierten. Dad passte es natürlich nicht, wenn ich mehr Treffer landete als er, deshalb durfte ich nicht zu gut werden. Aber das war mir gleichgültig. Ich fühlte mich lebendig, zum ersten Mal in meinem Leben.

Ich war noch nie zuvor in einer Kneipe, in einer Diskothek oder in einem Pub gewesen. Dies war eine neue Welt für mich. Normale Menschen zu treffen, die ein normales Leben führten, machte mich nachdenklich. Die Männer hier hielten bestimmt niemandem ein Messer an die Kehle, und sie kamen auch nicht auf die Idee, ihre Töchter wie Sklavinnen zu halten und sie zu zwingen, Sex mit ihnen zu haben. Sie hatten keine Ahnung davon, mit was für einem Monster sie es zu tun hatten – einem Monster, das lächelte und Witze machte, um ihnen vorzugaukeln, es wäre genau wie sie. Niemals kam mir der Gedanke, mich jemandem anzuvertrauen. Dafür schämte ich mich viel zu sehr.

Obwohl ich oft traurig wurde, wenn ich an mein kaputtes Leben dachte, konnte ich nicht anders, als die Menschen um mich herum zu beobachten. Vor allem die Pärchen faszinierten mich. Sie scherzten miteinander, umarmten und küssten sich unverhohlen. Alles, wovon ich träumte, seit ich Liebesromane las, spielte sich nun direkt vor mir ab. Dad hatte mir immer eingetrichtert, niemand würde mich wollen, weil ich zu nichts zu gebrauchen sei. Nun aber sah ich einen kleinen Hoffnungsschimmer, der immer größer wurde. Ich fing an, mir ein anderes Leben auszumalen, weit weg von zu Hause.

Und eines Tages ließ Dad tatsächlich durchblicken, dass ich irgendwann vielleicht frei sein würde.

»Wenn du verheiratet bist, musst du aber in der Nähe wohnen«, sagte er unvermittelt.

Zunächst verstand ich gar nicht, wovon er redete.

»Ich finde bestimmt niemanden, der mich heiratet«, antwortete ich schließlich, um ihm nicht in die Falle zu gehen.

»Vielleicht doch«, widersprach er. »Aber auf jeden Fall muss zwischen uns alles so bleiben, wie es ist.«

Mir wurde schlecht bei dem Gedanken. Wenn ich mich in jemanden verliebte, würde ich ganz bestimmt nicht mehr weitermachen mit dieser Heimlichtuerei. Dann müsste alles so sein wie in meinen Büchern. Aber je öfter Dad so etwas anklingen ließ, desto mehr dachte ich über die Zukunft nach. Durfte ich etwa davon träumen, eines Tages selbst eine Familie zu haben? Das Ganze verwirrte mich sehr. Und ich war weiterhin auf der Hut. Wenn ich mit Dad im Club war, achtete ich stets darauf, dass er mich nicht dabei erwischte, wie ich mit einem jungen Mann sprach. Ich wollte ihn auf gar keinen Fall provozieren. Vielleicht wollte er mir mit all dem Gerede über das Heiraten wirklich eine Falle stellen. Vielleicht wollte er meine Loyalität nur auf die Probe stellen. Jedenfalls musste ich verhindern, dass er erfuhr, wonach ich mich sehnte.

Kapitel 15

An dem Abend, als ich Jimmy Dean kennenlernte, wurde alles anders. Es war, ungefähr ein Jahr nachdem wir in meine Heimatstadt zurückgekehrt waren. Ich war mit Dad im Club, und ich bemerkte, dass mich ein junger Mann ansah. Er war groß und schlank und hatte braunes Haar. Ich kannte ihn vom Sehen, er war ein Freund von Michael. Zunächst ließ ich meinen Blick über ihn hinwegschweifen und schaute mich weiter im Club um, aber als ich mich wieder umdrehte, starrte er mich immer noch an.

»Hast du die Sprache verloren?«, zischte Dad mich plötzlich an.

»Was?«

»Träumst du schon wieder vor dich hin? Ich habe doch gesagt, ich will noch einen Wodka. Hol mir einen.«

Mir schnürte sich der Hals zu. Ich wusste, dass der Mann mich immer noch beobachtete, und ich wollte nicht, dass Dad es bemerkte. Den Rest des Abends über saß ich still da und wagte nicht, noch einmal zu ihm hinüberzusehen.

Dad nahm mich bald wieder mit in den Club, und der junge Mann war auch wieder dort. Als ich ihn sah, verspürte ich einen Anflug von Aufregung, und als er ein paar Minuten später auf mich zusteuerte, hatte ich ein Kribbeln im Bauch.

»Wie geht es denn so?«, fragte er.

Mir gefiel sein Lächeln.

»Gut.«

»Ich habe dich hier schon einmal gesehen. Du kannst gut schießen, oder? Und Tanzen. Gefällt es dir hier?«

Unruhig schaute ich hinüber zur Tanzfläche.

»Ich heiße Jimmy«, sagte er. »Jimmy Dean. Dein Bruder Michael ist ein Bekannter von mir. Du bist Alice, oder?«

Ich starrte ihn überrascht an.

»Ja«, antwortete ich schließlich.

»Also, schön, dich kennenzulernen. Du hast übrigens eine schöne Augenfarbe.«

Ich spürte, wie ich errötete.

»Möchtest du etwas trinken?«

»Nein, das geht nicht.«

»Aber klar geht das! Was soll ich dir bestellen?«

»Nichts. Ist schon okay.«

»Na gut. Möchtest du tanzen?«

»Nein, ich muss jetzt gehen.«

Ich lief davon, und Jimmy sah mir verblüfft hinterher. Ich weiß nicht, was er von mir dachte – bestenfalls hielt er mich wohl für unhöflich und schlimmstenfalls für sonderbar. Ich war sicher, dass er mich schnell vergessen würde. Aber er ging mir nicht mehr aus dem Kopf. Als ich später an diesem Abend im Bett lag, wanderten meine Gedanken zu Jimmy. Er hatte gesagt, ich hätte eine schöne Augenfarbe, darüber war ich sehr verwundert. Solange ich denken konnte, hatte noch niemand so etwas zu mir gesagt.

In den nächsten Tagen musste ich immer wieder an Jimmy denken, und jedes Mal spürte ich dieses Kribbeln im Bauch. Ich musste darauf achten, dass Dad nicht merkte, wie aufgeregt und durcheinander ich war. So etwas hatte ich noch nie erlebt. Ich fragte mich, wann ich das nächste Mal mit in den Club gehen durfte und ob Jimmy dann wieder da wäre.

»Er hat mich gefragt, ob du wohl mal mit ihm ausgehen möchtest«, erzählte Michael mir, als er einige Tage später zu Besuch kam.

»Wer?«

»Jimmy, wer denn sonst?«

»Nein!«, rief ich hastig.

»Warum denn nicht? Er mag dich.«

»Du weißt doch, dass das nicht geht. Was würde Dad dazu sagen?«

»Das kann dir egal sein, Alice. Du bist einundzwanzig. Du kannst machen, was du willst.«

Ich sagte nichts mehr. Michael konnte ja nicht wissen, dass das vollkommen unmöglich war. Wenn ich Jimmy außerhalb des Clubs auch nur anschaute, würde Dad mich umbringen. Ich hoffte nur, dass ich ihn wiedersehen würde und mich noch einmal mit ihm unterhalten könnte. Vielleicht hatte der Idiot ja gar nicht gemerkt, dass ich mit ihm gesprochen hatte. Vielleicht störte es ihn auch überhaupt nicht, solange er mich dabei im Auge behielt. Seit Monaten nahm er mich nun schon mit in die Clubs, möglicherweise wollte er mir ein wenig mehr Freiheit lassen. Trotzdem war mir klar, dass ich mich niemals mit Jimmy verabreden durfte, so wie Michael es vorgeschlagen hatte. Denn Dads Messer lagen stets bereit.

Ein paar Tage nach Michaels Besuch klingelte es bei uns, und ich öffnete. Schon wieder stand mein Bruder vor der Tür.

»Ich habe jemanden mitgebracht, der dich gern wiedersehen möchte«, sagte er augenzwinkernd und betrat die Wohnung. »Wir wollten auf eine Tasse Tee vorbeikommen.«

Ich konnte es nicht glauben. Hinter Michael kam Jimmy zur Tür herein.

»Hi, Alice«, sagte er.

Was hatte sich Michael nur dabei gedacht? Er wusste doch, dass Dad total sauer auf ihn sein würde, weil er jemanden mitbrachte. Aber offenbar war ihm das gleichgültig, und so ging er zielstrebig voraus ins Wohnzimmer, wo der Idiot und Mum saßen.

»Das ist Jimmy«, sagte er, als Dad ihn verblüfft anstarrte. »Wir wollten nur kurz vorbeikommen. Wir trinken einen Tee, dann verschwinden wir wieder.«

Dad sagte nichts und starrte weiter auf den Fernseher. Während sich Michael und Jimmy unterhielten, sah ich unruhig zu ihm hinüber. Ich konnte geradezu spüren, wie der Idiot innerlich kochte.

»Wie geht es denn so?«, fragte mich Jimmy.

»Gut«, antwortete ich leise.

Ich hob den Kopf und sah, dass Dad vom Bett aufstand und das Wohnzimmer verließ. Ein Teil von mir hätte sich am liebsten in Luft aufgelöst, so verlegen war ich. Andererseits freute ich mich unbändig, dass Jimmy gekommen war.

»Welche Filme magst du?«, wollte er wissen.

Ich trank einen Schluck von meinem Tee. »Ich gehe nicht ins Kino«, antwortete ich.

»Und welche Musik hörst du gern? Ich weiß, dass du gern Musik hörst. Ich habe nämlich gesehen, wie du im Club mit dem Fuß gewippt hast.«

»Ich höre immer die gleiche Musik wie Dad.«

»Stimmt«, sagte jemand.

Der Idiot stand in der Tür und sah Jimmy und mich an.

»Alice hört gern dieselbe Musik wie ich.«

»Ja, Dad.«

»Welche Musik mögen Sie denn?«, fragte Jimmy den Idioten.

»So dies und das. Was geht dich das an?«

»Eigentlich nichts. Es hat mich eben interessiert.«

Dad schwieg einen Moment lang, als versuche er herauszufinden, was Jimmy eigentlich wollte. Dann konnte er der Gelegenheit, über sich selbst zu reden, nicht länger widerstehen. Und wie immer kam im Folgenden niemand mehr zu Wort.

»Ich mache ein bisschen Karaoke, mit ein paar Songs von Elvis«, sagte er zu Jimmy, um sich aufzuspielen.

Ich sah Jimmy kurz an, und unsere Blicke trafen sich, dann schaute ich wieder Dad an.

»Diesen Jim Reeves finde ich auch gut«, fügte Dad hinzu.

Während Dad weiterredete, saßen wir schweigend da und hörten zu, bis Michael und Jimmy aufstanden, um sich wieder auf den Weg zu machen.

»Wir sehen uns im Club, Alice«, sagte Jimmy und blieb im Türrahmen stehen.

Verlegen schaute ich zu Boden.

»Bis dann«, knurrte Dad.

Ich blieb auf meinem Stuhl sitzen, bis ich hörte, dass die Wohnungstür ins Schloss fiel.

»Was wollte der hier?«, schnauzte Dad mich an.

»Ich weiß nicht. Michael hat ihn mitgebracht. Ich habe ihn nicht eingeladen.«

»Lüg mich nicht an!«

»Mache ich nicht. Ich habe im Club kaum mit ihm gesprochen. Ich würde ihn doch nicht hierher einladen.«

»Das will ich dir auch nicht geraten haben, ist das klar? Ich will den nicht noch mal hier haben, hast du kapiert? Für wen hält der sich eigentlich? Spaziert hier rein und stellt blöde Fragen. Unterhält sich einfach mit dir, und ich sitze blöd rum.«

»Ich habe ihn wirklich nicht eingeladen, Dad. Ich weiß nicht, warum er vorbeigekommen ist. Das nächste Mal lasse ich ihn nicht herein.«

»Das ist ja wohl klar!«

Als ich aufstand und das Wohnzimmer verließ, warf der Idiot mir seine Tasse hinterher.

»Wenn du nicht spurst, weißt du ja, was ich mit dir mache.«

Ich versuchte, nicht mehr an Jimmy zu denken, doch immer wieder hatte ich sein lächelndes Gesicht vor Augen. Ein Teil von mir hatte Angst, Dad könnte meine Gedanken lesen, aber was sollte ich tun? Ich wünschte, ich hätte die Gelegenheit gehabt, mit Jimmy ausführlich zu reden und mehr über ihn zu erfahren. Doch vorerst reichte es mir, mich daran zu erinnern, wie ich mit ihm im Wohnzimmer gesessen hatte. Zum ersten Mal hatte mich jemand besucht, das war ein tolles Gefühl.

In den nächsten Tagen stand ich unter strenger Beobachtung, und der Idiot nahm mich nicht mit in den Club. Doch gegen Ende der Woche klingelte es wieder an der Tür, und mein Herz machte einen Hüpfer. Dieses Mal war ich allein zu Hause. Der Idiot war mit Mum einkaufen.

»Hi, Alice«, sagte Jimmy, als ich die Tür öffnete. »Kann ich reinkommen?«

Ich sah ihn einen Augenblick lang schweigend an.

»Natürlich«, stammelte ich dann hastig.

Ich weiß gar nicht, woher ich den Mut nahm, Dads Anweisung zu missachten, jedenfalls ließ ich Jimmy herein. Wenn er nicht zu lange blieb, würde Dad überhaupt nicht mitbekommen, dass er noch einmal hier gewesen war. Wir würden ja auch nichts Unerlaubtes tun. Was war schon so schlimm daran, sich ein paar Minuten lang zu unterhalten? Ich wollte wenigstens für einen Moment so sein wie alle anderen jungen Frauen auch.

Jimmy betrat die Wohnung und beugte sich zu mir herüber.

Ich hielt die Luft an – unfähig, mich zu bewegen. Jimmy gab mir einen flüchtigen Kuss auf den Mund. Es war der erste Kuss, den man mir nicht aufgezwungen hatte.

»Ich freue mich, dich zu sehen«, sagte er.

»Ich mich auch.«

Wir blieben im Flur stehen und unterhielten uns. Jimmy fragte, was ich so gemacht hätte. Während ich mit ihm sprach, schien die Zeit stillzustehen, und eine innere Stimme flüsterte mir zu: *Jimmy mag dich.*

Dann aber hörte ich den Schlüssel in der Wohnungstür. Ich drehte mich um und sah Dad hereinkommen. Für einen kurzen Augenblick starrte er Jimmy und mich an, dann ging das Geschrei los.

»Was willst du hier, verdammt noch mal?«, brüllte er. »Denkst du etwa, du kannst machen, was du willst, Alice? Hast du gedacht, ich merke nicht, dass du ihn reinlässt?«

»Nein, Dad«, flüsterte ich.

»Wir haben uns nur unterhalten«, begann Jimmy, aber Dad hörte ihm gar nicht zu.

»Mach, dass du aus meiner Wohnung rauskommst!«, schrie er. »Wenn ich dich noch einmal hier sehe, rufe ich die Polizei. Hast du das kapiert?«

Jimmy sah mich unsicher an, dann wandte er sich zur Tür. Ich wagte nicht, ihn noch einmal anzuschauen, denn der Idiot schrie jetzt noch lauter. Ich wollte ihn nicht noch wütender machen, denn ich wusste, was er dann mit Jimmy machen würde.

»Raus hier, habe ich gesagt!«, brüllte Dad. »Raus hier, sonst mache ich dir Beine.«

Ich spürte, dass Jimmy mir noch einmal einen Blick zuwarf, aber ich senkte rasch den Kopf und hörte kurz darauf die Tür ins Schloss fallen.

»Was fällt dir eigentlich ein?«, schrie der Idiot. »Glaubst du, du kannst hier machen, was du willst? Hast du gedacht, ich merke es nicht, du kleine Schlampe?«

»Aber nein, Dad. Er war nur ein paar Minuten hier. Ich wollte ja, dass er wieder geht.«

Dad packte mich, und ich fühlte, wie sich seine Finger in meinen Hals gruben. Er drängte mich zurück und presste mich gegen die Wand.

»Nein, Dad«, rief ich keuchend.

Ich bekam keine Luft mehr. Meine Lungen waren kurz davor zu platzen.

»Lüg mich nicht an, verflucht noch mal!«, schrie Dad heiser und versetzte mir einen Faustschlag gegen die Brust. »Was sollte das? Hast du mit ihm gefickt, du dämliche Hure? Hattest du es darauf abgesehen?«

»Nein«, sagte ich röchelnd.

Er knurrte wütend und schloss seine Finger noch enger um meinen Hals.

»Was sollte das, verdammt noch mal? Glaubst du etwa, ich hätte dich in den letzten Monaten nicht beobachtet? Er ist nur einer von vielen, oder? Ich habe doch gesehen, wie du dich in den Clubs aufführst. Machst all diesen Typen schöne Augen, tuschelst mit ihnen und lässt dich angaffen. Du bist genau wie deine Mutter – eine dreckige Hure.«

Er schlug mir mit der flachen Hand ins Gesicht. Als er meinen Hals endlich losließ, brannten mir die Augen, und ich musste nach Luft ringen.

»Glaubst du etwa, du kannst mich verarschen?«

»Nein. Nein, Dad. Bitte! Ich wollte nichts Unerlaubtes tun. Wirklich nicht.«

Der Idiot stieß mich von sich, und ich versuchte, zu Atem zu kommen.

»So weit lasse ich es nicht noch mal kommen«, schnauzte er mich an. »Und ich werde dafür sorgen, dass du das endlich kapierst.«

Kapitel 16

Meine Prellungen verheilten, aber das zarte Flämmchen der Hoffnung, das Jimmy in mir entzündet hatte, war erloschen. Von dem Moment an, als der Idiot gemerkt hatte, dass ein anderer Mann Interesse an mir zeigte, benahm er sich wie eine Bulldogge, die ihr Weibchen für sich allein beansprucht. Knurrend und bellend behielt er mich wochenlang im Haus und wollte mich nicht in die Clubs mitnehmen.

»Du kommst nicht mit. Ich weiß, was du vorhast, aber das kannst du dir aus dem Kopf schlagen.«

Ich konnte nichts weiter tun, als zu beten, dass sich mein Leben irgendwann doch noch wendete. Wenn er mich anschnauzte oder nach mir schlug, ließ ich mir nicht anmerken, wie sehr ich darunter litt. Er verbot mir, einkaufen zu gehen, also musste Mum das übernehmen. Für mich war es schrecklich mit anzusehen, wie sie kaum noch Luft bekam, wenn sie nach Hause zurückkehrte. Der Weg zum Supermarkt war einfach zu viel für sie, aber Dad wollte davon nichts hören.

»Warum willst du unbedingt einkaufen?«, fragte der Idiot dann. »Hast du dich mit jemandem verabredet?«

»Nein, Dad. Aber Mum geht es nicht gut. Sie ist vollkommen erschöpft.«

»Die übertreibt doch. Du bleibst hier.«

»Ich brauche nicht lange. Ich komme sofort zurück.«

Mit einem wütenden Schnauben schlug er mit seinem Spazierstock nach mir.

»Glaubst du etwa, ich lasse dich da draußen rumlaufen wie eine heiße Hündin? Du gehst nirgendwo hin!«

Zuvor war die Haustür oft nur zugezogen, nun aber bestand Dad darauf, dass sie abgeschlossen wurde und wir ihm die Schlüssel aushändigten. Ich durfte niemanden hereinlassen. Nur einmal erlaubte er, dass ich das Haus verließ: Er schickte mich in die Sprechstunde der Familienberatungsstelle, wo ich einen Schwangerschaftstest machen sollte. Ich hatte ihm immer wieder beteuert, dass ich unmöglich schwanger sein konnte, aber das wollte er nicht glauben.

»Du hast es doch hinter meinem Rücken mit diesem Jimmy getrieben, oder? Jetzt bist du bestimmt von ihm schwanger. Du benimmst dich wirklich wie eine heiße Hündin.«

Erst nach zwei Tests ließ sich Dad davon überzeugen, dass mich niemand angerührt hatte. Von dem Moment an rief er mich wieder öfter zu sich ins Bett. Und ich war mir sicher: Nie wieder würde ich auch nur die kleinste Freiheit bekommen. Irgendwann durfte ich ihn dann doch wieder in die Clubs begleiten, denn Michael war in einen anderen Stadtteil gezogen, und wir sahen ihn nur noch alle paar Monate. Mum war oft zu schwach, um mitzukommen, und Dad brauchte jemanden, den er herumkommandieren konnte. Also blieb ihm nichts anderes übrig, als mich mitzunehmen. Aber als Jimmy und ich uns über den Weg liefen, sagte er nicht einmal Hallo. Wahrscheinlich war ihm klar geworden, was für ein schlechter Mensch ich sein musste, mit solch einem Vater. Und mir machte es überhaupt keinen Spaß mehr auszugehen, weil ich die ganze Zeit über Angst hatte, mir Dads Unmut zuzuziehen. Ich wagte es nicht, irgendeinen Mann auch nur anzusehen, geschweige denn mich mit jemandem zu unterhalten. Dad ließ mich nicht aus den Augen. Und wenn ich zur Toilette ging und auf dem Weg dorthin jemandem begegnete, wurde er noch misstrauischer.

»Hast du den angequatscht?«, zischte er mich an, sobald ich wieder auf meinem Platz saß.

»Nein«, beteuerte ich dann. »Aber ich musste doch irgendwie an ihm vorbei.«

»Lüg mich nicht an, du kleine Schlampe!«

Der einzige Mann, mit dem ich mich noch unterhalten durfte, war Gavin. Er hatte den Verstand eines Kindes und war in Dads Augen keine Bedrohung. Also ließ der Idiot mich manchmal mit ihm tanzen. Sobald die Musik zu Ende war, setzte ich mich wieder und hoffte, dass ich bald nach Hause gehen konnte. Das, wovon ich zu träumen gewagt hatte, würde sich ja doch nie erfüllen.

Ganz gleich, wie still und gehorsam ich war, Dad wollte die Sache mit Jimmy einfach nicht vergessen. Selbst der Gasmann durfte unsere Wohnung nicht mehr betreten, um den Zählerstand abzulesen. Was unterstellte der Idiot mir eigentlich? Dachte er etwa, es würde überhaupt jemand Notiz von mir nehmen? Noch immer trug ich diese formlose Kleidung und ausgeleierte Unterwäsche, denn nach wie vor kaufte mein Vater mir alles zum Anziehen. Wenn mich jemand anfasste, dann er.

Nach der Sache mit Jonathan nahm ich wieder die Pille, aber irgendwann setzte ich sie wegen der schrecklichen Migräne wieder ab. Also musste der Idiot Kondome benutzen.

Manchmal tat er das, aber manchmal auch nicht, und ich wusste, dass er sich wegen Jimmy rächen wollte. Jeden Monat wartete ich voller Angst auf meine Periode – ich zählte die Tage, bis sie fällig war, und wenn sie kam, hätte ich vor Erleichterung die ganze Welt umarmen können. Aber irgendwann merkte ich, dass ich wieder schwanger war. Mein Entsetzen war noch größer als damals. Denn nun wusste ich, was mir blühte, und ich hasste meinen Körper dafür, dass er mir das schon wieder antat.

Wieder bekam ich nach einigen Wochen Blutungen. Ich ging ins Krankenhaus, wo man mir sagte, ich hätte eine Fehlgeburt erlitten. Der Idiot hatte verlangt, dass ich einen falschen Namen angab, für den Fall, dass die Behörden uns noch immer im Auge hatten, und das tat ich auch.

Ich wusste, er war sauer auf mich. Mittlerweile hatte ich drei Fehlgeburten gehabt und Jonathan verloren – ich war genauso nutzlos, wie er immer behauptete. Ein Kind zu kriegen war ja wohl die einfachste Sache der Welt, und ich bekam nicht einmal das hin. Aber der Idiot würde nicht lockerlassen. Warum verweigerte mein Körper ihm, was er verlangte? Ich war hin und her gerissen. Einerseits wollte ich endlich meine Ruhe haben, andererseits wehrte ich mich noch immer dagegen, ein Kind von meinem Vater auszutragen.

Schon als Kind hatte ich begriffen, dass der Idiot niemals klein beigab, er wollte sich stets um jeden Preis durchsetzen. Wie damals, als er mit einem unserer Nachbarn wegen eines Eishörnchens Streit angefangen hatte und auf ihn losgegangen war. Dad wollte sich von niemandem etwas gefallen lassen. Auch nun, Jahre später, hatte sich nichts daran geändert. Er bekam Streit mit einer Frau, die zusammen mit ihren Kindern unter uns wohnte. Es fing damit an, dass sie gern laut Musik hörte. Dad spuckte jedes Mal Gift und Galle, wenn die Bässe herauf bis in unser Wohnzimmer dröhnten und ihn beim Fernsehen störten.

»Ruhe da unten!«, rief er dann und trampelte auf dem Boden herum.

Aber die Frau unter uns schien keine Notiz davon zu nehmen. Sie stellte die Musik einfach nicht leiser, und der Idiot regte sich immer mehr auf. Ein paar Mal musste die Polizei kommen, weil sich die beiden gegenüberstanden und anschrien. Oder Dad rief selbst die Polizei, wenn er die Nase voll hatte und der Frau eins auswischen wollte.

»Dieses dämliche Miststück!«, fluchte er. »Der werde ich es zeigen, und zwar ein für alle Mal.«

Meistens stellte Dad nur unseren Fernseher lauter, um die Musik durch einen Western zu übertönen, und dann hallte das Geheul der Apachen durch die ganze Wohnung. Die Frau unter uns aber blieb hartnäckig. Dad konnte tun und sagen, was er wollte, sie ließ sich einfach nicht einschüchtern. Sobald er den Ton des Fernsehers lauter drehte, stellte sie ihre Musik lauter, und während sich die dröhnenden Bässe ein Duell mit dem Westernlärm lieferten, verstanden Mum und ich unser eigenes Wort nicht mehr.

So ging es monatelang. Beschwerden, denen immer wieder nachgegangen wurde, und immer neue Anschuldigungen, weil sich beide Seiten geschworen hatten, nicht nachzugeben. Gegen Ende 1992 eskalierte die Situation schließlich. Der Idiot hatte beschlossen, endgültig für Ruhe zu sorgen. Er war es leid, auf dem Boden herumzustampfen, und hatte sich überlegt, dass er wohl deutlicher werden musste. Er stöberte in den Kisten herum, die er in der ganzen Wohnung verteilt hatte, und bald hatte er das Passende gefunden: eine riesige Hantel, noch aus der Zeit, als er Gewichte gestemmt hatte.

Mit hochrotem Kopf stieß er keuchend die Hantel über den Kopf und ließ sie auf den Boden krachen. Ächzend vor Anstrengung hob er die Hantel wieder hoch, und ich hörte etwas knacken. Mittlerweile war er violett angelaufen, aber davon ließ er sich nicht abhalten. Noch einmal stemmte er das Gewicht und ließ es mit einem Schrei auf den Boden knallen.

»Wenn du Lärm willst, dann kriegst du ihn jetzt«, grölte er.

Am Ende krachte die Hantel durch zwei Dielenbretter hindurch und hinterließ eine Delle in der Decke der Wohnung unter uns. Damit war die Sache erledigt. Er hatte der Frau klargemacht, wer hier am längeren Hebel saß.

Schließlich gelangte Dad zu der Ansicht, wir müssten umziehen. Es war ihm zu lästig geworden, immer die drei Etagen hinauf- und hinunterzulaufen. Wir zogen also in eine Parterrewohnung, und ich war froh darüber, weil Mum es nun leichter hatte und sie nicht mehr so viele Treppen steigen musste. Mittlerweile fiel ihr das Gehen richtig schwer, und wenn sie sich zu viel bewegt hatte, war sie vollkommen außer Atem. Aber sie beklagte sich nicht, und wann immer ich sie fragte, wie es ihr gehe, bekam ich dieselbe Antwort.

»Es geht schon«, sagte sie dann lächelnd. »Ist kein so guter Tag heute, aber morgen ist es wieder besser.«

Die neue Wohnung verschaffte Mum ein wenig mehr Freiheit, aber für mich änderte sich nichts. Es verging nicht eine Sekunde am Tag, in der er mich nicht im Auge hatte. Morgens stand ich erst auf, wenn er es mir befahl. Ich ging schlafen, wann er es für richtig hielt. Und wenn ich zu lange im Badezimmer oder in der Küche blieb, rief er sofort nach mir.

Ich glaube, er nahm sich immer mehr heraus, seitdem er wieder häufiger Kontakt mit seinen Schwestern, seinem Neffen und seinen Nichten hatte, die nun manchmal zu Besuch kamen. Er wollte ihnen imponieren, und seine Schwestern fielen tatsächlich auf diese Masche herein.

Seit über vier Jahren wohnten die Kleinen nun nicht mehr bei uns. Für Mum war es noch immer ein schmerzlicher Verlust, aber sie hatte längst aufgegeben, um sie zu kämpfen. Manchmal saß sie in einem Sessel, sah sich Fotos meiner jüngeren Geschwister an und strich mit dem Finger über ihre Gesichter.

»Jetzt tut ihnen niemand mehr weh«, sagte sie dann oft.

Dad kommandierte Mum und mich ohne Unterlass herum. Ohne seine Erlaubnis durften wir nicht einmal den Mund aufmachen. Während er fernsah, mussten wir stundenlang schweigend dasitzen. Er hielt uns regelrecht gefangen, und die Angst schmiedete uns an unsere Ketten. Ich verließ die Wohnung noch seltener als zuvor. Einkaufen zu gehen machte mir große Angst, weil ich wusste, dass Dad mich beobachtete, und wenn ich in seinen Augen etwas falsch machte, bekam ich nach meiner Rückkehr eine ordentliche Strafe.

Meistens waren die Vorhänge des Wohnzimmerfensters zugezogen, denn der Idiot hatte es gern dämmrig. Nur durch einen Spalt fiel oben ein Lichtstrahl herein. Aber sobald ich die Wohnung verließ, nahm Dad den Stock, der neben seinem Bett stand, und zog damit die Vorhänge auseinander, damit er mich sehen konnte. Mir war das bewusst, und mit klopfendem Herzen lief ich über die Straße. Ich hatte das Gefühl, mein Herz müsste zerspringen, und ich bekam kaum noch Luft. Dann rieb ich voller Aufregung meine schweißnassen Hände aneinander und versuchte, mir selbst einzureden, alles sei in Ordnung. Aber jedes Mal, wenn ich im Laden stand und auf die Bedienung warten musste, überkam mich Panik, und ich flehte innerlich, es möge schneller gehen.

»Was hat da wieder so lange gedauert?«, fuhr Dad mich an, sobald ich die Wohnung betrat.

»Ich musste Schlange stehen.«

»Das sah mir aber gar nicht so aus. Da ist doch niemand raus- oder reingegangen. Hast du mit jemandem gesprochen?«

»Nein.«

»Bestimmt nicht?«

»Ganz bestimmt nicht, Dad.«

»Denk dran, ich behalte dich immer im Auge.«

»Ich weiß.«

»Wenn du versuchst, mich auszutricksen, kriegt deine Mutter es zu spüren. Hast du gehört?«

Jedes Mal, wenn ich aus dem Haus ging, klangen seine Drohungen mir in den Ohren. Wenn irgendwelche von Dads Bekannten stehen blieben, um zu fragen, wie es Mum gehe, bekam ich bereits weiche Knie. Dann murmelte ich hastig, ich müsse mich beeilen, weil mein Vater schon auf mich warte. Ich sah andauernd auf die Uhr, um sicherzugehen, dass ich nicht eine Sekunde länger brauchte als üblich. Denn ich wollte ihm keinen Grund geben, mich wieder zu bestrafen oder gar seinen Frust an meiner Mutter auszulassen.

Kapitel 17

Manchmal fragte ich mich, warum sich mein Vater so verhielt. Ich glaube, erst wenn er uns erniedrigte, fühlte er sich stark. Jedenfalls haben Mum und ich es nie gewagt, uns zu widersetzen, alles, was er von uns verlangte, erledigten wir, und wenn es noch so abscheulich war.

In den Jahren nachdem wir in die Parterrewohnung gezogen waren, fielen wir immer tiefer in das schwarze Loch. Dad thronte in seinem Bett und verließ es nur noch ab und zu, um in die Clubs zu gehen. Bald hatte er sich wund gelegen – er bekam rote, nässende Stellen am Rücken, so wie manche Leute im Krankenhaus. Aber Dad war nicht krank, sondern bloß faul. Und so kam es, dass Mum ihn waschen musste, weil er zu bequem war, ins Bad zu gehen. Und die Toilette benutzte er auch höchst selten. Das Badezimmer lag keine drei Meter vom Wohnzimmer entfernt, aber er machte sich nicht die Mühe, die paar Schritte zu laufen. Stattdessen pinkelte er in Flaschen oder hockte sich über einen Putzeimer, der neben dem Bett stand. Manchmal warf er das Toilettenpapier einfach auf den Boden, nachdem er es benutzt hatte, und mir drehte sich fast der Magen um, wenn ich es aufheben musste. Natürlich spuckte er nach wie vor auf den Boden, wenn ihm danach war, und mittlerweile war sein Müll im ganzen Wohnzimmer verstreut. Nicht immer traf er den Eimer, dann musste ich hinter ihm aufwischen. Und wenn ich zu lange brauchte und ihm im Weg stand, ließ er seinen Unmut an mir aus.

»Beeil dich, du blöde Kuh!«, sagte er und warf mit dem benutzten Toilettenpapier nach mir.

Einmal kam Michael zu Besuch und wurde Zeuge, wie mein Vater gerade in die Flasche neben dem Bett pinkelte.

»Du könntest uns wenigstens fragen, ob wir nicht so lange rausgehen wollen«, sagte Michael.

»Geh doch, wenn du willst«, gab der Idiot grinsend zurück. Er schien geradezu Spaß daran zu haben, andere Menschen zu schockieren.

Einzig und allein das Rasieren erledigte er selbst. Wahrscheinlich war es ihm zu riskant, Mum oder mich mit einer Klinge an sich heranzulassen. Nur ein kleiner Schnitt, und das Ganze hätte ein Ende gehabt. Er witterte die Gefahr – so wie in jener Nacht, als ich mich mit einem seiner Messer zu ihm schlich, während er schlief. Mit zitternder Hand hielt ich das Messer und starrte Dad an – nur eine schnelle Bewegung, und ich wäre frei. Aber er drehte sich im Schlaf um, als hätte er gespürt, dass ich dort war, und ich huschte mit klopfendem Herzen zurück in mein Zimmer.

Mum nahm ihm wirklich alles ab. Das ging so weit, dass sie ihm sogar die Zehennägel schnitt und sein fettiges Haar kämmte. Aber was auch immer sie für ihn tat, am Ende schrie er sie an, und ich bekam allmählich immer mehr Panik, wenn ich sein Geschrei hörte. Eigentlich bewegte er sich nur, wenn er etwas nach uns warf oder wild gestikulierte. Sobald Dad mich auch nur anschrie, fing ich an zu zittern. Ich wusste ja, welche Waffen im Wohnzimmer versteckt waren, und sie gingen mir nicht aus dem Kopf.

Wird er mich jetzt umbringen?, fragte ich mich bei jedem von Dads Wutanfällen.

Ich war wie gelähmt vor Angst, aber gleichzeitig verspürte ich ein anderes Gefühl: Erleichterung. Denn wenn ich tot wäre, wäre ich endlich frei.

Die Launen des Idioten waren nicht nachvollziehbar. Schon beim kleinsten Anlass putzte er uns herunter. Eines Abends zum Beispiel schickte er Mum und mich ziemlich früh los, um ihm etwas zum Essen zu holen. Draußen war es kalt, und wir mussten ziemlich weit bis zum nächsten Imbiss laufen. Wir kamen so schnell wie möglich zurück und hofften, dass das Essen noch heiß war.

»Was soll das?«, schnauzte er uns gleich nach dem ersten Bissen an. »Das ist ein Curry von so einem Scheiß-Chinesen, oder? Diese Scheiß-Chinesen können einfach nicht kochen.«

»Der Fish-and-Chips-Laden hatte schon geschlossen«, berichtete Mum, aber Dad warf einfach die Schale mit dem Essen nach ihr.

Ich wollte beiseitegehen, aber ein Teil der heißen Soße spritzte mir auf den Arm, und dann landete die Schale auf dem Boden.

»Mach das weg!«, schnauzte er mich an. »Und hol mir was anderes.«

Mittlerweile war es ihm gleichgültig, wie viel blaue Flecken er uns verpasste. Wir hatten ja ohnehin keinen Kontakt zu anderen Menschen – auch die Pflegerinnen, die Mum versorgten, ließ er nun nicht mehr herein. Niemand bekam mit, in welchem Zustand wir waren. Die seelische Gewalt jedoch war beinahe noch schlimmer. Er wusste genau, wie er Kontrolle über uns ausüben konnte, ohne seine

Fäuste dafür einzusetzen. Einmal kam ich ins Wohnzimmer, als er mit seinen Messern übte, und eins der Messer flog dicht an meinem Gesicht vorbei. Es kam mir vor wie eine Warnung. Ein anderes Mal kriegte ich mit, wie er neben Mum im Bett lag und sie immer wieder mit einem Messer stach. Jedes Mal, wenn Mum zusammenzuckte, brach er in höhnisches Gelächter aus.

»Bitte hör auf«, sagte sie. »Ich mag das nicht.«

»Das ist mir egal, du fette, faule Schlampe«, gab er unwirsch zurück. »Du kannst dich sowieso nicht richtig um mich kümmern, was soll ich eigentlich noch mit dir? Am besten suche ich mir eine andere.«

»Vielleicht wäre das das Beste«, flüsterte Mum. Daraufhin verpasste er ihr mit dem Handrücken einen Schlag ins Gesicht, und sie fing an zu weinen.

Das Schlimmste für mich war der Sex mit ihm. Eine ganze Zeit lang hatte Dad beinahe so getan, als sei er sanft, und fragte sogar, ob es mir gefallen habe. Nun aber drängte er rücksichtslos in mich hinein und zwang mich zu tun, was immer er wollte. Acht Monate nachdem wir umgezogen waren, wurde ich wieder schwanger. Ich merkte es im Sommer 1993. Wieder tischte ich Mum eine Lüge bezüglich des Vaters auf, aber sie fragte auch gar nicht weiter nach. Doch Dads Verwandte, die als Einzige unsere Wohnung betreten durften, wollten es genauer wissen. Sie waren schließlich im Bilde darüber, dass sich mein Leben fast ausschließlich in unseren vier Wänden abspielte.

»Wie konnte das denn passieren? Sie darf das Haus doch gar nicht verlassen.«

»Ich habe sie noch nie mit einem Freund gesehen.«

Aber der Idiot machte alle mit einem verächtlichen Schnauben mundtot.

»Sie ist die größte Schlampe weit und breit«, behauptete er. »Die nimmt jeden, den sie kriegen kann. Das hat sie schon gemacht, als sie noch jünger war. Es ist immer das Gleiche mit dieser dämlichen Hure.«

Einige Wochen später bekam ich wieder Blutungen. Ich musste erneut operiert werden, und ich fühlte nichts mehr bei meiner vierten Fehlgeburt. Wie sollte ich auch etwas empfinden, ich war innerlich bereits vollkommen abgestumpft.

Obwohl Dad in der nächsten Zeit vorsichtiger war und immer verhütete, wusste ich, dass das nicht lange anhalten würde.

Eines Abends nahm mich der Idiot zu einer Weihnachtsfeier mit in einen der Clubs. Als ich die Familien sah, die dort zusammensaßen, musste ich an meine Geschwister denken. Ich fragte mich, wo sie jetzt wohl waren und was sie machten, und ich erinnerte mich an die Zeiten, als wir noch zusammengewohnt und Spaß miteinander gehabt hatten. Sie hatten sich immer so sehr auf Weihnachten gefreut und konnten nicht genug bekommen, wenn ich ihnen vom Weihnachtsmann und seinem Rentier erzählte. Konnten sie sich überhaupt noch an mich erinnern? Es war so lange her, dass ich sie das letzte Mal gesehen hatte. Aber mir kam es so vor, als wäre es erst gestern gewesen.

Nachdem man uns die Kinder weggenommen hatte, bekamen wir zunächst des Öfteren Briefe vom Sozialamt, in denen es um ihre Unterbringung ging, aber bald darauf schien es so, als hätten meine jüngeren Geschwister nie existiert. Nun diese Familien um mich herum zu sehen machte mich furchtbar traurig.

»Wie wär's mit einem Tänzchen?«, fragte jemand, und ich hob den Kopf.

Es war ein großer, gut aussehender Mann. Er erinnerte mich an Jimmy.

Kurzerhand willigte ich ein. Den Gedanken an die Strafe, die ich für meinen Ungehorsam kassieren würde, verdrängte ich. Ich wollte mich endlich noch einmal lebendig fühlen, und sei es nur für die Dauer eines Songs. Wir tanzten also zusammen, und es war wunderbar. Als das Lied vorüber war, beugte sich mein Tanzpartner zu mir herüber und gab mir einen Kuss, nicht nur einen flüchtigen, wie Jimmy ihn mir gegeben hatte, sondern einen tiefen, innigen Kuss. Und ich erwiderte ihn. Für einen Augenblick erwachte ich zum Leben. Ich wusste, dass der Idiot mich nicht aus den Augen ließ, aber in dem Moment war es mir gleichgültig.

Als ich mich wieder auf meinen Platz setzte, packte Dad mich am Arm.

»Was soll die Scheiße, du verdammte Schlampe?«, schrie er mich an. »Glaubst du etwa, der will was mit dir zu tun haben? Der weiß, was für eine Hure du bist.«

Als der Idiot mich wild beschimpfte, wandte sich der Mann neben uns zu uns um. Er war ein Freund von Dad, aber nun starrte er ihn an, als hätte er ihn noch nie gesehen. Unauffällig rückte er ein Stück von uns ab. Normalerweise passte Dad auf, dass niemand mitbekam, wenn er ausrastete, doch in dem Moment war er dafür viel zu wütend.

»Kapierst du es irgendwann mal?«, brüllte er. »Niemand will was von dir. Der Typ weiß, dass du überall herumhurst. Der wollte nur eine schnelle Nummer, mehr nicht. Und jetzt setz dich in Bewegung!«

Wir machten uns auf den Weg nach Hause, und währenddessen schrie er unaufhörlich. Er hielt mir vor, ich sei eine Aufreißerin und ich hätte den Mann anmachen wollen, um mit ihm ins Bett zu gehen. Jeder wisse, was für eine Schlampe ich sei.

Mum versuchte, ihn zu beruhigen. »Sie hat sich bestimmt gar nichts dabei gedacht.«

»Red keinen Mist!«, schnauzte der Idiot sie an. Er steuerte mit einem Messer in der Hand auf mich zu. »Sie legt es darauf an, mich vor all meinen Freunden zu blamieren.«

Er hielt mir das Messer vor die Brust und packte mich am Arm.

»Wenn du mich noch mal vor allen lächerlich machst, dann bringe ich dich um«, schrie er. »Ich nehme dich doch nicht mit dahin, damit dir jemand dein Loch stopft.«

Voller Entsetzen sah ich auf das Messer. Er musterte mich von oben bis unten. Ich trug ein T-Shirt, das er mir gekauft hatte, dazu einen alten Rock und Turnschuhe.

»Gib mir dieses T-Shirt zurück!«, brüllte er mich an. »Da kaufe ich dir was Schönes, und du machst dich gleich an jemanden ran!«

Ich zog das T-Shirt aus und gab es Dad. Mit einem verächtlichen Schnauben riss er es in Stücke, bis es in Fetzen vor seinen Füßen lag. Ich hatte nur noch meinen BH und meinen Rock an und wollte in mein Zimmer gehen, um mir ein anderes T-Shirt zu holen.

»Wo willst du hin?«, brüllte der Idiot. »Raus aus meiner Wohnung! Geh mir bloß aus den Augen! Ich will dich hier nicht mehr sehen, du kleine Schlampe.«

Ich schnappte mir ein T-Shirt, das vor meinem Zimmer auf dem Boden lag, und eilte zur Tür.

»Nein!«, flehte Mum. »Draußen ist es doch viel zu kalt. Dort wird sie sich den Tod holen.«

»Umso besser«, gab der Idiot verächtlich zurück. »Vielleicht kapiert sie es dann endlich.«

Er stieß mich zur Tür, aber ich stemmte mich dagegen.

»Bitte nicht!«, rief ich. »Ich will nicht nach draußen. Lass mich hierbleiben. Ich werde es nie wieder tun. Es tut mir leid, Dad.«

Aber er ignorierte mein Betteln und schubste mich hinaus in die Kälte. Ich hörte, wie der Schlüssel im Schloss gedreht wurde. Angst kroch in mir hoch. Ich ahnte, was mich erwartete. Schließlich hatte Dad mir oft genug erzählt, wie gefährlich die Welt war.

Ich setzte mich auf die Treppe und konnte hören, wie Mum meinen Vater bat, mich wieder hineinzulassen. Aber der Idiot schrie sie nur an. Ich zitterte vor lauter Angst. Was würde er ihr antun? Wie hatte ich nur so dumm sein können? Ich hätte mir das niemals erlauben dürfen. Nun würde Mum wieder Prügel einstecken müssen, und alles nur wegen mir.

Irgendwann später an diesem Abend hörte ich die Schritte der Nachbarn, die ausgegangen waren und nun nach Hause kamen. Ich versteckte mich hinter den Mülltonnen und wartete, bis die Nachbarn in ihrer Wohnung verschwunden waren. Mein Herzschlag pochte mir in den Ohren. Noch nie war ich um diese Zeit so lange allein draußen gewesen. Überall waren dunkle Schatten, ich hörte Geschrei und sah die Scheinwerfer der vorbeifahrenden Autos. Die Welt erschien mir unheimlich, und ich war ihr vollkommen ausgeliefert.

»Lass mich rein«, flüsterte ich durch den Briefschlitz. »Bitte lass mich wieder rein.«

Die Stunden zogen sich endlos dahin, und meine Bitten wurden immer lauter. Ich wollte nichts lieber als wieder zurück in mein Gefängnis.

»Ich werde es nie wieder tun«, rief ich.

Als Mum endlich die Tür öffnete, wurde es bereits hell. Sie sah aus, als hätte sie geweint.

»Du kannst wieder hereinkommen«, sagte sie leise. »Geh in dein Zimmer.«

Als ich die Wohnung betrat und hörte, wie sich die Tür hinter mir schloss, war ich mir sicher, dass ich niemals entkommen würde.

Die Angst blieb mein ständiger Begleiter. Wenn sich Dad mir näherte, bekam ich kaum noch Luft, und weil ich wusste, dass es ihn rasend machte, wenn ich japsend vor ihm stand, versuchte ich, ganz tief zu atmen – und das funktionierte oftmals auch. Die Migräne, die ich seit dem Teenageralter immer wieder bekam, wurde zunehmend schlimmer, und ich nahm mehr und mehr Schmerztabletten. Aber nichts half. Manchmal schluckte ich bis zu fünfzehn Paracetamol am Tag – aber auch damit ließen sich die Schmerzen nicht betäuben. Es fühlte sich an, als würde mir der Kopf zerspringen, aber erst wenn Dad es erlaubte, durfte ich mich hinlegen. Manchmal war es drei oder vier Uhr morgens, bis er endlich das Programm mit den Pornofilmen ausschaltete. Bis dahin saß ich im Wohnzimmer und wartete darauf, dass ich endlich zu Bett gehen durfte.

Mum musste zunehmend unter Dads Wutausbrüchen leiden. Einmal verpasste er ihr einen Fausthieb ins Gesicht, und sie konnte tagelang nicht richtig sprechen. Sie gab mir zu verstehen, es sei nicht so schlimm, aber ich sah ja selbst ihre blauen Flecken und die Prellung an ihrer Wange. Ich war mir sicher, dass ihr Kiefer gebrochen war.

»Du musst damit ins Krankenhaus«, sagte ich, als wir allein in der Küche waren.

»Es geht schon, Alice. Es ist bald wieder gut.«

»Bitte, Mum!«, flehte ich sie an. »Du musst ihm sagen, wie schlimm es ist, damit er dich ins Krankenhaus bringt.«

»Wirklich, mein Liebes, es ist nicht so schlimm. Es geht schon besser.«

Ganz gleich, wie sehr ich sie auch bat, Mum wollte nicht auf mich hören, und so sagte ich schließlich nichts mehr. Aber fortan überlegte ich immer wieder, wie weit Dad wohl noch gehen würde. Seine grenzenlose Brutalität erschreckte mich. Es schien ihn überhaupt nicht zu interessieren, was er uns antat, und es kam mir so vor, als steuerten wir auf jenen Moment zu, in dem er all seine Drohungen schließlich wahr machen würde. Stets war ich auf der Hut vor neuem Ärger, und es dauerte nur einige Wochen, bis es wieder einmal so weit war.

Mum brachte Dad das Abendessen, und als der Idiot sah,

dass es Rührei auf Toast gab, warf er seine Hantel auf den Boden.

»Was soll das? Ich mag keine Eier. Wie kommst du auf die Idee, mir so was vorzusetzen?«

Mum stand vor dem Bett. Er schlug ihr den Teller aus der Hand, sodass er auf dem Teppich landete. Mum sah hinunter auf das Ei und das zerbrochene Geschirr, das vor ihr auf dem Boden lag.

»Das waren die letzten beiden Eier«, rief sie. »Mehr hatten wir nicht.«

»Was hast du gesagt?«

Einen Moment lang herrschte Schweigen, und Mum schaute ihn zögernd an.

»Ich habe gesagt, das waren die letzten beiden Eier«, wiederholte sie langsam.

»Ich wollte keine Eier, du blöde Kuh.«

Als Dad die Bettdecke zurückschlug und aufstand, spannte sich mein ganzer Körper an. In seinem alten T-Shirt schlurfte er hinüber zur Heizung, an die ein Holzknüppel angelehnt war.

»Was fällt dir eigentlich ein?«, schrie er sie an. »Glaubst du, du kannst mir Widerworte geben?«

Mum rührte sich nicht.

»Nicht, Dad!«, rief ich. »Sie hat es nicht so gemeint. Ich mache dir etwas anderes zu essen.«

»Geh mir aus dem Weg, verdammt noch mal«, brüllte er. »Sonst kannst du auch was erleben.«

Er holte aus und schlug Mum mit dem Knüppel auf den Kopf. Sie taumelte und sank auf den Teppich. Sie sah erstaunt aus, so als könne sie nicht glauben, was er getan hatte. Mit geballter Faust stand Dad drohend über ihr. Mum hob eine Hand an den Kopf. Als sie sie wieder sinken ließ, war sie voller Blut.

»Was hast du getan?«, schrie ich.

Ich hockte mich neben Mum auf den Boden und sah, dass Blut aus einer etwa fünf Zentimeter breiten Wunde auf ihrem Scheitel floss.

»Wir müssen einen Krankenwagen rufen«, sagte ich flehentlich. »Das muss versorgt werden. Es blutet zu stark.«

»Was soll das denn heißen, verflucht noch mal? Das ist nichts.«

»Bitte, Dad! Sie braucht einen Arzt.«

»Nein, braucht sie nicht. Und jetzt schaff mir diese wehleidige Schlampe aus den Augen, sonst bist du auch gleich dran.«

Mum schnappte nach Luft. Ich half ihr aufzustehen und führte sie aus dem Wohnzimmer hinaus.

»Ist ja gut«, flüsterte ich immer wieder. »Ich kümmere mich um dich.«

Wir gingen in den Flur.

»Setz dich«, sagte ich, und Mum ließ sich auf den Boden sinken. Ich eilte in die Küche und hielt ein Handtuch unter den Wasserhahn.

Dann hastete ich zurück und tupfte die Wunde vorsichtig ab. Ich wollte Mum nicht wehtun, aber ich musste die Blutung stillen. Doch die Wunde war tief und hörte einfach nicht auf zu bluten.

»Es wird wieder gut«, sagte ich dennoch, als Mum zusammenzuckte. »Ich helfe dir.«

Es dauerte eine Ewigkeit, bis die Wunde endlich aufhörte

zu bluten. Das Handtuch war blutdurchtränkt, und mir wurde schwindelig. Der Schlag war so fest gewesen, Mum hatte Glück gehabt, dass es sie nicht noch schlimmer erwischt hatte.

»Geht es dir jetzt besser?«, fragte ich und nahm Mum in den Arm. »Ich bin bei dir.«

Sie sagte nichts, und ich hielt sie weiter in den Armen. Und ich fragte mich, ob sie das Gleiche dachte wie ich. Würde er uns eines Tages umbringen? Würde all das jemals ein Ende haben?

»Kommt wieder rein!«, rief Dad irgendwann aus dem Wohnzimmer.

Er lag wieder im Bett, und im Fernsehen lief ein Horrorfilm.

»Setzt euch da hin, alle beide! Und haltet bloß den Mund. Das ist nichts weiter als ein Kratzer. Ich werde euch noch beibringen, wie man was Anständiges zu essen auf den Tisch bringt!«

Mum starrte auf den Fernseher, und ich schaute sie von der Seite an. Rasch wandte ich den Kopf wieder ab, ich konnte es nicht ertragen, sie in einem so jämmerlichen Zustand zu sehen. Ich musste mich gewaltig anstrengen, um die Tränen zurückzuhalten.

Wochen später wachte ich auf und stellte fest, dass ich nicht mehr richtig sehen konnte. Als ich die Augen aufschlug, erkannte ich nur noch schemenhafte Umrisse. Ich ging zum Arzt, und dort wurden alle möglichen Untersuchungen gemacht, aber man konnte nichts feststellen. Schließlich sagte der Arzt mir, meine Sehstörungen hätten keine körperliche Ursache, Stress müsse der Auslöser sein.

Einige Wochen später konnte ich wieder richtig sehen, aber nach ein paar Monaten passierte es zum zweiten Mal. Wieder kehrte mein Sehvermögen zurück, aber es kam mir vor, als wollte mein Körper mich abschirmen gegen all den Horror, der sich Tag für Tag vor meinen Augen abspielte.

Kapitel 18

Ende 1995 wurde ich zum sechsten Mal schwanger, und der Idiot befahl mir dafür zu sorgen, dass dieses Mal nichts schiefging. Mum fragte gar nicht erst, wie es passiert war. Das machte mich beinahe wütend, aber ich sagte mir, dass ihr einfach die Kraft fehlte, sich darum zu kümmern.

Wochen vergingen und schließlich Monate, und mein Bauch wurde immer dicker. Und der Idiot sagte erneut, dieses Baby solle das erste von vielen sein.

»Das ist dir doch hoffentlich klar?«, fragte er grinsend. »Deine Mutter kann ja keine mehr kriegen. Deshalb bist du jetzt dafür zuständig.«

Manchmal fragte ich mich, ob die Gewalt ein Ende haben würde, sobald er bekommen hatte, was er wollte. Mittlerweile hätte ich so gut wie alles dafür in Kauf genommen. Aber ich verabscheute mich selbst für diesen Gedanken, denn natürlich wollte ich dieses Baby genauso wenig wie die anderen.

Ich war mir sicher, dass ich auch dieses Baby verlieren würde. Aber der Idiot setzte darauf, dass sein Wunsch diesmal in Erfüllung ging. Tag für Tag belauerte er mich, wie eine Katze, die sicherstellen will, dass ihr der Leckerbissen, die Maus, nicht entwischt. Er verbot mir, zu schwer zu tragen, und las ein ganzes Buch über die verschiedenen Stadien einer Schwangerschaft. Wenn Mum nicht im Haus war, musste ich mich nackt vor ihm aufstellen, damit er sich meinen Bauch ansehen konnte. Manchmal legte er die

Hände darauf, um zu fühlen, ob sich das Baby bewegte, und wieder war er überzeugt, dass es ein Junge sei. Niemand aus der Familie durfte von meiner Schwangerschaft erfahren, und wenn jemand zu Besuch kam, musste ich im Sessel sitzen bleiben. Mittlerweile war ich ohnehin ziemlich dick, und unter meiner schlabberigen Kleidung ließ sich leicht verbergen, was los war. Außerdem beachteten Dads Verwandte mich sowieso kaum, wenn sie bei uns waren.

Nach einigen Monaten merkte ich dann, dass sich das Baby bewegte, und ich musste daran denken, wie es bei Jonathan gewesen war. Damals hatte ich meine Gefühle verdrängt, aber das ging nun nicht mehr so leicht. Ich stellte mir vor, wie das Baby aussehen und wie es lächeln würde. Den schmerzlichen Verlust von Jonathan hatte ich nie überwinden können, und nun war ich vollkommen verwirrt. Eine Hälfte von mir hasste dieses Baby, vor allem wenn ich daran dachte, wie es entstanden war. Aber die andere Hälfte wollte es, weil ich mich nach etwas sehnte, das mir gehörte und das ich lieben konnte.

Meistens jedoch schob ich den Gedanken daran, dass ich womöglich Mutter wurde, beiseite. Vor zehn Jahren war ich zum ersten Mal schwanger gewesen, und im Lauf der Zeit war mir klar geworden, dass es nichts gab, was den Idioten aufhalten konnte – abgesehen davon, dass sich mein Körper bislang weigerte, ein Baby auf die Welt zu bringen. Als ich in der achtundzwanzigsten Woche zur Untersuchung ging und man mir sagte, das Baby entwickle sich nicht richtig, war ich mir vollkommen sicher, dass ich es verlieren würde. Als der Arzt mir jedoch erklärte, er müsse mich nur etwas öfter untersuchen, mischte sich Erleichterung mit Entsetzen.

Auf dem Nachhauseweg kam mir der Gedanke, dass der Arzt mir bloß nicht die Wahrheit hatte sagen wollen.

»Was soll das heißen, es wächst nicht?«, rief Dad, als ich ihm von der Untersuchung erzählte. »Du siehst doch ganz normal aus. Dick und rund.«

»Der Arzt hat gesagt, das Baby ist zu klein. Deshalb muss ich jetzt öfter zur Untersuchung.«

»Na gut, dann mach, was sie sagen!«

Ich war noch immer davon überzeugt, dass sich das Geschehene wiederholen würde, aber ich hatte mich geirrt. Der Arzt untersuchte mich stets gründlich, verschrieb mir Steroide und setzte für die siebenunddreißigste Woche einen Kaiserschnitt an. Das Baby in meinem Bauch war klein, aber es lebte.

Als ich schließlich in den Operationssaal geschoben wurde, war ich starr vor Angst. Es konnte einfach nicht wahr sein, dass ich schon bald mein Kind in den Armen halten sollte. Am liebsten wäre ich weggelaufen und hätte mich versteckt. Ich konnte es nicht ertragen, meinem Vater zu geben, was er mir mit Gewalt eingepflanzt hatte. Ich wollte schlafen und ganz woanders aufwachen. Oder am besten nur noch die Augen schließen und sterben. Aber es gab kein Entkommen. Ich lag in einem Raum mit grellem Licht, wo Augen aus Gesichtern mit Mundschutz auf mich herabsahen, und ich hatte das Gefühl, dass sie all meine Geheimnisse kannten.

»Sie spüren gleich nur ein kleines Ziehen, und dann holen wir Ihr Baby, Miss Lawrence«, hörte ich die Stimme einer Frau.

Ich konnte nicht erkennen, wer mit mir gesprochen hatte, und wagte es nicht, dem Augenpaar, das auf mich herabblickte, zu antworten. Diese Augen wirkten so kalt. Dann beugte sich jemand zu mir herunter, und ich hörte eine andere Stimme.

»Das wird schon, Alice. Das geht ruck, zuck.«

Dad stand neben mir, und ich drehte rasch den Kopf weg. Ich wollte ihn nicht hier haben, aber er hatte darauf bestanden, bei der Geburt dabei zu sein. Er wollte unbedingt sehen, wie sein ersehntes Baby auf die Welt kam. Mir wurde ganz schlecht bei dem Gedanken, was für ein Vergnügen ihm der Anblick bereiten würde, wenn die Ärzte mich aufschnitten. Ich hatte ihnen erzählt, der Vater des Babys sei ein Landschaftsgärtner, der gerade in einer anderen Stadt arbeite. Wahrscheinlich wären sie niemals auf den Gedanken gekommen, dass er in Wirklichkeit direkt neben mir stand. Aber ich konnte mir vorstellen, was sie dazu gesagt hätten:

»Wie konnte sie das nur geschehen lassen?«

»Dreckige Hure.«

»Was für eine Schlampe!«

Der Idiot beugte sich vor und stützte sich mit einer Hand auf das weiße Laken neben mir. Als die Ärzte mit der Operation begannen, stieß ich seine Hand beiseite, aber er starrte so gebannt über die Schutzdecke hinweg auf meinen Bauch, dass es ihm gar nicht auffiel. Abscheu packte mich, als ich ihn so sah, aufgeregt wie ein Schuljunge im Süßwarenladen. Ich hasste ihn, und ich hasste sein Baby, das nun zur Welt kommen sollte. Das wusste ich nun ganz genau. In mir war kein bisschen Liebe. All die Qualen, die ich jahrelang ertragen hatte, waren in diesem Baby verewigt, jede Ohrfeige, jeder Schlag waren ein Teil von ihm. Dieses Baby war verflucht, genau wie ich. Ich spürte ein Ziehen und Zerren in meinem Bauch und wünschte, ich hätte die Augen schließen und alles ungeschehen machen können.

»Ein Mädchen«, hörte ich jemanden sagen.

Ich hielt den Atem an und wartete auf einen Schrei, ein Geräusch als Beweis dafür, dass sie wirklich existierte. Jetzt war ich Mutter. Ich erinnerte mich, wie still es gewesen war, als Jonathan geboren wurde und eine Krankenschwester das blutige Bündel nahm und in einen Nebenraum brachte. Nun war es genauso still.

»Was ist los?«, schrie ich. »Wo bringen Sie sie hin?«

»Keine Sorge, Miss Lawrence. Sie ist nur ein wenig erschöpft. Wir wärmen sie ein bisschen auf.«

Ein Sohn und jetzt eine Tochter. Und beide waren so still.

Doch dann hörte ich es.

Ein Wimmern und Weinen.

Dann Geschrei, das zu mir durchdrang.

In dem Moment wusste ich: Mein Baby konnte niemals zu einem Fluch für mich werden. Es hatte ja nicht darum gebeten, gezeugt zu werden. Es war meine Tochter, ein kleines unschuldiges Kind, das ich sein Leben lang beschützen musste.

»Gut gemacht«, hörte ich Dad sagen, und ein nie gekanntes Gefühl überkam mich. Ich würde niemals zulassen, dass der Vater meiner Tochter so wehtun würde wie mir.

Ich gab meiner Tochter den Namen Caitlin. Erst nach drei Tagen durfte ich sie in den Armen halten, weil sie so klein und schwach war. Sie hatte nach der Geburt nicht richtig geatmet und musste künstlich beatmet werden. Außerdem hatte sie eine Bluttransfusion bekommen. Nun lag sie auf der Intensivstation in einem Brutkasten, umgeben von Schläuchen. Und im Stillen war ich dankbar dafür, dass sie lebte.

»Wie hübsch sie ist«, sagte Mum, und ich wandte den Kopf ab, um mir nicht das Grinsen des Idioten ansehen zu müssen.

Er hatte endlich bekommen, was er wollte. Als er sich an Caitlins Brutkasten lehnte und mir vorschwärmte, wie niedlich er sie finde, hätte ich mich am liebsten auf ihn gestürzt und ihm die Augen ausgekratzt. Er klang wie jeder andere Großvater. Aber das war er nicht, und wir beide wussten es. Ich wollte, dass er ging und mich in Ruhe ließ, damit ich Caitlin betrachten konnte, die so winzig in diesem Kasten lag. Als sie sich ein wenig bewegte und ihre Fingerchen krümmte, überkam mich ein Anflug von Liebe.

Die Ärzte wussten immer noch nicht, was ihr fehlte. Sie wussten nur, dass Caitlin zu schwach war und nicht richtig trinken konnte. Deshalb hatten sie ihr einen dünnen Schlauch in die Nase geschoben, wodurch sie künstlich ernährt wurde. Aber ich ging davon aus, dass sie bald kräftiger werden würde, und ich nahm mir vor, so oft wie möglich bei ihr zu bleiben. Sie war so klein und zart, dass ich mich kaum traute, sie zu berühren. Sie schien so zerbrechlich. Was, wenn ich sie verletzte? Aber die Krankenschwestern zeigten mir, was ich tun musste, und dann durfte ich sie anziehen und in den Arm nehmen. Und so lernte ich wieder, mit einem Baby umzugehen.

Ein paar Tage später durfte ich nach Hause. Aber Caitlin musste im Krankenhaus bleiben, weil sie noch immer durch einen Schlauch ernährt wurde. Ich ließ sie nur ungern zurück, aber mir blieb nichts anderes übrig. Als ich zurück in unsere Wohnung kam, fühlte ich mich leer. Ich war wieder in meinem Gefängnis, und meine Tochter lag weit weg im Krankenhaus in einem Brutkasten. Ich musste immer wieder daran denken, dass Caitlin dort ganz allein war. Ich wollte bei ihr sein. Als Dad die Wohnungstür hinter mir abschloss, hatte ich einen Augenblick lang Angst, er würde mich nicht mehr zu ihr lassen. Aber ich sagte mir immer wieder, dass er mich nicht davon abhalten könnte, mein Kind zu besuchen, und darauf musste ich einfach vertrauen. Caitlin brauchte meine Milch, die ich alle paar Stunden abpumpen und in Fläschchen gefüllt ins Krankenhaus bringen sollte.

»Jetzt kannst du Kindergeld beantragen«, sagte der Idiot am nächsten Morgen.

»Was?«, fragte ich.

Das war das Letzte, woran ich gedacht hatte. Ich war in Gedanken die ganze Zeit über bei Caitlin und wollte so schnell wie möglich wieder zu ihr ins Krankenhaus.

»Jetzt wirst du Geld für sie kriegen.«

»Aber ich muss jetzt zu Caitlin. Ich habe keine Zeit, zum Sozialamt zu gehen.«

»Doch, die hast du. Ich bringe dich hin«, gab Dad ungehalten zurück. »Wir müssen zusehen, dass wir das mit dem Geld für das Baby geregelt kriegen.«

Ich wusste, es war am einfachsten, das zu tun, was er verlangte. Also saß ich kurz darauf schweigend neben dem

Idioten im Auto, und er fuhr mich zum Sozialamt, wo ich dann gedankenlos die Formulare ausfüllte.

»Kannst du mir ein bisschen Geld geben, bis die Sozialhilfe kommt?«, fragte ich meinen Vater, als ich wieder im Auto saß. »Ich habe noch keine Sachen für Caitlin. Ich brauche etwas zum Anziehen für sie.«

»Dann wirst du jetzt also noch teurer für mich«, erwiderte er barsch. »Mal sehen, ob ich noch Geld übrig habe, aber viel ist es bestimmt nicht. Ein Baby darf nicht viel kosten.«

Ich verstand nicht, was er damit meinte, und machte mir auch keine weiteren Gedanken darüber. Bald verbrachte ich meine gesamte Zeit bei Caitlin. Ich wünschte mir mehr als alles andere, dass sie stetig kräftiger wurde. Manchmal blieb ich sogar über Nacht bei ihr, und obwohl der Idiot deshalb sauer auf mich war, konnte er nichts dagegen machen. Caitlin brauchte mich. Also hatte ich jedes Mal, wenn er sich beschwerte, eine plausible Begründung dafür, dass ich nicht zu Hause bleiben konnte. Es kam mir so vor, als hätte sich durch sie ein Licht in mir entzündet: Alles war nun anders, denn nun hatte ich etwas zu tun, wovon mich nicht einmal der Idiot abhalten konnte. Anstatt den ganzen Tag lang zu Hause zu hocken, marschierte ich morgens hinaus und erfüllte meine Aufgabe.

»Wo willst du hin?«, fragte er jedes Mal unwirsch, als ich meinen Mantel anzog.

»Ich muss etwas für das Baby besorgen.«

»Was braucht sie denn schon wieder, verflucht noch mal?«

»Windeln.«

Er konnte mich nicht aufhalten, und ich bekam jedes Mal ein Hochgefühl, wenn ich die Tür zuknallte und nach draußen spazierte. Meine Liebe zu Caitlin gab mir Kraft. Natürlich hatte ich immer noch Angst vor Dad, aber mit jedem Tag, mit jeder Woche wurde ich mutiger. Durch Caitlin hatte ich einen Grund, morgens aufzustehen. Die sonst so grauen Tage waren plötzlich bunt, und ich fühlte mich so lebendig. Nachdem ich das Haus verlassen hatte, ging ich zur Bushaltestelle und fuhr zum Krankenhaus. Dort stieg ich aus, ging die Anhöhe hinauf und ließ mir die frische Luft ins Gesicht wehen. An manchen Tagen war der Wind kalt, manchmal regnete es, aber mir machte das nichts aus, denn ich hatte ein Ziel.

Zum ersten Mal seit Jahren bewegte ich mich unter Menschen, und ich konnte gar nicht glauben, wie unterschiedlich sie waren. Nie zuvor war ich in der Innenstadt gewesen. Ich musste mich zusammenreißen, um nicht jeden anzustarren, all die Leute mit ihren verschiedenen Haut- und Haarfarben, Frauen mit Piercings in Nasen und Augenbrauen. Und da war noch etwas, das mich in seinen Bann zog: Manche Leute hielten sich Mobiltelefone ans Ohr. Die hatte ich im Fernsehen schon gesehen, und ich wusste, wie teuer sie waren. All das sah ich mir voller Staunen an, und mir wurde bewusst, wie isoliert ich bislang gelebt hatte.

Während ich zum Krankenhaus hinauflief, konnte ich es kaum abwarten, bald bei Caitlin auf der Babystation zu sein. Ich fühlte mich dort geborgen – die Schwestern kannten mich, andere Mütter sprachen mit mir, ich war ‚Caitlins Mum'. Ich war nun kein Niemand mehr. Und nichts konnte mich davon abhalten, die beste Mutter der Welt zu sein.

Kapitel 19

Ich stand vor dem Krankenhaus und rauchte eine Zigarette. Lisa gesellte sich zu mir. Lisa war eine der Frauen, deren Kind ebenfalls auf der Neugeborenenstation lag. Ihr Sohn Josh war mit einer Lippen-Kiefer-Gaumenspalte geboren worden und musste noch behandelt werden. Ich unterhielt mich gern mit Lisa und den anderen Müttern – sie waren für mich fast so etwas wie Freundinnen.

»Was macht Caitlin?«, fragte Lisa.

»Sie macht sich ganz gut«, antwortete ich. »Sie hat etwas zugenommen, und die Ärzte sind recht zufrieden. Und wie geht es Josh?«

»Gut. Das sagen jedenfalls alle. Aber sie finden, er ist noch zu klein, um operiert zu werden. Ich mache mir schon Sorgen.«

»Ich weiß, wie das ist. Ich hatte furchtbare Angst, als sie Caitlin zum ersten Mal aus dem Brutkasten herausgenommen haben. Ich durfte sie auf den Arm nehmen, aber ich dachte, das könnte ihr vielleicht schaden.«

Lisa lächelte, doch dann machte sie ein ernstes Gesicht.

»Ich kann einfach meine Gedanken nicht abschalten«, sagte sie niedergeschlagen. »Wenn ich Josh ansehe, dann denke ich manchmal, es ist meine Schuld. Habe ich vielleicht etwas falsch gemacht? Verstehst du, was ich meine?«

»Ja.«

»Im Kopf gehe ich alles durch, aber mir fällt kein Grund

ein. Eigentlich habe ich alles richtig gemacht, aber irgendetwas muss ja passiert sein.«

»Du hast bestimmt nichts falsch gemacht«, sagte ich tröstend.

Lisa drückte ihre Zigarette aus.

»Tja, ich gehe lieber wieder rein«, verkündete sie. »Meine Töchter kommen um drei aus der Schule, deshalb kann ich nicht mehr lange bleiben. Wir sehen uns ja gleich noch oben.«

Bevor Lisa im Haus verschwand, nickte ich ihr noch zu. Ich war mir sicher, dass sie keine Schuld an Joshs Missbildung hatte, aber ich konnte verstehen, wie sie sich fühlte. In letzter Zeit dachte ich häufig darüber nach, warum Caitlin so klein und schwach war, und jedes Mal, wenn ich sie ansah, sank mein gerade erst aufgekommener Mut. War es meine Schuld? Wurde sie bestraft, weil ich zugelassen hatte, dass er sie in die Welt setzen konnte? Tag für Tag, wenn ich bei ihr saß, versuchte ich, all diese Gedanken zu verdrängen. Ich stellte den Ärzten auch nicht allzu viele Fragen, denn ich hatte Angst vor den Antworten. Erst vor Kurzem hatten sie begonnen, mir zu erklären, was mit Caitlin nicht stimmte. Sie vermuteten, dass es ein genetischer Defekt war.

»Wir müssen noch einige Untersuchungen machen. Deshalb möchten wir Ihnen und Caitlins Vater Blut abnehmen«, hatte ein Arzt mir gesagt. »Können Sie ihn erreichen?«

»Nein. Er ist weggezogen, und ich weiß nicht, wo er jetzt wohnt.«

»Dann haben Sie also keine Telefonnummer und auch keine Adresse?«

»Nein, gar nichts.«

Selbstverständlich ließ ich mir Blut abnehmen. Ich fragte Dad, ob er es ebenfalls tun würde, aber er wollte nicht.

»Könnten wir nicht eine Spritze kaufen, und dann nehme ich das Blut mit ins Krankenhaus?«, fragte ich in einem verzweifelten Versuch, ihn zu überreden.

Das war natürlich naiv, doch ich hätte alles getan, um Caitlin zu helfen. Hätte er das nicht auch tun müssen? Ich wusste, er konnte sie nicht lieben. Er hatte ja nie jemanden von uns geliebt. Aber weil Caitlin krank war, dachte ich, er würde ihr vielleicht helfen.

»Wie kommst du nur auf so eine dämliche Idee?«, schnauzte er mich an. »Schlag dir das aus dem Kopf!«

Also gab ich meine Überzeugungsversuche auf und blieb den Ärzten gegenüber dabei, dass ich nicht wisse, wo Caitlins Vater stecke. Aber die Schuldgefühle lagen mir schwer im Magen. Dafür dass ich es nicht schaffte, mich gegen meinen Vater durchzusetzen, musste mein Baby büßen.

Doch ich ließ mich nicht unterkriegen. Ich sagte mir immer wieder, dass Caitlin gesund werden würde, wenn ich ihr nur genug Liebe schenkte. Sie war schon kräftiger geworden und lag nicht mehr im Brutkasten, sondern in einem normalen Bettchen. Ein paar Mal hatte ich sie sogar in einem Kinderwagen mit in die Krankenhauscafeteria nehmen dürfen. Voller Stolz hatte ich sie vor mir hergeschoben. Doch die Ärzte sagten, es werde noch eine Weile dauern, bis ich sie mit nach Hause nehmen könne.

Der Hauptgrund, warum sie noch im Krankenhaus bleiben musste, war, dass sie nicht aus dem Fläschchen trinken konnte. Also lernte ich, sie durch einen Schlauch zu ernähren. Die Schwestern hatten mir gezeigt, wie ich ihr den dünnen Schlauch, der bis in ihren Magen reichte, in die Nase schieben musste. Es war schwierig, denn Caitlins Nase war noch so klein, dass der Schlauch viel zu dick schien. Wenn es geschafft war, musste ich darauf achten, dass keine Luft im Schlauch war, und durch einen besonderen Test überprüfen, ob er bis in den Magen reichte. Dann füllte ich Milch in eine Spritze, die an dem Schlauch befestigt war, und flößte sie Caitlin ein, bis sie satt war.

Manchmal überkam mich die Angst, dass Caitlin nie kräftig genug werden würde, um nach Hause zu kommen. Ich wollte sie bei mir haben, und Mum ging es ebenso. Sie besuchte Caitlin, wann immer Dad bereit war, sie ins Krankenhaus zu fahren. Und wenn sie nicht kommen konnte, erkundigte sie sich ausführlich, wie es ihrer Enkelin gehe.

»Wie macht sie sich? Hat sie schon ein bisschen mehr Farbe auf den Wangen?«

Der Idiot wurde immer sauer, wenn wir uns über die Kleine unterhielten. Aber mir kam es so vor, als hätte sich ein wenig von meinem Mut auf Mum übertragen, denn sie ignorierte seine mürrischen Blicke und redete einfach weiter. Es tat mir so gut, dass ich mit Mum meine Sorgen teilen konnte, das schweißte uns noch mehr zusammen.

Als wir eines Tages gemeinsam bei Caitlin waren, kam ein Arzt herein und fragte noch einmal nach dem Vater des Babys.

»Ich habe nichts von ihm gehört«, sagte ich. »Ich weiß nicht, wo er ist. Er ist einfach abgehauen.«

»Sind Sie sich da wirklich sicher, Miss Lawrence? Es ist nämlich sehr wichtig, dass wir ihn ausfindig machen. Ohne medizinische Daten des Vaters können wir nur schwer eine richtige Diagnose stellen.«

»Ich kann es nicht ändern«, antwortete ich beharrlich, und wieder stieg die wohlbekannte Angst in mir auf. »Ich weiß nicht, wo er ist. Das habe ich Ihnen doch schon ein paar Mal gesagt.«

Nachdem der Arzt gegangen war, sah Mum mich fragend an.

»Weißt du es wirklich nicht, Alice? Kannst du ihnen denn gar nichts dazu sagen?«

»Nein«, entgegnete ich verärgert. »Hör auf damit. Mir reicht es schon, dass die Ärzte immer wieder danach fragen.«

Mum sagte nichts mehr, bis wir im Bus saßen. Erst dort sah sie mich von der Seite an.

»Caitlin sah gut aus heute, oder?«, sagte sie. »Ich glaube, sie ist schon ein bisschen gewachsen.«

»Ja. Ich wünschte, wir könnten sie endlich mit nach Hause nehmen. Eigentlich kann es jetzt nicht mehr lange dauern.«

»Es wird schön sein, wieder ein Baby zu Hause zu haben.«

»Ja, bestimmt.«

Als ich daran dachte, dass Caitlin noch immer allein im Krankenhaus war, wurde mir wieder das Herz schwer.

Mum und ich schwiegen einen Moment lang, bis Mum erneut zu sprechen begann.

»Ich muss dich etwas fragen«, hörte ich sie sagen.

Bevor sie fortfuhr, wusste ich bereits, was sie mich fragen wollte. Plötzlich war ich angespannt.

»Ist er der Vater?«

Ich holte tief Luft. Erst nach einer halben Ewigkeit schaffte ich es zu antworten.

»Nein«, erwiderte ich. »Ist er nicht.«

Mum fragte nicht weiter, und ich war sehr erleichtert. Wer weiß, ob ich die Kraft gehabt hätte, ihr noch einmal die gleiche Lüge aufzutischen. Ich wandte den Kopf und sah sie an. Sie starrte aus dem Fenster, mit nahezu leerem Blick. Da wusste ich, dass ich das Richtige getan hatte. Sie hätte die Wahrheit nicht verkraftet. Ich legte meine Hand auf ihre, und so fuhren wir schweigend nach Hause.

Ein paar Tage später wollte einer der Ärzte mich noch einmal sprechen. Er sagte, es gebe Neuigkeiten.

»Wir haben eine weitere Untersuchung gemacht«, erklärte er mir. »Sie müssen auf alles vorbereitet sein, Alice.«

»Wie meinen Sie das? Was ist denn los?«

»Es tut mir sehr leid, und es fällt immer schwer, so etwas zu sagen: Wir haben festgestellt, dass Caitlin einen Hirnschaden hat.«

Ich starrte den Arzt an. Wie meinte er das? Caitlin wirkte doch ganz normal.

»Wir wissen nicht genau, woran es liegt«, fuhr der Arzt fort. »Aber wie es scheint, arbeitet ihr gesamtes Gehirn nicht richtig. Das heißt, die Behinderung ist nicht nur auf einen Bereich beschränkt, sondern ihr ganzes Leben wird davon betroffen sein.«

»Das verstehe ich nicht. Sie sieht so gut aus, und sie wächst doch jetzt auch richtig.«

»Ich weiß«, sagte der Arzt. »Aber obwohl wir nicht feststellen können, was Caitlin genau fehlt, glauben wir, dass es sich um einen genetischen Defekt handelt. Es ist sehr ernst, Alice, und ich muss Ihnen leider sagen, dass Caitlin wahrscheinlich nicht die Pubertät erreichen wird.«

Als ich das hörte, hätte ich am liebsten laut geschrien. Wie konnte der Arzt mir so etwas sagen? Woher wollte er wissen, wie alt Caitlin werden würde, wenn er nicht einmal herausfinden konnte, was mit ihr nicht stimmte?

»Caitlin hat einen schwerwiegenden Hirnschaden, und dadurch ist ihre Lebenserwartung begrenzt«, hörte ich die Stimme des Arztes.

Meine Hände zitterten, und ich ließ den Kopf sinken. Meine Befürchtungen waren eingetreten. Was der Arzt mir mitgeteilt hatte, hieß: Caitlin würde für meine Sünden büßen müssen.

Nachdem der Arzt gegangen war, beugte ich mich zu Caitlins Bettchen hinunter. Sie schlief. Sie sah so friedlich aus. Ich streckte den Arm aus und strich über ihre zarte Wange. Ich würde mir von dem Arzt nichts einreden lassen. Er wusste ja gar nichts Genaues, und auch wenn er mein Baby schon aufgegeben hatte, würde ich das noch längst nicht tun. Ich wollte dafür sorgen, dass meine Tochter überlebte. Sie musste leben. Schließlich war sie doch jetzt mein Leben.

Kapitel 20

Ich wickelte Caitlin in ein Handtuch und lächelte. Gerade hatte ich sie gebadet, und nun wollte ich sie in ihr Bettchen legen, denn es war schon Abend.

»Schlaf, Kindchen, schlaf«, sang ich ihr leise vor.

Caitlin gluckste leise. Ich trocknete sie ab, dann beugte ich mich zu ihr hinunter und gab ihr einen Kuss. Sie roch so gut, so sauber und rein. Es stimmte, was alle immer sagten – Babys waren wirklich kleine Wunder.

Vorsichtig wischte ich um den Schlauch herum, der in Caitlins Nase steckte. Auch hier zu Hause kam ich ganz gut damit zurecht. Nur wenn sie ein wenig unruhig war, musste ich aufpassen, dass sie sich den Schlauch nicht aus der Nase zog. Aber die Gesundheitsschwester, die uns betreute, sagte immer wieder, dass ich meine Sache sehr gut mache. Caitlin hatte zugenommen, und das war wichtig. Ich fürchtete nur, die Schwester könnte sich darüber beschweren, dass wir in einem solchen Saustall lebten. Mein eigenes Zimmer hielt ich so sauber und ordentlich wie möglich, aber in den anderen Zimmern unserer Wohnung ließ der Idiot mich nichts machen.

»Wir sind die meiste Zeit in meinem Zimmer«, sagte ich der Gesundheitsschwester. »Ins Wohnzimmer gehen wir selten.«

Sie blickte sich um und sah Caitlin auf meinem Arm lächelnd an.

»Versuchen Sie einfach, alles so staubfrei wie möglich zu halten«, sagte sie freundlich.

Sie schien zu wissen, dass ich mein Bestes tat.

Trotzdem wollte ich nicht, dass sie allzu oft zu uns kam. Ich fürchtete, sie könne irgendetwas entdecken, das dem Baby nicht guttat. Am Ende würde sie das noch beim Jugendamt melden, und das durfte auf keinen Fall passieren.

In regelmäßigen Abständen musste ich mit Caitlin in die Klinik, damit sie dort untersucht wurde. Ansonsten ließ Dad mich nicht hinaus, wie zuvor sperrte er stets die Haustür ab. Also blieb ich mit Caitlin im Haus. Dort trug ich sie herum, fütterte sie, wechselte ihr die Windeln und badete sie. Es machte mir nichts aus, wieder eingesperrt zu sein, denn ich hatte ja nun eine Aufgabe. Mum unterstützte mich, und auch ihr machte es große Freude, sich um das Baby zu kümmern.

»Ich nehme sie schon«, sagte sie, wenn meine Tochter die Milch ausspuckte. Das tat sie öfter, denn sie hatte Probleme mit dem Magen.

»Das brauchst du nicht, Mum. Sie macht dich sonst ganz schmutzig.«

»Na, es wäre nicht das erste Mal, dass ein Baby mich vollspuckt«, sagte Mum lächelnd. »Gib sie mir ruhig, dann kann ich sie ein bisschen wiegen.«

Wenn Mum Caitlin auszog, sprach sie immer in einem sanften Tonfall mit ihr, und das mochte die Kleine offensichtlich. Meine Mutter war sehr vorsichtig im Umgang mit meiner Tochter, ihr war bewusst, was für ein zerbrechliches Wesen vor ihr auf dem Wickelplatz lag. Der Idiot hingegen war ungehalten und brüllte herum, wenn Caitlin weinte und ihn beim Fernsehen störte. Das kam ziemlich oft vor, denn Caitlin schrie stundenlang und ließ sich nur schwer beruhigen. Aus irgendeinem Grund jedoch ging Dad nicht mehr so häufig auf mich los wie zuvor. Es schien, als bekäme Mum alle Schläge und Beschimpfungen ab, und wenn ich sah, wie er sie misshandelte und auch noch darüber lachte, musste ich mich zusammenreißen. Ich konnte mich nicht jedes Mal in ihren Streit einmischen, denn ich musste an Caitlin denken, und ich wollte nicht, dass er auch auf mich wütend wurde und es dann womöglich an der Kleinen ausließ.

Caitlin endlich bei mir zu haben war genauso wunderbar, wie ich es mir zuvor erträumt hatte. Ich konnte Stunden damit verbringen, sie einfach nur anzusehen und mir auszumalen, was die Zukunft ihr bringen würde. Sie sollte alles bekommen, was ich nie hatte: eine anständige Schulausbildung, hübsche Kleidung, Freunde, mit denen sie ausgehen konnte. Ich wusste ja, was die Ärzte gesagt hatten, aber ich versuchte, nicht daran zu denken. Ich war davon überzeugt, dass sie sich besser entwickelt hatte, als die Ärzte prophezeit hatten. Zum Beispiel war ich mir sicher, dass sie mich erkannte, obwohl die Ärzte etwas anderes behauptet hatten. Wenn ich mit ihr sprach und sie ein wenig kitzelte, lächelte sie, und ich war die Einzige, von der sie sich beruhigen ließ.

Es war oft anstrengend, Mutter zu sein. Alle paar Stunden musste ich Caitlin mit dem Schlauch Nahrung einflößen, tagsüber und nachts. Aber die Freude, die die Kleine mir machte, wog die Mühen allemal wieder auf. Ich hatte außerdem jeden Abend das Gefühl, etwas geleistet zu haben. Bevor Caitlin da war, hatten sich die Wochen und Monate endlos hingezogen. Mittlerweile war ich sechsundzwanzig Jahre alt, und ich hatte Jahre in Angst und Schrecken verbracht, ohne Hoffnung, ohne Ziel. Das hatte sich seit der Geburt meiner Tochter komplett verändert.

Es war wunderbar zu beobachten, wie Caitlin Mum zum Lächeln brachte. Trotzdem fühlte ich mich ihr gegenüber noch immer schuldig. So lange hatte ich Mum hintergangen, hatte zugelassen, dass sich ihr Mann an mir vergriff. Und wenn ich an meine vorherigen Schwangerschaften dachte, schämte ich mich umso mehr. Noch immer glaubte ich, dass ich meine ungeborenen Kinder auf dem Gewissen hatte. Ich hoffte, dass ich wenigstens dieses Mal alles richtig machte. Ich wollte Caitlin all meine Liebe schenken. Und vielleicht würde sie Mum und mir eines Tages die Kraft geben, Dad ein für alle Mal zu verlassen.

Dem Idioten etwas Geld abzuluchsen, um alles Nötige für das Baby zu kaufen, war beinahe unmöglich. Ich musste ihn anflehen, damit er mir wenigstens Geld für Windeln gab. Aber schließlich konnte ich ihn überreden, mir ein paar Pfund zu überlassen, damit wir einen Kinderwagen anschaffen konnten, und Mum und ich behielten noch ein wenig zurück, um ein paar Stofftiere zu kaufen. Zu Weihnachten bekam ich wieder ein paar Pfund, wovon ich Caitlin einen bunten Halbmond aus Plastik kaufte, den ich über das Fußende ihres Bettchens hängte.

Als Michael zu Besuch kam und Caitlin zum ersten Mal sah, war er ganz entzückt.

»Sie ist so niedlich, Schwesterchen«, sagte er.

In solchen Momenten vergaß ich beinahe, wer Caitlins Vater war, und dann war ich stolz wie jede andere Mutter auch. Doch wenn ich mitten in der Nacht aufwachte und es in der Wohnung still und dunkel war, musste ich wieder daran denken. Dann nahm ich mir vor, dass ich Caitlin immer vor ihm beschützen würde. Sie gehörte einzig und allein mir. Manchmal, wenn ich mit Kochen beschäftigt war oder die Wäsche zusammenlegte, nahm Dad sie auf den Arm. Aber ich hatte es nicht gern, und sobald ich mit der Arbeit fertig war, nahm ich ihm das Baby wieder ab.

Die Aussagen der Ärzte über Caitlins Gesundheitszustand waren dem Idioten eine Warnung, und so benutzte er wieder Kondome, wenn er mich zum Sex zwang. Wenn er nicht aufpasste und ich erneut schwanger wurde, konnte er außerdem davon ausgehen, dass er noch mehr Fragen über sich ergehen lassen musste, und das wollte er auf jeden Fall vermeiden. Er rief mich nicht mehr so oft zu sich wie früher. Wenn er es tat, wagte ich es nicht, mich dagegen zu wehren, weil ich zu viel Angst hatte, dass er seinen Frust an meiner Tochter auslassen könnte.

Was ihn ständig beschäftigte, war das Thema Geld. »Du kannst Behindertenzuschuss beantragen«, sagte er immer wieder. »Du bekommst mehr Geld für sie, weil sie krank ist.«

Zunächst hörte ich gar nicht hin. Ich dachte überhaupt nicht an so etwas, ich hatte ganz andere Sorgen. Caitlin forderte meine ganze Aufmerksamkeit. Regelmäßig musste ich ihr Medikamente verabreichen. Auf ihrer Brust war die ganze Zeit lang ein Gerät befestigt, das piepte, sobald ihr Herzschlag langsamer wurde. Wenn ich das Piepen hörte, lief ich zu ihr, und dann stellte ich meistens fest, dass sie sich das Gerät abgerissen hatte. Einmal jedoch musste ich vorsichtig ihr Herz massieren, so wie man es mir im Krankenhaus gezeigt hatte. Das jagte mir furchtbare Angst ein, ebenso wie die Anfälle, die Caitlin hatte, seit sie nicht mehr im Krankenhaus war. Manchmal dachte ich, sie würde es nicht überleben. Sie war doch noch so winzig und schwach. Aber im Januar 1997, als Caitlin sieben Monate alt war und eine Lungenentzündung bekam, zeigte sie allen, wie stark sie war.

Als ich sie ins Krankenhaus brachte, sagten die Ärzte, ich müsse mit dem Schlimmsten rechnen. Die ganze Nacht lang saß ich an Caitlins Bett und betete dafür, dass sie sich wieder erholte. Am nächsten Morgen erfuhr ich, dass sie immer noch nicht über den Berg war. Da bat ich darum, dass man einen Pfarrer holte. Tränenüberströmt sah ich zu, wie er das Kreuzzeichen machte und Caitlin taufte. Ich durfte sie nicht verlieren! Sie sollte nicht für all meine Fehler büßen.

Ich saß da, wartete auf ein Zeichen, dass es ihr besser ging. Ich wollte alles dafür tun. Erst nach zwei weiteren Tagen voller Angst sagten die Ärzte mir, sie sei außer Lebensgefahr, und ich weinte vor Erleichterung. Ich hatte immer gewusst, dass Caitlin stärker war, als alle anderen glaubten.

Den Idioten kümmerte das alles nicht. Ihm ging es nur darum, dass genug Geld hereinkam, und damit lag er mir Tag für Tag in den Ohren.

»Du könntest doch mehr für sie kriegen«, sagte er immer wieder. »Sie ist krank. Sie muss gepflegt werden. Für Kinder wie sie gibt es Zuschüsse.«

Wieder einmal ging ich zum Sozialamt, füllte Formulare aus und reichte sie ein. Dann dachte ich nicht mehr daran.

Einige Wochen danach kam ein Brief, und als der Idiot ihn öffnete, tobte er vor Wut.

»Warum haben die deinen Antrag abgelehnt, verdammte Scheiße?«, schrie er. »Was soll das heißen, sie wollen keinen Behindertenzuschuss für sie zahlen? Hast du die Formulare auch richtig ausgefüllt? Hast du ihnen alle Informationen gegeben, die sie haben wollen?«

Da wurde ich so wütend, dass ich mich vergaß.

»Ist das alles, was dich interessiert?«, schrie ich zurück. »Was spielt das schon für eine Rolle? Sie ist krank, vielleicht denkst du mal daran. Du kriegst doch schon alles, was ich bekomme. Was willst du denn noch?«

Mit bohrendem Blick sah Dad mich an.

»So viel ich kriegen kann«, zischte er mich an. »Gib mir die Kopie von dem Formular, das du ausgefüllt hast. Ich will sehen, was du da hingeschrieben hast. Irgendwie müssen wir diese Arschlöcher doch dazu bringen, uns mehr zu bezahlen.«

Mir zog sich der Magen zusammen. Ihm ging es immer nur ums Geld. Deshalb war Dad auch damals so wütend geworden, als sich herausstellte, dass Mum keine Kinder mehr bekommen konnte. Als meine Geschwister und ich noch klein waren, hatten wir ihm eine Menge Geld eingebracht, und er hatte gewollt, dass Mum noch mehr Kinder bekam, um noch mehr Geld einzustreichen. Sobald ich alt genug war, zog er mich dazu heran – vergewaltigte mich, weil er noch ein Kind haben wollte, damit er mehr Sozialhilfe erhielt. Ich starrte ihn hasserfüllt an.

Dad las sich das Formular durch, das ich sorgfältig ausgefüllt hatte. Dann rief er beim Sozialamt an und beschwerte sich lautstark darüber, dass man mir nicht mehr Geld zahlen wollte. Aber man sagte ihm, Caitlin sei noch ein Baby und habe keinen Anspruch auf einen Zuschuss. Und ich war froh, dass er eine Abfuhr bekommen hatte. Das geschah ihm recht.

Zwei Monate nachdem sich Caitlin von der Lungenentzündung erholt hatte, sagten mir die Ärzte, dass sie operiert werden müsse. Noch immer wurde sie durch den Schlauch in ihrer Nase ernährt, und die Ärzte waren der Auffassung, es sei besser für sie, wenn der Schlauch direkt in ihren Magen führte. Ich hörte aufmerksam zu und fragte mich, ob es wirklich nötig war, dass sie das durchmachte. Caitlin wog jetzt siebeneinhalb Kilo, und das hieß doch, dass die Art der Ernährung funktionierte. Sie war schon so kräftig geworden, dass ich eigentlich angenommen hatte, die Ärzte würden bald eingestehen, dass sie sich mit ihrer Diagnose geirrt hatten. Mir war klar, dass Caitlin nicht so war wie andere Babys – sie konnte ihr Köpfchen nicht heben und sich nicht selbst umdrehen, sie gluckste und brabbelte nicht vor sich hin –, aber sie war alles für mich. Ich als ihre Mutter konnte tagtäglich sehen, welche Fortschritte sie machte. Doch die Ärzte hielten die Operation für notwendig, und ich musste ihnen vertrauen. Also stimmte ich zu und brachte Caitlin Ende März 1997 ins Krankenhaus.

Zunächst führten die Ärzte alle möglichen Untersuchungen durch, um sich zu vergewissern, dass sie in guter Verfassung war. Am nächsten Tag sollte sie operiert werden. Ich blieb natürlich bei ihr, und nachdem ich sie zu Bett gebracht hatte, legte ich mich ebenfalls hin. Doch ich machte die ganze Nacht lang kaum ein Auge zu, denn ich hatte große Angst vor dem nächsten Tag. Ich machte mir solche Sorgen. Als eine Krankenschwester sie schließlich abholte, wollte ich sie gar nicht abgeben. Es war so still ohne sie, ich fühlte mich vollkommen leer. Die Ärzte hatten gesagt, die Operation werde vier Stunden dauern, und dies wurden die längsten Stunden meines Lebens.

Als sie dann endlich auf die Station zurückgebracht wurde, war ich sehr erleichtert.

»Es ist gut verlaufen«, berichtete eine der Krankenschwestern.

Caitlin schlief den ganzen Tag lang tief und fest. Ich blieb bei ihr am Bett sitzen und streichelte ihre Hand, damit sie wusste, dass ich da war. Um elf Uhr abends gab ich ihr einen Gutenachtkuss.

»Schlaf schön, meine Kleine«, sagte ich. Dann setzte ich mich auf einen Stuhl neben ihr Bett.

Ich konnte es gar nicht erwarten, sie auf den Arm zu nehmen und nach Hause zu bringen. Jetzt wurde sie bald noch kräftiger. Wir würden den Ärzten zeigen, dass sie sich geirrt hatten. Und während ich darüber nachdachte, wie viel Zeit sie bereits im Krankenhaus verbracht hatte, schlief ich ein. Doch ein paar Stunden später wurde ich plötzlich wach und sah lauter Gesichter vor mir. Alle möglichen Leute standen um Caitlins Bett herum.

»Ihrer Tochter geht es sehr schlecht«, sagte jemand.

»Was meinen sie damit?«, rief ich und sprang auf.

»Sie müssen einen Moment hinausgehen, Alice, damit wir uns um Caitlin kümmern können.«

Ich war vollkommen benommen. Ich verstand nicht, was

überhaupt vor sich ging. Jemand führte mich aus dem Zimmer hinaus.

»Aber ich will bei ihr bleiben«, rief ich. »Lassen Sie mich hierbleiben.«

»Das geht nicht, Alice«, sagte eine Krankenschwester. »Die Ärzte müssen Caitlin versorgen, dabei stören Sie nur. Sie sagen uns Bescheid, wenn sie fertig sind.«

Die Krankenschwester brachte mich in den Raucherraum, und ich zündete mir eine Zigarette an. Schon beim ersten Zug schmeckte der Rauch bitter, und ich drückte die Zigarette sofort aus. Ich wollte wieder zu meiner Tochter. Warum ließ man mich nicht zu ihr?

»Bitte!«, flehte ich die Schwester schluchzend an. »Lassen Sie mich zu ihr. Ich bin ihre Mutter. Sie braucht mich.«

»Sie können gleich zu ihr«, beruhigte mich die Schwester.

Tränenüberströmt wartete ich, bis sich die Tür öffnete und eine andere Krankenschwester mich bat mitzukommen.

»Wo ist Caitlin?«, rief ich. »Geht es ihr gut? Was ist denn los?«

»Der Arzt möchte mit Ihnen sprechen, Alice«, sagte die Schwester, als wir den Fahrstuhl betraten. »Wir sind gleich da.«

Vor lauter Panik bekam ich kaum Luft. Dann öffnete sich die Tür des Fahrstuhls, und die Schwester führte mich zu einem Raum.

»Ich will zu Caitlin«, beschwor ich sie. »Was ist denn passiert? Bitte sagen Sie es mir doch!«

Die Tür zu dem Raum ging auf, und ich sah, dass eine weitere Schwester und ein Arzt mich erwarteten.

»Wo ist meine Tochter? Was ist los? Warum sagt mir niemand, was los ist?«, stammelte ich. »Ich will sie doch nur sehen.«

Ich begann erneut zu schluchzen, und ein Zittern erfasste meinen ganzen Körper. Ich konnte mich kaum noch auf den Beinen halten.

Der Arzt kam auf mich zu. »Es tut mir leid, Alice, aber wir konnten nichts mehr für sie tun«, sagte er.

»Was meinen Sie damit?«, flüsterte ich.

»Sie war sehr krank. Wir haben getan, was wir konnten.«

»Ich verstehe das nicht. Wo ist Caitlin? Ich muss sie sehen.«

»Wir konnten sie leider nicht retten, Alice.«

»Wo ist sie? Sie haben doch gesagt, die Operation ist gut verlaufen.«

»Zuerst sah es auch so aus, aber dann gab es Komplikationen. Es tut mir leid.«

»Was?«, schrie ich. »Ich will sie sehen. Sie braucht mich.«

»Alice, bitte hören Sie mir zu!«

Ich begann zu fallen, und jemand stützte mich.

»Caitlin ist tot.«

Mir wurde schwarz vor Augen.

Kapitel 21

Ich erinnere mich nur noch schemenhaft an die Tage, nachdem Caitlin gestorben war. Ich hatte nur einen Gedanken im Kopf: Ich wollte unbedingt zurück ins Krankenhaus, weil ich davon überzeugt war, man habe sie mir weggenommen oder vor mir versteckt. Ich musste mein Baby wiederfinden. Michael kam, um mich zu besuchen, und tat alles, um mich davon abzuhalten, dass ich zum Krankenhaus fuhr.

»Lass mich!«, schrie ich ihn an und wollte zur Tür laufen. »Ich muss sie finden. Sie haben sie mir weggenommen.«

»Wer sollte denn so etwas tun, Alice?«

»Die im Krankenhaus.«

»Bleib doch hier. So kannst du doch nicht rausgehen, Alice.«

»Lass mich gehen. Bitte lass mich gehen!«

Ich wollte einfach keine Ruhe geben, und irgendwann fuhr Michael mich dann doch zum Krankenhaus, damit ich mit den Ärzten sprechen konnte.

»Wo ist sie?«, fragte ich weinend einen der Ärzte.

»Sie ist nicht mehr hier«, sagte er mir.

»Doch. Sie wird doch operiert. Und dann geht es ihr viel besser. Alle haben gesagt, danach geht es ihr besser.«

»Es tut mir leid, Alice, aber Caitlin ist gestorben, das wissen Sie doch.«

»Das kann einfach nicht sein.«

»Sie müssen das akzeptieren, Alice.«

»Nein! Wo ist mein Baby?«

Ich flehte alle möglichen Schwestern an, mir zu helfen, bis ich schließlich ein Beruhigungsmittel bekam. Danach versank alles im Dunkeln.

Auch Caitlins Beerdigung nahm ich nur verschwommen war. Später erzählte man mir, dass ich ihr ein weißes Kleidchen mit rosafarbenen Schleifen und eine weiße Strickjacke angezogen, sie in meinen Armen gehalten habe und sie nicht mehr habe loslassen wollen. Meine Eltern, Michael und einige der Ärzte und Krankenschwestern, die sich um Caitlin gekümmert hatten, waren auch auf der Trauerfeier, aber ich kann mich nicht mehr daran erinnern. Angeblich lief ich zu dem Sarg und klammerte mich daran fest. Michael musste mich beinahe gewaltsam davon lösen, und ich sah laut schreiend zu, wie der Sarg hinter den Vorhängen des Krematoriums verschwand.

Die erste klare Erinnerung ist die, wie ich allein in meinem Zimmer aufwachte und mich fragte, wo Caitlin ist. Ich hörte sie nicht atmen, es war so still. Dann kam Michael herein.

»Du bist wach, Schwesterchen?«

»Ja«, entgegnete ich. Ich richtete mich auf und schaute mich um.

Caitlins Bett war leer.

»Ich wollte das Berechtigungsheft für das Kindergeld holen«, sagte Michael leise. »Das muss man zurückgeben.«

Fragend sah ich ihn an, und dann fiel mir alles wieder ein. Caitlin war nicht mehr da.

»Ich habe es nicht. Frag Dad.«

Michael zog die Tür hinter sich zu, und ich legte mich

wieder hin. Ich spürte einen brennenden Schmerz in meinem Herzen. Ich wollte nicht glauben, dass ich wieder allein war. Ich wollte Caitlin zurückhaben.

Ohne sie schien das Leben sinnlos. Ich saß stundenlang nur da und starrte vor mich hin. Mein Alltag mit dem Idioten und Mum lief genauso ab wie zuvor. Ich wurde in der Wohnung eingesperrt und durfte nur hinausgehen, um einzukaufen oder zwei Mal pro Woche unsere Sozialhilfe abzuholen. Das einzig Neue war, dass Dad mir Fahrstunden bezahlte. Dahinter steckte, dass er mittlerweile zu faul war, um Mum zu ihren Untersuchungen ins Krankenhaus zu fahren, und das sollte ich zukünftig übernehmen.

»Ich bin es leid, sie herumzukutschieren«, hatte er gesagt. »Du hast ja sonst nichts zu tun.«

Es war so, als hätte es Caitlin nie gegeben. Ich durfte die Wohnung immer nur für eine Stunde verlassen. Wenn ich eine Minute länger brauchte, löcherte der Idiot mich mit Fragen, und jedes Mal, wenn ich nach Hause zurückkehrte, überprüfte er den Kilometerstand des Autos, denn ich durfte nicht weiter fahren als drei Kilometer. Mir war das gleichgültig, ich dachte nicht einmal mehr daran, abzuhauen. Durch Caitlins Tod hatte ich jeglichen Antrieb verloren. Ich würde niemals ein normales Leben führen, denn ich hatte das Leben meiner Tochter zerstört. Ich war ein Ungeheuer.

Die Ärzte sagten, Caitlin sei an plötzlichem Kindstod gestorben, aber ich wusste, dass ich sie auf dem Gewissen hatte. Ich hatte der Operation zugestimmt, dabei hätte ich sie doch beschützen müssen. Stattdessen hatte ich sie den

Ärzten überlassen, und nun war sie tot. Ich hatte nicht verhindert, dass der Idiot mich schwängerte, und Caitlin war dafür bestraft worden. Immer wieder gingen mir all diese Gedanken durch den Kopf.

Tag für Tag saß ich stundenlang mit einem Foto von ihr in der Hand da. Manchmal verschwamm ihr Gesicht vor meinen Augen, aber ich konnte meinen Blick einfach nicht davon abwenden. In jeder Minute war mir schmerzlich bewusst, dass Caitlin nicht mehr bei mir war.

Die Einzige, die mich verstehen konnte, war Mum. Sie hatte auch Kinder verloren, sie kannte das Gefühl. Mum vermisste Caitlin auch sehr, und manchmal sahen wir uns zusammen Fotos von ihr an und weinten, bis der Idiot uns irgendwann anfuhr, wir sollten still sein. Abends nahm ich mir ein Bild von Caitlin mit ins Bett und einen ihrer Teddybären – er war weiß und hatte einen rosafarbenen Hut auf, und ich hatte Caitlins Namensschild aus dem Krankenhaus um seinen Fuß gebunden. Dann lag ich im Dunkeln, drehte ihn in meinen Händen hin und her und versuchte einzuschlafen. Immer aufs Neue musste ich daran denken, dass Caitlin für alles, was ich verbrochen hatte, mit dem Leben bezahlt hatte. Deshalb würde ich auf ewig eine Gefangene bleiben.

Monate vergingen, und ich war nur noch ein Schatten – ich zuckte nicht einmal mehr zusammen, wenn Dad mir eine Ohrfeige gab. Was immer er auch tat, es machte mir nichts aus, und so verlor er allmählich den Spaß daran, mich zu quälen.

Als das Jahr 1997 zu Ende ging, war ich noch immer vollkommen verstört. Nach wie vor nahm sich der Idiot, was er wollte. Wenn er mich zu sich ins Bett holte, lag ich leblos neben ihm, und schließlich wollte er nicht mehr so oft Sex. Aber ich spürte nicht einmal Erleichterung. Ich war innerlich wie tot.

Seit Caitlins Tod kam Michael öfter zu Besuch, und manchmal brachte er die Mädchen mit. Paula war inzwischen zehn und Jacqueline acht, und sie schienen mir wie ein Licht in der Dunkelheit. Mum freute sich auch, wenn sie uns besuchten, sie strahlte dann richtig, aber ich brachte kaum ein Lächeln zustande. Nichts konnte die Traurigkeit vertreiben, die von mir Besitz ergriffen hatte.

»Allmählich mache ich mir Sorgen um dich, Alice«, sagte Michael, als er uns zu Weihnachten besuchte. »Willst du nicht eine Zeit lang bei Julie und mir wohnen? Das würde dir vielleicht guttun.«

»Du weiß doch, dass das nicht geht«, antwortete ich.

»Warum denn nicht? Mum kommt schon irgendwie zurecht.«

Er verstand nicht, was ich meinte.

»Komm schon, Alice. Hier musst du doch immer wieder daran denken, was passiert ist. Du kannst so lange bei uns bleiben, wie du willst.«

Ich sah ihn an. Erinnerte er sich noch an das Versprechen, dass er uns vor Jahren gegeben hatte, als wir noch Kinder waren, auf dem Bett saßen und er Brot in das köstlichste Essen ‚verwandelte'? Bestimmt war ihm bewusst, dass es nun zu spät dafür war. Eifersucht packte mich, als sich Michael mit seinen Töchtern wieder auf den Weg machte. Sie waren eine richtige Familie. Caitlin hatte mich für immer verändert. Sie hatte mir gezeigt, dass ein Leben mit Kind wunderbar und erfüllend war, und das wünschte ich mir mehr als alles auf der Welt.

»Du stinkst«, schnauzte der Idiot Mum an, als sie ihm eine Tasse Tee brachte. »Nimm ein Bad, verflucht noch mal!«

Ich starrte auf den Fernseher und hörte, wie Mum das Wohnzimmer verließ und den Wasserhahn im Badezimmer aufdrehte.

»Was ist mit dir los?«, fragte Dad. »Sitzt hier dämlich rum, sagst nichts und rührst dich nicht.«

Ich konnte seinen Blick geradezu auf mir spüren.

»Komm her! Deine Mum ist erst mal beschäftigt.«

Ich reagierte nicht.

»Ich habe gesagt, du sollst herkommen.«

Ich wusste, was er wollte. Aber ich würde es ihm nicht geben.

»Bist du taub oder was?«

Ich rührte mich noch immer nicht.

»Tu endlich, was ich dir gesagt habe, sonst kriegt deine Mutter eine Ohrfeige. Hast du gehört?«

Als Mum im Badezimmer den Hahn zudrehte, quietschten die Wasserrohre.

»Komm sofort her, du dämliche Schlampe!«

Ich hörte ein wütendes Knurren, und dann traf mich etwas am Bein. Es tat weh, aber ich sah nicht einmal hin.

»Alice!«, schnauzte Dad mich an. »Hast du nicht gehört?«

Ich stand auf und ging zur Tür.

»Wo willst du hin, verdammt noch mal?«

Als ich die Hand nach dem Türknauf ausstreckte, zerschellte ein Glas neben mir an der Wand. Ungerührt ging ich in den Flur hinaus und öffnete die Badezimmertür. Mum saß in der Badewanne, heißer Dampf stieg auf.

»Soll ich dir den Rücken schrubben?«, fragte ich.

Ich kniete mich neben die Wanne, tauchte die Seife ins Wasser und schäumte mir die Hände ein.

»Das wird dir guttun, Mum«, flüsterte ich.

Ich weiß nicht, warum ich mich dem Idioten an diesem Tag widersetzte. Vielleicht war mir bewusst geworden, dass ich nicht noch einmal das Risiko eingehen wollte, ein Kind zu bekommen, das krank sein würde, wie Caitlin. Vielleicht lag es auch daran, dass Michael mir einen Rettungsring zugeworfen hatte, indem er mir einen Fluchtweg aufzeigte. Oder ich hatte einfach nichts mehr zu verlieren, seit ich Caitlin verloren hatte.

Am nächsten Tag, sobald er mit mir allein war, fing Dad an, mich herunterzuputzen.

»Hast du etwa gedacht, damit kommst du so einfach davon? So läuft das nicht. Ich werde deine Mum aufschlitzen, und dann kannst du mal sehen, was du davon hast. Was bildest du dir eigentlich ein? Du tust gefälligst, was ich dir sage, und zwar genau dann, wenn ich es dir sage. Ist das klar?«

Ich gab keine Antwort. Ich schaute ihn nicht einmal an, und als er sich dicht vor mich stellte und mir ins Gesicht sah, zuckte ich nicht mit der Wimper.

Die Tage verstrichen, und ich ignorierte alles, was der Idiot sagte oder tat. Er wurde immer wütender. Und ich hörte auf zu essen und zu trinken, und schließlich sprach ich nicht mehr.

»Du musst damit aufhören, Alice«, sagte Mum immer wieder. »Er ist total sauer auf dich. Wer weiß, was er als Nächstes machen wird.«

Aber mich interessierte es nicht mehr. Sollte er mich doch umbringen. Dann wäre ich endlich wieder bei Caitlin. Ich legte es geradezu darauf an, dass er es tat – dass er seine Drohungen in die Tat umsetzte. Tag für Tag saß ich da wie ein Zombie. Ich rührte mich nicht, gab keine Antwort und wartete darauf, dass er mich erledigte. In meinen Albträumen war ich eine Million Mal gestorben, also sollte er mich doch endlich töten.

»Du dämliche Kuh!«, schrie der Idiot. »Du fette, nutzlose Schlampe! Kannst nicht einmal ein Kind kriegen, nicht einmal ein Baby großziehen. Alles, was du kannst, ist dämlich hier rumsitzen.«

Ich wartete ab. Ich wusste, irgendwann würde er ausrasten, nachdem ich ihn wochenlang nicht mehr beachtet hatte.

»Das ist lächerlich, verdammte Scheiße!«, schrie er eines Tages, als er mit Mum vom Einkaufen kam und ich immer noch dort saß, wo ich zuvor gesessen hatte. »Das hört sofort auf! Hast du verstanden?«

Seine Hand knallte gegen meinen Kopf.

»Reiß dich gefälligst zusammen, sonst sperre ich dich richtig ein! Dann ist Schluss mit Einkaufen oder Fernsehen. Dann bleibst du in deinem Zimmer. Und bewegst dich und schläfst nur noch, wenn ich es dir sage.«

Schweigend stand ich auf und ging ins Badezimmer. Ich schloss die Tür hinter mir ab, setzte mich auf die Toilette und starrte vor mich hin. Wann sollte das jemals ein Ende haben? Wann würde er mich endlich umbringen?

»Alice«, schrie er, »was machst du da drinnen?«

Der Türknauf drehte sich, und wieder hörte ich sein Geschrei.

»Mach die Tür auf!«, brüllte er.

Ich rührte mich nicht, auch nicht, als er gegen die Tür trat.

»Mach auf!«, schrie er. »Sofort!«

Er versuchte, die Tür einzutreten. Er war jetzt so sehr in Rage, dass er mich wahrscheinlich am liebsten erwürgt hätte. Voller Wut heulte er auf, und dann krachte sein Bein durch die Tür.

»Mach auf!«, schrie er wieder. »Oder ich bringe dich um.«

Krachend gab die Tür nach. Ich hob den Kopf. Dad stand vor mir, von der Taille abwärts nackt, trug er nichts weiter als ein altes graues T-Shirt. Mit Gebrüll stürzte er auf mich zu und gab mir eine Ohrfeige.

»Reiß dich endlich zusammen, oder ich bringe dich um!«

Zum ersten Mal seit Tagen blickte ich meinen Vater an.

Mach doch.

Bring mich um.

Lass mich bei Caitlin sein.

Doch dann erkannte ich in seinen Augen etwas, das ich nie zuvor gesehen hatte – Schwäche und Verwirrung. Er wusste, was ich vorhatte, aber er würde da nicht mitspielen. Davor hatte er zu viel Angst. Niemals würde er mich umbringen. Er war viel zu feige, um seine Drohung wahr zu machen.

Ich musste hier weg, auch ohne Mum. Ich konnte nicht mehr darauf warten, dass sie sich irgendwann aufraffte und den Idioten verließ.

Dad war ein Tyrann, ein Sadist, ein Peiniger, aber jetzt wusste ich, er war auch ein Feigling. Er würde meinem Elend niemals ein Ende machen. Er wollte mich für immer hier festhalten, doch ich wollte nicht für immer in der Hölle schmoren.

Kapitel 22

Voller Angst stand ich am nächsten Morgen auf. Ich musste mich so schnell wie möglich aus dem Staub machen, sonst würde mich der Mut verlassen. Ich dachte an Caitlin und an den Hoffnungsschimmer, der sich durch sie gezeigt hatte – ein Leben, das ich vielleicht führen konnte, wenn ich nur von ihm wegkam. Ich hatte bereits ein paar Sachen in einen Einkaufstrolley gepackt, Jeans, ein T-Shirt und die Fotos von Caitlin. Und ein Zettel mit Michaels Telefonnummer steckte in einem meiner Strümpfe. Mein Bruder war der einzige Mensch, an den ich mich wenden konnte und der mir helfen würde.

In der Nacht zuvor, als Mum und Dad schliefen, war ich ins Wohnzimmer geschlichen. Es war nahezu stockdunkel, aber ich konnte Mums und Dads Umrisse im Bett schemenhaft erkennen. Einer von beiden schnarchte. Ich ging zu dem Sideboard neben der Tür und tastete nach Mums persönlichem Telefonbüchlein. Als ich es gefunden hatte, wandte ich mich wieder um.

In dem Moment bewegte sich einer der Körper im Bett, und das Schnarchen verstummte. Mit zitternden Knien blieb ich stehen. Mein Herz schlug so laut, dass ich bestimmt jemanden aufgeweckt hatte. Während ich eine halbe Ewigkeit wartete, dröhnte mir jeder Schlag in den Ohren. Als das Schnarchen endlich wieder anfing, ging ich auf Zehenspitzen zurück in mein Zimmer. Dort schrieb ich Michaels Telefonnummer auf einen Zettel. Ich schlich erneut ins Wohnzimmer, legte das Buch zurück und huschte wieder in mein Zimmer. Noch als ich im Bett lag, klopfte mein Herz wie verrückt vor lauter Aufregung.

Während ich mich nun anzog und dann ins Wohnzimmer ging, schossen mir alle möglichen Gedanken durch den Kopf. Ich hatte nicht die leiseste Ahnung, wie ich es anstellen sollte, die Wohnung zu verlassen. Dad hatte den Schlüssel immer bei sich, er gab ihn Mum und mir nur, wenn wir etwas erledigen mussten. Sobald wir zurückkamen, wollte er ihn sofort wiederhaben, und er achtete stets darauf, dass die Tür auch wieder abgeschlossen wurde.

Der Idiot sah vom Bett aus fern, und Mum saß wie immer neben ihm.

»Ich hole jetzt dein Geld«, wandte ich mich an den Idioten.

Es war Zahltag für die Sozialhilfe, und er wollte sein Geld immer so schnell wie möglich.

»Du bist früh dran«, sagte er. »Na immerhin etwas.«

Er händigte Mum den Schlüssel aus, und sie schloss die Wohnungstür auf. Eilig ging ich hinaus. Noch konnte ich mich nicht aus dem Staub machen, denn ich hatte kein Geld. Mich erfasste schreckliche Angst. Die Welt erschien mir riesig, nahezu endlos. War ich überhaupt in der Lage, allein zu leben, würde ich es schaffen, mein eigenes Leben zu führen? Ich hatte nie gearbeitet und ein normales Leben geführt. Ich hatte mir alles vorschreiben lassen, was ich aß, wann ich zu Bett ging, wann ich sprach und wann ich schlief. Mit all meiner Willenskraft kämpfte ich gegen die aufkommende Panik an und machte mich auf den Weg zur Post, wo ich mir Dads Geld auszahlen ließ. Ich konnte mir nichts davon nehmen, denn ich wollte dem Idioten keinen Anlass geben, die Polizei zu rufen und nach mir suchen zu lassen. Doch am nächsten Tag musste ich wieder aus dem Haus gehen, um meine eigene Sozialhilfe abzuholen. Davon musste ich etwas abzweigen und dann verschwinden.

Mum ließ mich wieder hinein. Während ich noch in der Tür stand, hastete sie ins Badezimmer. Normalerweise schloss sie hinter mir sofort wieder ab, aber an diesem Tag musste sie so nötig zur Toilette, dass ich die Tür selbst zuzog. Als ich das Wohnzimmer betrat, klingelte das Telefon, und der Idiot ging ran. Ohne mich auch nur eines Blickes zu würdigen, unterhielt er sich mit jemandem. Ich warf sein gesamtes Geld auf das Bett, bis auf eine Zwanzigpfundnote, mit der ich eine Rechnung bezahlen musste. Nachdem er überprüft hatte, ob nichts fehlte, schickte er mich noch einmal los. Er wollte immer erst sicherstellen, dass ich auch keinen einzigen Penny seiner Sozialhilfe für mich behalten hatte.

In dem Moment fiel es mir auf: Die Tür war noch immer unverschlossen. Ich hatte zwanzig Pfund. Das war meine Chance. Jetzt oder nie. Ich verließ das Wohnzimmer und lehnte die Tür an. Dann stieg ich hinauf in mein Zimmer und holte den Einkaufstrolley, den ich ja schon gepackt hatte. Auf Zehenspitzen schlich ich mich die Treppe hinunter. Im Flur stand Mum.

»Ich muss hier weg«, flüsterte ich. »Ich muss einfach hier weg.«

Ich wusste nicht, wie viel Zeit mir noch blieb, bis mein Vater das Telefonat beenden würde. Ich musste sofort gehen. Mir war klar, dass Mum nicht mit mir kommen würde.

Tausend Mal schon hatte ich sie gefragt, und sie war mir stets ausgewichen. Sie würde ihn niemals verlassen.

»Es tut mir leid, Mum.«

»Ich weiß«, sagte sie in sanftem Ton.

Sie fing an zu weinen. Ich sah ihr in die Augen, und einen Moment lang glaubte ich, ich würde es nicht schaffen, sie zurückzulassen. Aber dann dachte ich wieder an Caitlin. An die Möglichkeit, mein Leben zu verändern.

»Ich habe dich lieb, Mum«, sagte ich und gab ihr einen Kuss.

»Ich dich auch«, antwortete sie leise.

Mit zitternden Händen öffnete ich die Tür und schlich mich hinaus. Einen Augenblick lang wollte ich umkehren. Aber ich zwang mich, einen Fuß vor den anderen zu setzen. Ich wusste, Mum schaute mir nach, aber ich konnte mich nicht umdrehen. Denn wenn ich es getan hätte, wäre ich vielleicht zu ihr zurückgelaufen.

Mit einem Kribbeln im Nacken ging ich weiter die Straße entlang, fort von meinem Gefängnis. Würde der Idiot mich vom Fenster aus sehen und hinter mir herkommen? Ich rechnete damit, dass er jeden Moment meinen Namen rief.

Plötzlich hörte ich Geschrei, und sofort drehte ich mich um. Aber es waren nur ein paar Kinder, die in der Nähe spielten. Mit gesenktem Kopf eilte ich weiter. Völlig außer Atem betrat ich eine Telefonzelle, die vor einem Pub stand. An den Wänden klebten Kärtchen mit Telefonnummern von Taxiunternehmen. Mit zitternden Händen nahm ich den Hörer ab und rief eine der Nummern an.

Schnell. Mach schnell!

War er schon hinter mir her?

Würde er mich einholen und nach Hause schleifen?

Eine Frauenstimme meldete sich, und ich bestellte ein Taxi.

Danach ging ich wieder hinaus und wartete. Nach einer halben Ewigkeit hielt endlich ein Wagen vor mir.

»Haben Sie ein Taxi bestellt?«, hörte ich jemanden fragen.

Ein Mann sah durch das heruntergekurbelte Wagenfenster zu mir herüber.

»Ja«, antwortete ich und streckte die Hand nach dem Türgriff aus. Ich hob meinen Trolley hinein und ließ mich auf den Rücksitz fallen.

»Wohin soll es denn gehen?«, fragte der Taxifahrer.

»Zum Bahnhof.«

»Zu welchem? In dieser Stadt gibt es einige.«

»Zum Hauptbahnhof.«

Ich wusste überhaupt nicht, wo der Hauptbahnhof lag. Ich war noch nie dort gewesen. Aber von da aus konnte ich bestimmt zu Michael fahren. Das Taxi fuhr los, und ich starrte aus dem Fenster. Vielleicht saß er schon in seinem Auto und war hinter uns. Ganz bestimmt würde er mir hinterherfahren. Er würde mich niemals gehen lassen.

Doch als das Taxi zwanzig Minuten später vor einem großen Gebäude hielt, war weit und breit nichts von ihm zu sehen.

»Da wären wir«, sagte der Fahrer.

Ich bezahlte die Fahrt und stieg aus. Ich war noch nie in einem Bahnhofsgebäude gewesen. Es war voller Menschen, die es hauptsächlich sehr eilig hatten. Vor den riesigen Tafeln mit den Abfahrts- und Ankunftszeiten der Züge blieb ich stehen. Wie sollte ich zu Michael kommen? Ich wusste nicht, wohin ich überhaupt fahren musste, und auch nicht, wie man eine Fahrkarte löste. Als zwei Polizisten vorbeigingen, erschrak ich. Suchten sie nach mir? Hatte er die Polizei gerufen und behauptet, ich sei weggelaufen? Ich hastete zu einer Telefonzelle, ging in die Hocke und zog Michaels Telefonnummer aus meinem Strumpf. Dann warf ich ein paar Münzen in den Schlitz und wählte seine Nummer.

»Hallo?«, meldete sich eine Stimme.

Die Stimme meines Bruders.

»Hallo?«, fragte er noch einmal.

Ich konnte nicht sprechen. Tränen liefen mir über die Wangen. Ich hatte solche Angst.

»Alice?«, fragte die Stimme.

»Ja«, schluchzte ich.

»Wo bist du?«

»Am Bahnhof. Ich bin weggelaufen.«

»Ich weiß«, sagte Michael. »Er hat schon angerufen und gefragt, ob du dich bei mir gemeldet hast.«

Michaels Stimme klang rau und verärgert. Am liebsten hätte ich aufgelegt. War mein Bruder wütend, weil ich abgehauen war?

»Hast du Geld?«, wollte er wissen.

»Ein paar Pfund.«

»Okay. Fahr mit einem Taxi zum Busbahnhof. Dort ist ein Café. Trink einen Tee und warte auf mich. Ich komme sofort.«

»Wirklich?«

»Natürlich. Warte dort auf mich, ich hole dich ab.«

Ich tat, was Michael mir aufgetragen hatte. Ich verließ

das Bahnhofsgebäude, stieg wieder in ein Taxi und ließ mich zum Busbahnhof fahren. Dort war es genauso voll – lauter Menschen, die mit Koffern umherliefen. Ich entdeckte das Café, ging hinein und bestellte mir von meinem letzten Geld eine Tasse Tee. Wenn Michael mich hier nicht fand, war ich aufgeschmissen. Als ich mich hinsetzte, war mir schwindelig und schlecht. Das Café war überfüllt, und es war sehr laut. Würde Michael gleich kommen? Oder würde Dad vor ihm hier sein? Lieber wäre ich gestorben, als noch einmal einen Fuß in mein Gefängnis zu setzen.

Ich spürte eine Hand auf meiner rechten Schulter und drehte mich abrupt um. Hinter mir stand Michael. Ich erkannte sofort, dass er nicht wütend auf mich war – nur voller Sorge und erleichtert, dass mir nichts passiert war. Ich sprang auf und fiel ihm um den Hals. Ich umarmte ihn so fest, dass er kaum noch Luft bekam. Es war so viel Zeit vergangen, seit er von zu Hause weggegangen war, ich hatte ihn so vermisst.

»Du bist jetzt in Sicherheit«, sagte er und schlang seine Arme um mich.

»Aber er wird nach mir suchen.«

»Nein, bestimmt nicht, Alice.«

»Doch. Er wird sich das nie im Leben gefallen lassen.«

»Das muss er. Du bist gegangen, und selbst wenn er dich findet«, Michael blickte mir in die Augen, »ich werde nicht zulassen, dass er dir etwas antut.«

Kapitel 23

Ich tauchte ein in die Welt, die mir zuvor verschlossen gewesen war: Geschäfte voller Kleidung, wo man alles anprobieren und sich dann etwas Passendes aussuchen konnte, Kinos mit Leinwänden, die so breit waren wie ganze Häuser, und Parks mit endlosen grünen Rasenflächen. In den ersten Wochen nach meiner Flucht gab es alles Mögliche zu entdecken, denn bis dahin hatte ich nichts weiter gekannt als die paar Straßen im Umkreis der Wohnung, wo wir gerade wohnten. Ich hatte überhaupt keine Ahnung gehabt, wie viel es dort draußen zu sehen gab und was man alles unternehmen konnte. All das war wirklich überwältigend.

Zunächst blieb ich immer in der Umgebung von Michaels Wohnung – ich hatte Angst, mich zu weit davon zu entfernen, denn ich fürchtete, der Idiot würde herkommen und mich zurückholen. Ich wusste, dass er die Polizei gerufen hatte, um uns Schwierigkeiten zu machen. Zwei Polizisten erschienen bei Michael, und ich fürchtete schon, sie würden mich nach Hause bringen. Der Idiot hatte mich beschuldigt, ihn bestohlen zu haben, aber als ich den Polizisten erzählte, was ich mir genommen hatte – eine Videokarte, ein altes Mietbuch und ein paar Quittungen –, sagten sie nur, ich solle ihm die Sachen zurückschicken.

»Sind Sie denn nicht hier, um mich zurückzubringen?«, fragte ich.

»Nein«, antwortete einer der Beamten und sah mich verständnislos an. »Sie sind doch volljährig. Sie können machen, was Sie wollen. Die Streitigkeiten mit Ihrem Vater gehen uns nichts an.«

Natürlich war der Idiot wütend, weil die Polizei mich nicht belangte. Er rief Michael an und ließ sich lautstark über mich aus. Ich sei eine Hure, wahrscheinlich werde es nicht mal ein Jahr dauern, bis ich von irgendeinem Junkie schwanger sei. Ich mache nichts als Ärger, und deshalb solle Michael mich lieber sofort hinauswerfen. Aber entgegen meinen Befürchtungen erschien er nicht selbst, um mir zu drohen oder mich abzuholen. Ich war noch immer verängstigt. Die Gewalt, die ich mein Leben lang erfahren hatte, konnte ich nun einmal nicht so einfach vergessen. Jedes Mal, wenn es an der Tür läutete, sprang ich auf, und wenn das Telefon klingelte, wollte ich Reißaus nehmen, denn obwohl ich nun frei war, war ich darauf gefasst, dass sich der Idiot an mir rächen würde.

Michael und Julie kümmerten sich um mich und stellten nicht allzu viele Fragen. Ich erzählte auch nicht, was genau passiert war, lediglich, dass ich es mit dem Idioten nicht mehr ausgehalten hatte, und Michael hatte Verständnis dafür. Er konnte sich schließlich noch daran erinnern, wie es gewesen war, mit Dad unter einem Dach zu wohnen. Wir beide hatten unsere Geheimnisse so tief in uns vergraben, dass keiner von uns sie ans Licht zerren wollte. Die ganze Wahrheit konnte ich Michael auf keinen Fall sagen, weil er sich Dad dann ganz bestimmt selbst vorgeknöpft hätte. Und schon wegen Julie und der beiden Mädchen durfte ich nicht riskieren, dass er womöglich etwas Unüberlegtes tat und mit dem Gesetz in Konflikt kam.

Aber es ging mir nicht nur um Michael. Seit ich von zu

Hause weggelaufen war, schwor ich mir, den Idioten aus meinem Leben zu verbannen. Zu viele Jahre hatte er mir schon gestohlen, ich wollte einfach nicht, dass es noch mehr wurden. Ich wollte die Vergangenheit vergessen und noch einmal von vorn anfangen. Ich vermisste Caitlin noch immer schmerzlich, aber gleichzeitig gab mir die Erinnerung an sie auch die Kraft für einen Neubeginn.

Recht bald stellten Michael und Julie mich all den Verwandten vor, die ich noch gar nicht kennengelernt hatte. Ich kannte nur einen Teil von Dads Familie und Mums Neffen Sam. Nun lernte ich noch mehr Verwandte von Mums Seite kennen, und es waren viele. Ich glaube, zunächst wussten sie nicht so recht, was sie von mir halten sollten. Und sie verstanden nicht, warum sie mir vorher nie begegnet waren.

»Ich habe bei meinen Eltern gewohnt«, erklärte ich ihnen.

»Aber warum hast du denn Michael nie besucht?«

»Meine Mum war krank, und ich musste mich um sie kümmern.«

Sie fragten nicht weiter, und ich war froh, als sie mich schließlich in ihren Kreis aufnahmen. Anfangs fand ich solche Zusammentreffen komisch, ich kannte so etwas ja gar nicht. Still saß ich da und hörte zu, wie die anderen sich unterhielten und Scherze machten. Aber ich verstand ihre Witze nicht. Für mich klang es gar nicht lustig, wenn sie sich gegenseitig aufzogen. Aber nach und nach verstand ich, dass sie sich nur neckten, keiner schien dem anderen den rauen Umgangston zu verübeln. Ich spürte, dass sie zusammenhielten, sie waren eine richtige Familie.

Und das war nicht die einzige neue Erfahrung. Ich konnte aufstehen, wann ich wollte, essen, was mir schmeckte, und meinen Tag gestalten, wie es mir gefiel, und das genoss ich in vollen Zügen. Doch ich musste auch Entscheidungen treffen, und das jagte mir gewaltige Angst ein. Ich war siebenundzwanzig Jahre alt, und mein Leben lang hatte mein Vater alles bestimmt. Ich fürchtete mich vor all den neuen Freiheiten und Möglichkeiten. Aber Michael und Julie hatten viel Geduld mit mir. Julie begleitete mich zum Einkaufen und beriet mich. Ich gab meine Sozialhilfe bis zum letzten Penny für Kleidung aus. Ich kaufte mir Unterwäsche, Hosen, T-Shirts, den ersten Mantel und sogar ein Paar Schuhe mit einem kleinen Absatz. Bis dahin hatte ich immer nur Turnschuhe getragen, und mit den neuen Schuhen fühlte ich mich richtig schick. Ich konnte gar nicht fassen, wie viel Auswahl an Kosmetik es gab. Meistens hatte der Idiot Mum und mich nicht einmal Zahnpasta oder Monatsbinden besorgen lassen, und jetzt konnte ich mir Deo und Feuchtigkeitscreme und sogar Parfum kaufen.

Ich ging auch ins Pub und probierte ein Glas Wein, und in einem Fast-Food-Restaurant bestellte ich den ersten Burger meines Lebens. Ich ging ins Kino und sah mir einen Kinderfilm an – nur ein einziges Mal war ich vorher im Kino gewesen, im Alter von fünfzehn Jahren zusammen mit Michael. Am meisten Spaß machte es mir jedoch, mich um meine beiden Nichten zu kümmern. Wir mussten erst einmal miteinander warm werden, aber bald schon hatten die beiden Vertrauen zu mir gefasst. Morgens stand ich mit ihnen auf, machte ihnen das Frühstück und brachte sie zur Schule. Später holte ich sie dann wieder ab und ging auf dem Heimweg mit ihnen in den Park, wo sie spielen konnten. An den Wochenenden unternahmen wir dann alle etwas gemeinsam. Paulas und Jacquelines Fröhlichkeit wirkte richtig ansteckend, und in manchen Momenten fühlte ich mich nahezu unbeschwert.

Doch sosehr ich mich auch bemühte, die Vergangenheit abzustreifen, konnte ich sie doch nicht ganz hinter mir lassen. Ich musste noch immer häufig an Caitlin denken, sie fehlte mir sehr. Und oft fragte ich mich, wie es Mum ging. Ich fühlte mich nach wie vor schuldig, weil ich sie zurückgelassen hatte. Sobald ich die Augen schloss, sah ich ihr Gesicht vor mir, traurig und verloren. Einen Tag nachdem ich bei Michael angekommen war, hatte ich ihr eine Karte zum Geburtstag geschickt: »Ich habe dich lieb. Du fehlst mir. Bis bald.« Ich wusste nicht, ob sie die Karte bekommen hatte, denn ich hatte nichts von ihr gehört. Vielleicht hatte der Idiot sie so übel zugerichtet, dass sie gar nicht telefonieren konnte. Vielleicht verbot er ihr auch, sich bei mir zu melden. Ein paar Mal versuchte ich, sie anzurufen, aber immer nahm der Idiot den Hörer ab, und als er merkte, dass ich es war, legte er sofort wieder auf. Nur von Michael erfuhr ich ab und zu etwas über Mum. Der Idiot rief meinen Bruder ab und zu an, um eine Hasstirade auf mich loszulassen, und bei dieser Gelegenheit erkundigte sich Michael nach Mum.

»Vielleicht sollte ich woanders hinziehen«, sagte ich eines Tages, nachdem der Idiot wieder einmal angerufen und über mich hergezogen hatte. »Ich will nicht, dass ihr Schwierigkeiten bekommt. Du weißt ja, wie er ist.«

»Du ziehst nirgendwo hin«, beschied Michael. »Du bleibst bei uns, und damit Schluss! Soll er sich doch aufregen.«

»Aber was ist, wenn er hierherkommt? Denk an Julie und die Kinder.«

»Der kommt nicht, glaub mir. Hier kannst du dich sicher fühlen.«

»Meinst du wirklich?«

»Ich bin jetzt ein großer Junge, Alice. Ich werde schon mit ihm fertig.«

»Aber du kennst ihn ja.«

»Ja, deshalb weiß ich auch, dass er hier nicht auftauchen wird. Ich habe zu viele Freunde, die es mit ihm aufnehmen würden.«

Einige Wochen nach meiner Flucht bat ich meinen Cousin Sam, mit mir nach Hause zu fahren und ein paar meiner Sachen zu holen. Wenn jemand bei mir war, würde der Idiot bestimmt nicht wagen, mir etwas anzutun. Nach all den Jahren kannte ich ihn gut genug – er hatte mich nur hinter verschlossenen Türen gequält. Doch als Sam und ich dann vor der Wohnung standen, zitterte ich vor Angst. Wir klingelten, und Mum öffnete die Tür.

»Alice!«, rief sie.

Sie sah blass und erschöpft aus.

»Hallo Mum«, sagte ich und nahm sie in die Arme.

In dem Moment hörte ich auch schon Dads Stimme. Vom Wohnzimmer aus, wo er sich wie immer verschanzt hatte, musste er gehört haben, wie Mum meinen Namen rief.

»Mach die Tür zu, verdammt noch mal!«, brüllte er. »Schmeiß sie raus, sonst komme ich rüber und mache ihr selbst Beine. Für uns ist sie gestorben.«

Wortlos trat Mum einen Schritt zurück.

»Bitte warte!«, rief ich, »nur eine Minute.«

Die Tür wurde zugeschlagen, und ich stand wie betäubt davor. Nach einer Weile löste ich mich aus meiner Erstarrung. Ich wusste: Es hatte keinen Zweck, noch einmal zu klingeln. Mum war wie eine Marionette, und solange sich der Idiot querstellte, würde sie mir nicht öffnen.

Einige Wochen später erfuhr Michael, dass unsere Mutter im Krankenhaus lag. Michael wollte sie besuchen, aber er durfte nicht zu ihr, weil Dad den Schwestern die Anweisung gegeben hatte, niemanden zu Mum zu lassen. Es war genau, wie ich befürchtet hatte: Der Idiot hatte mich verloren, und seine Wut darüber ließ er an Mum aus. Meine Mutter hatte mir alles bedeutet. Ihretwegen war ich all die Jahre lang geblieben. Und nun wusste ich nicht, ob ich sie je wiedersehen würde.

Nachdem ich drei Monate lang bei Michael gewohnt hatte, zog ich aus. Ich hatte seine Gastfreundschaft lange genug in Anspruch genommen. Ich war gerade achtundzwanzig geworden und hatte Angst davor, allein zu leben, deshalb sorgte Michael dafür, dass ich bei einem Verwandten wohnen konnte, in derselben Straße wie mein Cousin Sam, nur ein paar Häuser weiter. Michael wollte, dass jemand da war, der auf mich aufpasste. Ich beschloss erst einmal umzuziehen und mich dann um alles Weitere zu kümmern. Vielleicht konnte ich wieder in die Schule gehen und einen richtigen Abschluss machen oder mir einen Job suchen, so wie Michael. Mir standen verschiedene Möglichkeiten offen, nun, da ich frei war.

Frei.

Im Stillen sagte ich dieses Wort immer wieder, denn nach wie vor konnte ich es kaum glauben. Nach all den Jahren hatte ich mich endlich von dem Idioten befreit, und jeden Morgen, wenn ich in meinem neuen Zimmer aufwachte, dachte ich daran, welches Glück ich hatte. Michael hatte den Raum gestrichen und einen Laminatboden verlegt. Alles war so sauber und neu, und es gehörte mir. Nun hatte mein neues Leben begonnen, ich hatte ein Zuhause und Verwandte, die für mich da waren.

Nachdem ich umgezogen war, traf ich mich öfter mit Sam und seiner Freundin. Mittlerweile waren die beiden mir vertraut, und abends ging ich gern zu ihnen, um fernzusehen. Sie hatten eine Menge Freunde, und es gab einen, der mir auffiel. Er hieß Steven.

Ehrlich gesagt ging mir Steven zunächst ein bisschen auf die Nerven. Andauernd machte er Witze, und als wir nebeneinander auf dem Sofa saßen, stieß er ständig mit seinem Bein gegen meins. Er war fünf Jahre jünger als ich und richtig übermütig. Als ich mich am Ende eines Abends auf den Heimweg machen wollte, bot er mir an, mich nach Hause zu begleiten. Vor meiner Haustür angekommen, wollte ich mich gleich von ihm verabschieden, doch dann wurde mir klar, dass er mehr im Sinn hatte.

»Kann ich noch auf einen Tee mit raufkommen?«, fragte er geradeheraus.

»Na gut, aber nicht mehr so lange«, antwortete ich und ging voraus zu meiner Wohnung.

Dann geschah etwas Merkwürdiges, womit ich gar nicht gerechnet hatte. Wir standen im Flur, da beugte sich Steven vor und küsste mich – und plötzlich hatte ich ein kribbeliges Gefühl im Bauch. Ich trat zurück, und er folgte mir ins Wohnzimmer. Dort setzten wir uns auf das Sofa.

»Ich würde dir gern noch einen Kuss geben«, sagte er.

»Warum das denn?«, stammelte ich.

»Weil ich dich mag, Alice«, antwortete er lachend.

Als er sich zu mir herüberbeugte, wurde mir ganz schwindelig. Ich konnte kaum glauben, was hier mit mir geschah. Zum ersten Mal in meinem Leben durfte ich einen Mann küssen, ohne dass ich anschließend dafür Schläge einstecken musste. Als Steven fragte, ob er die Nacht über bleiben könne, sagte ich Ja. Eigentlich ging mir alles viel zu schnell. Ich wusste, ich war noch nicht bereit für so etwas, und ich hatte Angst davor, mit ihm zu schlafen. Aber mehr als alles andere wollte ich wissen, wie es sich anfühlte, ganz normal zu sein – so lange hatte ich davon geträumt, und nun hatte ich die Möglichkeit, es herauszufinden.

Als ich am nächsten Morgen aufwachte, konnte ich natürlich gar nicht fassen, was ich getan hatte, und bereute es.

Aber obwohl ich Steven sagte, dass ich nicht noch einmal mit ihm ins Bett gehen würde, ließ er mich nicht fallen. Nachdem der Idiot mir jahrelang eingeredet hatte, alle Männer seien nur an einer Sache interessiert, war ich mir sicher, Steven würde bald das Interesse an mir verlieren. Doch offenbar war Steven gern mit mir befreundet. Er unterhielt sich mit mir und interessierte sich für alles, was ich so machte. Und er setzte mich überhaupt nicht unter Druck. Nur ab und zu ergriff er meine Hand und hielt sie fest, und das fand ich sehr schön.

Aber insgeheim rechnete ich damit, dass er eines Tages mehr wollte. Das war eine schlimme Vorstellung für mich, denn die

Nacht, die wir zusammen verbracht hatten, hatte mir gezeigt, dass ich niemals eine normale Frau sein würde. Als Steven mich berührte, erstarrte ich, denn sogleich stieg die Erinnerung daran, was der Idiot mit mir gemacht hatte, in mir auf. Steven konnte ja nicht wissen, was ich in mir begraben hatte, und ich bemühte mich, mir nichts anmerken zu lassen.

Er rief mich weiter an und besuchte mich. Nachdem er eine Woche lang unterwegs gewesen war, kam er zu mir und sagte mir, wie sehr er mich vermisst habe, und zum ersten Mal in meinem Leben hatte ich das Gefühl, dass ich jemandem etwas bedeutete. Nachdem einige Wochen vergangen waren und wir uns besser kennengelernt hatten, fühlte ich mich so geborgen, dass ich nun doch bereit war, wieder mit ihm zu schlafen. Und nach und nach gelang es mir, meine Ängste abzustreifen. Bald waren wir ein Paar.

Für mich war es ein großes Wunder: Ich hatte einen Freund. Den meisten Frauen mochte das selbstverständlich erscheinen, aber für mich war es unendlich kostbar. Doch so lieb und sanft Steven auch war, wenn wir zusammen im Bett lagen, konnte ich mich nicht richtig entspannen. Ich machte zwar die eine oder andere Andeutung über meine Vergangenheit, aber ich brachte es nicht fertig, ihm die ganze Wahrheit zu sagen. Ich erzählte nur, dass mein Dad gewalttätig gewesen sei und sich nie anständig um uns Kinder gekümmert habe. Ich wollte, dass Steven zumindest eine Ahnung davon bekam, wie es bei uns zu Hause zugegangen war, damit er verstand, dass es nicht an ihm lag, wenn ich regelmäßig unter seiner Berührung erstarrte, sondern dass es mit meiner Vergangenheit zu tun hatte.

»Wir können es doch langsam angehen lassen«, sagte er.

Das tat er dann auch. Er war geduldig und sanft, verlässlich und liebevoll, und allmählich entspannte ich mich immer mehr. Wir gingen spazieren oder einkaufen, besuchten Freunde und Verwandte, so wie alle anderen Pärchen auch. Ich hatte das Gefühl, als hätte mein Leben gerade erst begonnen.

Doch dann geschah etwas, und auf einmal war alles anders. Einige Monate nachdem ich Steven kennengelernt hatte, trank ich morgens eine Tasse Tee, und danach wurde mir plötzlich schlecht. Ich dachte nicht weiter darüber nach – in dem Moment fiel mir auch nicht auf, dass ich eigentlich längst meine Periode hätte bekommen müssen. Aber als nach zwei Wochen meine Regel immer noch ausblieb, wurde mir klar, dass ich das nicht länger ignorieren konnte. Also ging ich zur Gynäkologin. Als die Ärztin mir bestätigte, was ich ohnehin schon ahnte, bekam ich Angst, aber gleichzeitig wurde ich von einer seltsamen Aufregung ergriffen.

Vielleicht hatte ich es unbewusst darauf angelegt, schwanger zu werden, um mir zu beweisen, dass ich doch eine Familie haben konnte, so wie ich es mir immer gewünscht hatte. In dem Moment, als ich es erfuhr, wusste ich jedenfalls: Ich will dieses Baby. Ich würde es lieben und ihm das Leben ermöglichen, das Caitlin niemals hatte.

Abgesehen von meinen eigenen Gefühlen glaubte ich, dass Steven sicher nicht gerade begeistert sein würde. Wir hatten uns ja gerade erst kennengelernt, und er war erst dreiundzwanzig – viel zu jung, um eine so große Verantwortung auf sich zu nehmen. Ich würde wohl allein damit fertigwerden müssen, und ich war bereit dazu. Ich wollte etwas aus meinem Leben machen. Und was wäre da besser geeignet, als ein Baby zu bekommen?

Abends unterbreitete ich ihm die Neuigkeit.

»Ich kann verstehen, wenn du noch nicht Vater werden möchtest«, sagte ich. »Ich weiß, all das geht viel zu schnell und kommt zu unerwartet. Denk bloß nicht, du müsstest jetzt mit mir zusammenbleiben, das verlange ich nicht von dir.«

»Wie meinst du das?«, fragte Steven.

»Ich will damit sagen, dass ich dieses Baby bekommen werde. Aber wenn es sein muss, schaffe ich es auch allein.«

Mit gesenktem Kopf sah ich hinunter auf meine Hände, die in meinem Schoß lagen. Was ich gesagt hatte, mochte zwar mutig geklungen haben, aber allmählich war mir doch ganz schön mulmig zumute. Würde ich wirklich mit einem Baby zurechtkommen, wo ich doch gerade erst lernte, mein eigenes Leben zu bewältigen?

»Du musst das nicht allein schaffen, Alice«, sagte Steven.

Er legte mir einen Arm um die Schultern und zog mich zu sich heran.

»Ich will dich, und ich will unser Baby.«

»Wirklich?«

»Ja.«

»Aber wir kennen uns doch erst seit ein paar Monaten. Du hast dir das bestimmt ganz anders vorgestellt.«

»Hauptsache ist doch, wir sind zusammen.«

»Meinst du das ernst?«

»Natürlich. Ich bin für dich da.«

»Aber warum?«

»Ist das denn nicht klar?«, fragte Steven lachend und nahm mich in seine Arme. »Weil ich dich liebe, Alice.«

Kapitel 24

Ein Jahr nachdem ich von zu Hause fortgegangen war, bezog ich mit Steven eine neue Wohnung. In ein paar Monaten sollte das Baby kommen, und manchmal musste ich mich kneifen, weil ich es kaum glauben konnte.

»Meinst du, es wird ein Junge oder ein Mädchen?«, fragte Steven, wenn er über meinen dicken Bauch strich.

»Mir ist beides recht, Hauptsache, es ist gesund«, antwortete ich dann.

Wenn Steven mich in den Arm nahm, fühlte ich mich so sicher wie nie zuvor in meinem Leben. Er hatte Arbeit als Küchenhilfe gefunden, sodass ein wenig Geld hereinkam. Alles war so, wie ich es mir immer gewünscht hatte.

Unsere Freunde und Verwandte hatten überrascht auf meine Schwangerschaft reagiert, aber als sie merkten, dass Steven und ich zusammenhielten, freuten sie sich für uns. Alle waren eifrig bemüht, uns zu helfen, und Steven hatte zusammen mit Michael und meinem Cousin Sam unsere neue Wohnung renoviert. Und noch jemand ging uns tatkräftig zur Hand: mein Bruder Simon. Zehn Jahre nachdem er vor dem Idioten davongelaufen war, stand er eines Tages vor unserer Tür. Als ich öffnete, traute ich meinen Augen kaum.

»Alice?«, fragte er, und da wusste ich sicher, dass es mein jüngerer Bruder war.

Vor lauter Aufregung brachte ich kaum ein Wort hervor. So viele Jahre lang hatte ich mir Gedanken über meine jüngeren Geschwister gemacht, und nun stand mein Bruder plötzlich vor mir.

Ich freute mich riesig, und ich musste sofort an Mum denken. Wenn sie das erfuhr, würde sie aus dem Häuschen sein.

Dennoch gab es einen Wermutstropfen: Nach all den Jahren war Simon mir fremd geworden, er kam mir überhaupt nicht mehr vor wie der kleine Bruder, den ich noch in lebhafter Erinnerung hatte. Erst nach und nach wurde mir bewusst, was für ein schweres Leben er gehabt hatte – er war von einem Kinderheim ins nächste gezogen und hatte nie ein richtiges Zuhause gehabt. Er hatte viele gesundheitliche Probleme, und obwohl er nie darüber sprach, machte die Vergangenheit ihm offenbar ebenso sehr zu schaffen wie mir.

»Lass uns das alles nicht wieder aufwärmen«, sagte er immer, wenn die Sprache darauf kam. »Es ist lange her, und ich will nichts mehr damit zu tun haben.«

Mir ging es letztlich genauso, und ich war erleichtert, dass Simon die Vergangenheit nicht hervorkramte. Ich war einfach froh, dass ich nun für meinen Bruder da sein konnte. Ich versprach ihm, dass er bei uns bleiben könne, so lange er wolle.

Der Einzige, der angesichts meiner Schwangerschaft mit Sicherheit Gift und Galle spuckte, war der Idiot. Ich hatte es nicht vor ihm geheim halten können, obwohl mir das eigentlich lieber gewesen wäre. Aber Michael hatte es Mum erzählt, und sie konnte es bestimmt nicht für sich behalten. Es regte mich auf, wenn ich mir vorstellte, wie Dad jetzt wahrscheinlich darüber spottete, dass er recht behalten hatte und ich mich tatsächlich in Nullkommanichts hatte schwängern lassen. Aber Steven und ich würden ihm schon zeigen, dass uns mehr verband als nur ein Strohfeuer. Wie Michael mir erzählte, freute sich Mum jedenfalls mit uns, und das war für mich die Hauptsache.

Inzwischen hatte ich sie ein paar Mal gesehen – das erste Mal, kurz nachdem ich bei Michael ausgezogen war.

»Ich muss Mum besuchen«, sagte ich zu Michael, nachdem er mir von ihrem erneuten Krankenhausaufenthalt erzählt hatte. »Dad kümmert sich eh nicht richtig um sie. Sicher hat sie nicht einmal etwas Sauberes zum Anziehen oder frische Unterwäsche.«

»Das wird er nicht zulassen«, entgegnete mein Bruder. »Ich soll dir ausrichten, du hättest da nichts verloren.«

Als ich das hörte, stieg mir das Blut in den Kopf. Bildete sich mein Vater etwa ein, er könnte mir noch immer vorschreiben, was ich zu tun und zu lassen hatte?

Ein paar Tage später saß ich nachmittags bei Michael und trank mit Julie einen Tee. Ich schaute aus dem Fenster und entdeckte vor dem Haus Dads Auto. Michael stand daneben und redete mit ihm.

Ohne ein Wort zu sagen, erhob ich mich und ging nach unten. Seit ich weggelaufen war, wusste ich, dass dieser Tag irgendwann kommen würde.

Als ich nach draußen ging und sah, wie Dad in seiner typischen Haltung dort im Auto hockte, wurde mir flau im Magen. Ich holte tief Luft, steuerte auf die Fahrertür zu und klopfte ans Fenster. Der Idiot kurbelte das Fenster herunter und blickte mich hasserfüllt an. Ich musste noch einmal tief Luft holen, damit ich seinem Blick standhalten konnte. Er sollte nicht spüren, dass er mir noch immer Furcht einflößte.

»Ich möchte Mum ein paar Sachen ins Krankenhaus bringen«, sagte ich, während er mich noch immer musterte. »Außerdem möchte ich sie besuchen.«

Mein Magen rebellierte, und ich wünschte, mein Herz würde nicht so sehr rasen.

»Mach, dass du wegkommst, verdammt noch mal«, stieß der Idiot hervor und sah mich wütend an. »Sie will dich nicht sehen.«

»Ich glaube doch.«

»Nein, will sie nicht. Hast du es nicht kapiert, du dämliche Schlampe? Du bist nicht mehr ihre Tochter.«

»Du kannst mir nicht vorschreiben, was ich zu tun und zu lassen habe!«, rief ich.

Als der Idiot mich mit einem Blick aus seinen schwarzen Augen durchbohrte, sank mir der Mut. Wie konnte ich es wagen, Widerworte zu geben? Plötzlich kam ich mir wieder vor wie das kleine Mädchen, das bebend vor ihm stand, in Erwartung der nächsten Ohrfeige.

»Was?«, fragte er ungläubig. »Halt verflucht noch mal die Klappe und verschwinde!«

Michael machte einen Schritt vorwärts.

»Komm schon, Dad. Warum soll Alice Mum nicht ein paar Sachen bringen?«

»Weil wir nichts mehr mit ihr zu tun haben wollen.«

Ohne ein weiteres Wort kurbelte Dad das Fenster wieder hinauf. Ich stand auf dem Gehsteig und zitterte am ganzen Körper. Warum kam ich noch immer nicht gegen ihn an? Seit ich von zu Hause fortgegangen war, fühlte ich mich so mutig, aber seit dem Moment, als ich ihn gesehen hatte, war ich verängstigt wie zuvor. Würde ich jemals erwachsen werden und mich nicht mehr von ihm einschüchtern lassen?

Als Dad wegfuhr, nahm ich mir vor, mich dieses Mal nicht von ihm abhalten zu lassen. Ich schaffte es zwar nicht, ihm von Angesicht zu Angesicht etwas entgegenzusetzen, aber ob es ihm nun passte oder nicht, ich würde Mum besuchen.

Noch am selben Abend wartete ich vor dem Krankenhaus, bis die Besuchszeit vorüber war. Dann schlich ich mich auf die Station hinauf, wo Mum lag. Die Schwestern waren freundlich und hatten nichts dagegen, dass ich zu ihr hineinging, aber ich sollte nicht zu lange bleiben. Mums Blutdruck war wieder viel zu hoch, und sie hatte einen Herzanfall gehabt. Deshalb brauchte sie nun Ruhe.

»Mum?«, flüsterte ich, als ich an ihrem Bett stand.

Vorsichtig strich ich über ihre Hand. Sie schlief. An einer Wange hatte sie eine Prellung.

»Mum«, sagte ich ein wenig lauter, und daraufhin öffnete sie die Augen.

»Alice?«

»Ja, Mum, ich bin es.«

Ich setzte mich neben sie auf das Bett und nahm ihre Hand. »Ich wollte wissen, wie es dir geht.«

»Geht so«, sagte sie lächelnd. »Woher wusstest du, dass ich hier bin?«

»Michael hat es mir erzählt. Ich sollte dich nicht besuchen, aber ich habe es trotzdem getan.«

Ich war froh, dass ich nun bei ihr war. Ich hatte sie so sehr vermisst. Als mir auffiel, wie elend sie aussah, stiegen Schuldgefühle in mir auf.

»Jetzt wasche ich dich erst einmal und ziehe dir etwas Frisches an«, verkündete ich.

Zusammen mit einer Krankenschwester zog ich die Vorhänge um das Bett herum zu. Dann zog ich Mum vorsichtig das Krankenhaushemd aus. Sie bekam kaum Luft, und ich musste es ganz langsam machen. Doch schließlich schaffte ich es, ihr ein sauberes Nachthemd anzuziehen und ihr wieder ins Bett zu helfen.

»Danke, mein Liebes«, sagte sie und lehnte sich gegen die Kissen.

Mein Blick fiel erneut auf die Prellung in ihrem Gesicht.

»Hat er dich geschlagen?«

»Nein.«

Als sie meine Frage beantwortete, sah sie mich nicht an, und ich glaubte ihr kein Wort. Aber wir sprachen nicht weiter darüber, und auch nicht davon, dass ich fortgegangen war. Mum und ich waren es gewohnt, über gewisse Dinge zu schweigen, und wir freuten uns so, einander endlich wiederzusehen, dass alles andere nebensächlich war.

In der folgenden Woche, solange sie noch im Krankenhaus lag, besuchte ich sie jeden Tag – immer erst nach der Besuchszeit, um Dad nicht über den Weg zu laufen. Dadurch konnte ich nie lange bleiben, aber die Zeit reichte, um mich ein wenig mit ihr zu unterhalten.

»Wie sieht es aus?«, fragte ich gegen Ende der Woche.

»Ich darf bald nach Hause«, antwortete sie.

Wir wussten beide, dass ich sie dann nicht mehr besuchen konnte, aber wie immer sprachen wir solche heiklen Dinge nicht aus.

Bald musste sie sich wieder von dem Idioten herumscheuchen lassen, und dieser Gedanke war schier unerträglich für mich. Er würde sie nach und nach umbringen, und ich konnte nichts dagegen tun. Ich wünschte, sie würde meinem Beispiel folgen, aber dazu konnte ich sie nicht zwingen. Diese Entscheidung musste sie selbst treffen.

Beim nächsten Mal, als ich Mum sah, war ich schon schwanger. Sie lag wieder im Krankenhaus, und ich brachte Steven mit, damit sie ihn endlich kennenlernte.

»Pass auf sie auf«, sagte Mum zu ihm, als wir an ihrem Bett saßen. »Sie ist das Wertvollste, was ich habe.«

»Das werde ich«, versicherte Steven ihr.

Ich war ganz allein in der Wohnung, da klingelte es an der Tür. Ich öffnete – und dort stand er.

»Du hast doch damit gerechnet, dass ich kommen würde, oder etwa nicht?«, zischte der Idiot.

Ich erstarrte vor Schreck. Niemand konnte mir jetzt helfen. Dad schob sich an mir vorbei und betrat die Wohnung. Kaum hatte er die Tür hinter sich geschlossen, schrie er mich auch schon an.

»Was bildest du dir eigentlich ein? Hast du etwa gedacht, ich würde dich einfach davonkommen lassen?«

Vor lauter Angst war mein Hals wie zugeschnürt, ich bekam kaum noch Luft. Ich konnte den bitteren Geruch seiner Haut riechen und sah voller Abscheu den klebrigen, getrockneten Speichel in seinen Mundwinkeln.

»Hast du die Sprache verloren?«, fragte er mit höhnischem Lachen. »Und wie du aussiehst! Immer noch so fett, du nutzlose kleine Schlampe. Ab ins Schlafzimmer!«

Ich rührte mich nicht.

»Na los!«, brüllte er mich an.

Mir blieb nichts anderes übrig, so wie immer.

Wortlos ging ich zum Schlafzimmer und öffnete die Tür. Während er hinter mir herstapfte, legte ich die Hände schützend über meinen dicken Bauch. Ich spürte seinen Atem in meinem Nacken, und ich musste mich schütteln. Er schubste mich zum Bett. Als sich seine Hände um meinen Hals legten, schnappte ich nach Luft. Ich wusste, was er wollte. Ich konnte ihm nicht entkommen. Niemals würde ich ihm entkommen ...

Ich schlug die Augen auf.

Steven lag neben mir, und das fahle Morgenlicht schien durch die Vorhänge. Mein Gesicht war tränenüberströmt, und mein Herz schlug wie wild.

»Sch«, sagte Steven und nahm mich in seine Arme. »Alles ist gut. Ich bin ja hier.«

»Ich muss einen Schluck Wasser trinken«, sagte ich. Ich löste mich aus seiner Umarmung und stand eilig auf.

Sobald ich die Schlafzimmertür hinter mir zugezogen hatte, konnte ich ein Schluchzen nicht mehr zurückhalten. Schnell ging ich ins Badezimmer und wusch mir das Gesicht. Dann ging ich ins Wohnzimmer und setzte mich auf das Sofa. Mir war schlecht, ich konnte nicht aufhören zu weinen und legte die Hände auf meinen Bauch. In letzter Zeit hatte ich immer wieder diese Albträume. Nacht für Nacht kehrten sie zurück, auch wenn ich mir tagsüber noch so oft sagte, dass ich all das hinter mir lassen musste. Sobald ich einschlief, wollte mein Unterbewusstsein einfach keine Ruhe geben und holte immer wieder alles hervor. Und dann war es so, als stünde der Idiot leibhaftig vor mir.

‚Er wird nicht hierherkommen', sagte ich mir im Stillen wieder und wieder. ‚Er kann dir nichts mehr anhaben.'

Ich stand auf und holte mir das Fotoalbum aus einer Schublade. Ich schaute mir die wenigen Fotos von Caitlin an, die ich hatte, und versuchte, mich an die schöne Zeit zu erinnern, die ich mit ihr verbracht hatte. Doch schon stiegen andere Bilder vor meinem inneren Auge auf. Dads wutverzerrtes Gesicht, seine Fäuste, bereit zuzuschlagen – genau wie in meinen Albträumen. Dort sah ich besonders oft vor mir, wie Mum und ich eingesperrt waren und er auf uns einschlug, bis wir blutüberströmt waren.

Wenn ich aufwachte, hatte ich noch immer schreckliche Angst. Dann stieß ich Steven beiseite, der mich ja nur trösten wollte. Aber ich brachte es nicht fertig, ihm von meinen Albträumen zu erzählen, denn ich wollte nicht, dass sich meine Vergangenheit auch in meinem neuen Leben ausbreitete. Doch mit der Zeit wurden die Albträume immer schlimmer. Bald würde ich das Baby bekommen, und ich sagte mir immer wieder, dass sich dann alles ändern würde. Dann begann ein neuer Abschnitt, und nichts konnte mich mehr erschüttern. Davon war ich überzeugt, denn ich kannte die wunderbare Macht, die ein Kind besaß.

»Alice?«

Steven stand nun in der Tür. Ich saß noch immer auf dem Sofa und hielt weinend das Album mit den Fotos von Caitlin auf dem Schoß.

»Was ist denn?«, wollte er wissen.

Als ich kein Wort hervorbrachte, kam er auf mich zu.

»Ich weiß, wie sehr sie dir fehlt«, sagte er. »Bestimmt sieht Caitlin vom Himmel aus, dass sie bald einen Bruder oder eine Schwester bekommt.«

Ich sah ihn an und merkte, wie all meine Geheimnisse aus mir hervorbrechen wollten. Ich konnte sie nicht länger für mich behalten. Ich wollte ihm sagen, dass der Idiot noch immer mein ganzes Leben beeinflusste, obwohl ich ihm entronnen war.

»Kommst du wieder ins Bett?«, fragte Steven.

Ich musste es ihm sagen. Ich musste ihm jetzt alles erzählen. Aber wie sollte er das jemals verstehen? Steven war noch so jung. Er kam aus einer anständigen Familie, und so etwas wie ich hatte er nicht erlebt. Ich hatte Angst, dass er mich mit ganz anderen Augen sehen würde, wenn er alles erfuhr. Er würde mich für eine Schlampe halten, so wie Dad immer prophezeit hatte.

»Was ist los, Alice?«, fragte Steven. »Bitte sag es mir. Ich merke doch, dass etwas nicht stimmt.«

»Caitlin war so ein niedliches Baby«, flüsterte ich.

»Ich weiß, Alice. Und sie wird nicht in Vergessenheit geraten, auch wenn unser Baby da ist.«

Ich starrte auf die Fotos.

»Sie war so süß, obwohl sie es so schwer hatte.«

Steven kam näher.

»Wie meinst du das? Warum hatte Caitlin es schwer?«

In letzter Zeit hatte er mich immer häufiger nach dem Idioten gefragt und warum er nicht wolle, dass ich Mum besuchte. Wahrscheinlich ahnte er längst, dass in meiner Familie irgendetwas Furchtbares geschehen war, auch wenn er nicht einmal ahnen konnte, worum es ging.

»Sie konnte doch nichts dafür, dass er ihr Vater war«, sagte ich leise.

»Was sagst du da, Alice? Wer war Caitlins Vater?«

Ich holte tief Luft. Jetzt musste ich aussprechen, was ich jahrelang in mir verschlossen hatte.

»Mein Vater«, flüsterte ich.

Als er realisierte, was er da gerade gehört hatte, verdüsterte sich Stevens Miene.

»Mein Vater hat mich missbraucht«, sagte ich schluchzend. »Ich war elf, als es anfing. Er hat mich dazu gezwungen, sonst hätte er Mum und meinen Geschwistern etwas angetan.«

»Du meinst, er hat dich angefasst?«

»Ja.«

»Aber da warst du doch noch ein Kind. Caitlin hast du erst mit sechsundzwanzig bekommen.«

»Das stimmt.«

Steven sagte nichts mehr. Dann sah ich, wie seine Augen plötzlich vor Zorn funkelten.

»Bitte, sei nicht böse auf mich!«, flehte ich. »Ich wusste nicht, ob ich es dir sagen sollte.«

»Aber natürlich musstest du es mir sagen«, rief er. »Warum hast du so lange damit gewartet? Dieser verfluchte Scheißkerl!«

»Ich habe es noch nie jemandem erzählt.«

»Aber warum denn nicht? Warum hast du niemanden um Hilfe gebeten?«

Ich hob den Kopf und sah Steven in die Augen.

»Weil er gesagt hat, dann würde er mich umbringen. Er hatte doch all diese Waffen und Messer. Es tut mir so leid,

Steven. Aber jetzt, wo das Baby bald kommt, konnte ich all das nicht mehr für mich behalten.«

Mir war schrecklich zumute. Nun hatte ich doch jemandem die Wahrheit offenbart.

»Sag mir, dass du mich jetzt nicht verachtest«, bat ich weinend, als sich Steven zu mir auf das Sofa setzte. »Bitte sag, dass du mich und das Baby noch willst!«

»Aber natürlich will ich euch noch, Alice. Ich verachte ihn und das, was er dir angetan hat. Aber nichts kann uns beide trennen.«

Schluchzend klammerte ich mich an Steven, so fest ich konnte. Ich mochte selbst kaum glauben, dass ich jemandem alles erzählt hatte. Nun konnte ich nur noch hoffen, dass die Albträume endlich aufhörten.

Kapitel 25

»Es ist ein Mädchen«, sagte die Hebamme, und ich drückte Stevens Hand.

Einige schreckliche Sekunden lang herrschte Stille. Ich musste sogleich an Jonathan und Caitlin denken, daran, wie still sie gewesen waren. Doch dann hörte ich ein Wimmern, und man legte mir meine Tochter zum ersten Mal auf die Brust.

»Sie ist wunderschön«, sagte Steven.

Ich betrachtete mein Baby und konnte mein Glück kaum fassen.

Emma kam im Frühjahr 1999 durch einen Kaiserschnitt zur Welt. Sie war ein molliges Baby und hatte einen zarten Flaum auf dem Kopf. Als ich sie Steven in die Arme legte, schien er vor lauter Stolz fast zu platzen. Er strahlte über das ganze Gesicht. Und ich sah aufrichtige Liebe in seinen Augen.

Ich konnte es gar nicht erwarten, nach Hause zu kommen, und war froh, als ich drei Tage später entlassen wurde. Mit Emma in einer Babyschale stiegen wir in ein Taxi. Doch als die Wagentüren geschlossen wurden, war mir auf einmal gar nicht wohl dabei, die sichere Umgebung des Krankenhauses zu verlassen. Von nun an trugen wir ganz allein die Verantwortung für dieses winzige Baby. Aber als Steven mich glücklich anschaute und wir Emma betrachteten, wusste ich, dass alles gut werden würde.

Bald hatte ich mich an den Tagesablauf mit unserem

Baby gewöhnt. Steven arbeitete den ganzen Tag lang, und ich versorgte Emma, ging mit ihr spazieren und Freunde besuchen. Sie war einfach bezaubernd, und bei jeder Gelegenheit atmete ich ihren Duft ein. Sie roch so gut, dass ich gar nicht genug davon bekommen konnte. Fast die ganze Zeit lang trug ich sie herum, und obwohl ich wusste, dass man das eigentlich nicht sollte, ließ ich sie auf meinem Bauch liegend einschlafen, weil ich immer wieder ihren zarten Körper spüren wollte.

Die schönste Zeit für mich war kurz nach Emmas Geburt, als wir in unserer eigenen kleinen Welt lebten und alles so still war. Emma schlief in meinen Armen, Steven saß neben uns, und es kam mir vor, als befänden wir uns in einer Seifenblase, in die niemand eindringen konnte.

Steven wollte sogar, dass Emma bei uns im Bett schlief.

»Nein«, widersprach ich. »Was ist, wenn ich mich aus Versehen auf sie lege und sie verletze? Wir können eine Weile mit ihr schmusen, aber dann legen wir sie in ihr Bettchen.«

Emma hatte oft Hunger, und ich stillte sie gern. Ich genoss es, diese enge Bindung zwischen uns zu spüren. In den ersten Wochen und Monaten musste ich oft an Caitlin denken. Erst jetzt wurde mir bewusst, dass sie ganz anders gewesen war als gesunde Babys. Jeden Tag fiel mir etwas Neues an Emma auf – wie sie zum ersten Mal lächelte oder ihr Köpfchen allein aufrecht hielt, wie sie sich umdrehte oder mich glucksend ansah.

Einige Wochen nach Emmas Geburt rief Mum an. Sie wollte sich ihre Enkeltochter gern einmal anschauen. Obwohl mir klar war, dass sie den Idioten mitbringen würde, lud ich sie zu uns ein, denn ich wusste, wie viel es ihr bedeutete. Natürlich wollte ich Dad nicht im Haus haben, aber Mum zuliebe war ich bereit, mich zu überwinden. Immerhin das schuldete ich ihr, und außerdem hoffte ich, der Idiot würde irgendwann nichts mehr dagegen haben, dass ich sie regelmäßig besuchte.

Aber nicht alle konnten meinen Entschluss nachvollziehen. Nachdem ich Steven von meiner Vergangenheit erzählt hatte, wollte er, dass ich zur Polizei ging und meinen Vater anzeigte. Ich hatte ihn schließlich davon überzeugen können, dass es das Beste für uns alle sei, wenn ich weiter den Mund hielt, aber ich wusste, dass er eigentlich nicht damit einverstanden war.

Mein Bruder Simon, der nach wie vor bei uns wohnte, hatte Dad seit dem Tag, als er von zu Hause abgehauen war, nicht mehr gesehen. Ich hatte ihn auf den Besuch vorbereitet, aber als der Idiot mit Mum die Wohnung betrat, verlor er die Beherrschung. Er packte Dad am Kragen und schleuderte ihn an die Wand. Jahrelang aufgestauter Schmerz und Zorn brachen aus ihm heraus.

»Ich bringe dich um!«, schrie er.

Mit wutverzerrtem Gesicht und funkelndem Blick schloss er seine Hände um Dads Hals. Der Idiot versuchte, Simon wegzustoßen, aber dafür war Simon mittlerweile zu stark. Aus dem kleinen Jungen, den Dad verprügelt und erniedrigt hatte, war ein Mann geworden, und mit weit aufgerissenen Augen kämpfte der Idiot nun gegen ihn. Ich wollte mich zwischen die beiden stellen. Es war wie damals, als wir noch klein gewesen waren, nur dass dieses Mal Dad derjenige war, der in Bedrängnis geriet. Und so sehr es mir auch widerstrebte, Dad zu helfen, konnte ich Simon hier in meiner Wohnung nicht weitermachen lassen.

»Na los doch, du kleiner Scheißer«, bellte der Idiot. »Dazu hast du doch gar nicht den Mumm.«

Die Mundwinkel meines Bruders zuckten, und in seinem Gesicht spiegelte sich all sein Hass.

»Nein, Simon!«, rief ich. »Nicht hier. Nicht in meiner Wohnung!«

Mein Bruder drehte sich zu mir um und ließ die Arme sinken. Wortlos trat er einen Schritt zurück und verließ die Wohnung.

»Wir gehen wieder«, knurrte der Idiot wütend. »Sofort!«

Mum musste mit ihm gehen, ohne Emma gesehen zu haben. Später rief sie mich an und sagte, Dad werde sie nicht noch einmal zu mir fahren, solange Simon bei uns wohnte. Aber er erlaubte, dass ich zu ihnen kam. Also blieb mir nichts anderes übrig, als mit dem Baby zu ihr zu fahren, auch wenn ich es noch so sehr hasste, einen Fuß in die Wohnung zu setzen. Ich hatte jetzt mein eigenes Zuhause, und umso mehr wurde mir bewusst, wie verwahrlost und schmuddelig es bei meinen Eltern war. Auf keinen Fall wollte ich riskieren, dass sich Emma in all dem Dreck etwas holte. Während wir dort waren, wollte ich sie am liebsten nicht einmal aus der Babyschale herausheben. Nachdem ich sie Mum für einen kurzen Augenblick in die Arme gelegt hatte, bettete ich sie zurück in die Schale und breitete schnell wieder die saubere Decke über ihr aus.

Der Idiot machte die ganze Zeit lang ein mürrisches Gesicht, und ich war froh, als ich mich wieder auf den Weg machen konnte. Nach wie vor bereitete seine Gegenwart mir Unbehagen. Aber ich freute mich auch darüber, dass ich Mum ihre Enkelin vorgestellt hatte, denn ich wusste, wie wichtig ihr das war.

Von dem Tag an besuchte ich sie ab und zu, und zwischen dem Idioten und mir herrschte eine Art widerwilliger Waffenstillstand: Wir sprachen nicht miteinander und würdigten uns keines Blickes, und ich achtete darauf, dass wir nie allein in einem Raum waren. Und wie es seit jeher in meiner Familie üblich war, verlor keiner von uns beiden ein Wort über die Vergangenheit oder die Tatsache, dass ich weggelaufen war.

Steven jedoch hatte nach wie vor Mühe zu verstehen, wie ich es überhaupt fertigbrachte, Dad gegenüberzutreten.

»Er ist eine Bestie«, sagte er manchmal. »Für alles, was er getan hat, sollte er eingesperrt werden.«

Ich versuchte, ihm begreiflich zu machen, dass ich mich mit Dad arrangieren musste, denn sonst würde ich Mum nie wiedersehen. Und wenn ich sie nicht mehr besuchen würde, käme Michael auf die Idee, genauer nachzufragen, und ich wollte die Vergangenheit nicht wieder hervorkramen. Ich wollte sie dort lassen, wo sie war: hinter mir. Nicht einmal mit Steven wollte ich noch darüber sprechen, seit ich ihm alles erzählt hatte.

Manchmal sah er mich nachdenklich an und stellte Fragen, auf die ich ihm keine Antworten geben wollte. Ich war jetzt glücklich, und das wollte ich mir nicht durch die schrecklichen Erinnerungen verderben. Steven fiel es schwer, mich zu verstehen, weil er überhaupt nicht nachvollziehen konnte, was mir passiert war. Aber letzten Endes war er einverstanden damit, dass ich Mum besuchte – Hauptsache, es war nicht allzu oft. Ich versprach ihm, dass

Dad niemals die Gelegenheit bekäme, Emma auch nur ein Haar zu krümmen. Ich hatte eine Familie und Freunde – ein ganzes Netzwerk von Leuten, die es dem Idioten heimzahlen würden, wenn er meine Tochter auch nur anrührte. Und das war Steven ebenfalls klar.

Ich glaube, Steven tolerierte meine Besuche bei Mum auch deshalb, weil er wusste, dass Mum und ich tief miteinander verbunden waren. Wir hatten so viel miteinander durchgestanden. Und nach all den Jahren fühlte ich mich noch immer mitschuldig daran, dass meine Geschwister aus der Familie genommen worden waren.

Das Leben hatte sich für mich zum Guten gewendet. Und ich ahnte nicht, dass mein Glück noch eine Steigerung erfahren sollte. Eines Abends saßen wir auf dem Sofa und sahen fern. Emma war mittlerweile ein paar Monate alt. Steven schien seit einigen Tagen ein wenig unaufmerksam, aber ich hatte ihn noch nicht nach dem Grund gefragt, denn ich wusste, er würde es mir von sich aus erzählen, sobald er dazu bereit war. Vielleicht machte es ihm doch ein bisschen zu schaffen, dass er nun Vater war – obwohl dazu eigentlich kein Grund bestand. Er ging wunderbar mit Emma um und half mir, wo er nur konnte.

An diesem Abend jedoch fand er überhaupt keine Ruhe – immer wieder sprang er auf und schritt im Wohnzimmer auf und ab. Dann setzte er sich wieder und rutschte unruhig neben mir hin und her. Plötzlich sah er mich an und holte tief Luft, doch abrupt wandte er den Kopf wieder ab.

»Was ist denn los?«, fragte ich.

»Ich muss nur schnell zur Toilette.«

»Dann geh doch«, gab ich lachend zurück.

Er verließ das Wohnzimmer, und zwei Minuten später kam er zurück und setzte sich wieder.

»Soll ich uns eine Tasse Tee machen?«, fragte ich und wollte aufstehen.

»Nein, bleib hier!«, erwiderte Steven.

Erstaunt verfolgte ich, wie er erneut aufsprang und sich vor mich kniete.

»Was soll denn das?«, fragte ich verblüfft.

»Ich will dich etwas fragen.«

Er zog eine kleine Schachtel aus seiner Jeanstasche hervor, öffnete sie und zeigte mir einen Ring mit einem kleinen Stein.

»Willst du mich heiraten, Alice?«, fragte Steven. »Ich liebe dich und Emma, und ich will, dass wir für immer zusammen sind.«

Ich sah ihn an und wusste kaum, wie mir geschah. Ich brachte kein Wort hervor.

»Bitte, Alice«, sagte Steven.

»Ja«, flüsterte ich und fiel ihm um den Hals.

Noch vor nicht allzu langer Zeit hätte ich mir niemals vorstellen können, eines Tages so glücklich zu sein.

Steven und ich beschlossen, keine große Hochzeitsfeier zu veranstalten. Wir wollten so bald wie möglich heiraten, aber ohne viel Wirbel, denn nach all den Jahren, die ich eingesperrt verbracht hatte, war ich noch immer nicht gern unter vielen Menschen und hätte an einer großen Feier ohnehin keine Freude gehabt. Wir hätten es uns auch gar nicht leisten können, eine große Gesellschaft zu bewirten, deshalb schien eine Hochzeit im kleinen Kreis genau das

Richtige. Mein Cousin Sam sollte Trauzeuge sein. Abgesehen davon wollte ich nur Mum dabeihaben, und ich hatte sie gefragt, ob sie meine Trauzeugin sein wolle.

»Ich würde alles dafür geben«, sagte sie, und ich fragte mich, wie sie es anstellen wollte, Dad zu überreden, dass er sie zu meiner Hochzeit gehen ließ.

Irgendwie gelang es ihr, aber ich machte mir trotzdem noch Sorgen, weil Dad Mum zum Standesamt fahren wollte und ich den Gedanken nicht ertragen konnte, dass er an meiner Trauung teilnahm. Steven sagte, er würde sich schon darum kümmern, dass sich der Idiot fernhielt, und ich hoffte inständig, dass ihm das gelingen würde. Es sollte doch ein ganz besonderer Tag für uns werden. Wenn ich Steven mein Jawort gab, wollte ich meinen Vater unter gar keinen Umständen dabeihaben.

Nachdem wir einen Termin beim Standesamt festgesetzt hatten, ging ich los, um mir etwas Schönes zum Anziehen zu kaufen. Niemand wusste, dass wir heiraten wollten – nicht einmal Michael. Er hatte sich wegen irgendeiner Kleinigkeit mit Steven gestritten, und ich hatte Angst, er würde mir von der Hochzeit abraten, deshalb hatte ich ihn nicht eingeweiht. Nichts sollte mein Glück beeinträchtigen.

Einige Tage vor der Hochzeit jedoch rief mein Bruder mich an.

»Gibt es da nicht etwas, das du mir erzählen willst, Alice?«, fragte er und klang ein wenig verärgert.

»Nein.«

»Bestimmt nicht?«

»Ganz bestimmt nicht.«

»Tja, da habe ich aber etwas ganz anderes gehört. Dad hat mir erzählt, du willst heiraten.«

Ich hätte mir denken können, dass Dad auf jede nur erdenkliche Weise versuchen würde, Unruhe zu stiften.

»Tut mir leid, Michael«, sagte ich. »Aber in letzter Zeit habt Steven und du euch nicht so gut verstanden, und da mochte ich es dir nicht erzählen. Und ich will ohnehin keinen großen Wirbel veranstalten.«

»Aber *du* willst heiraten, Alice. Was ich davon halte, spielt doch keine Rolle. Es ist dein Leben, und es wurde Zeit, dass du einmal selbst eine Entscheidung triffst.«

Sofort bekam ich ein schlechtes Gewissen, denn mir hätte doch klar sein müssen, dass sich Michael für mich freute.

»Na ja, aber ich weiß schon, was ich euch zur Hochzeit schenke«, verkündete er.

»Nein, lass das«, wehrte ich ab. »Du brauchst uns doch nichts zu schenken.«

»Das möchte ich aber. Ich werde euch für nach dem Standesamt ein Buffet machen. Wir müssen doch ein bisschen feiern.«

»Willst du das wirklich? Das ist so viel Aufwand.«

»Ach komm schon, Schwesterherz. Das mache ich doch gern. Du wirst staunen, wie gut ich mittlerweile kochen kann.«

Michael hatte in verschiedenen Hotelküchen gearbeitet. Ich wusste, er würde ein hervorragendes Essen zubereiten, aber bei dem Gedanken an eine Feier war mir noch immer nicht wohl. Doch ich wollte ihn nicht noch einmal vor den Kopf stoßen, also sagte ich zu. Steven freute sich glücklicherweise darüber.

Als der große Tag dann kam, war ich mit den Nerven vollkommen fertig. Steven war noch zu Hause, und ich war bei meinem Cousin Sam. Sams Freundin half mir beim Anziehen des cremefarbenen Kleids, das ich mir gekauft hatte. Emma trug ein hübsches geblümtes Kleid mit passender Mütze. Während der Trauung wollte ich sie bei Michael und Julie lassen. Aufgeregt wartete ich, bis es an der Tür klingelte. Meine Eltern holten mich ab, um mich zum Standesamt zu bringen.

»Das geht sowieso nicht gut«, sagte der Idiot verächtlich, als ich die Wagentür öffnete.

Ich wusste ganz genau, was er überall herumerzählt hatte: dass ich Torschlusspanik hätte und diese Hochzeit eine dämliche Idee sei, weil ich in ein paar Monaten sowieso alles kaputt machen würde.

»Hi, Mum«, sagte ich und stieg in den Wagen. »Du siehst toll aus.«

Nie zuvor hatte ich Mum so toll zurechtgemacht gesehen. Sie trug ein hellblaues Kleid mit passender Jacke, und während wir zum Standesamt fuhren, richtete ich meinen Blick einzig und allein auf sie. Ich bemühte mich, den Idioten auszublenden. Aber die Fahrt zum Standesamt schien eine Ewigkeit zu dauern. Legte der Idiot es darauf an, dass wir zu spät kamen? Wollte er verhindern, dass wir überhaupt auf dem Standesamt ankamen? Hatte er sich vorgenommen, mir den Tag zu verderben? Während ich dort hinten im Auto saß, flehte ich die ganze Zeit lang im Stillen, dass Steven sein Wort hielt. Ich wusste nicht, wie er Dad davon abhalten wollte, an der Trauung teilzunehmen, aber irgendwie musste er es bewerkstelligen. Diese eine Sache würde der Idiot mir nicht nehmen.

Als wir die Eingangshalle des Standesamts betraten, warteten Steven und Sam bereits auf uns. Beide lächelten mich an, und dann kam auch schon eine Frau auf uns zu.

»Sind Sie so weit?«, fragte sie und wies auf eine Tür auf der linken Seite. »Die Trauung wird dort stattfinden.«

Dann wandte sie sich an Dad.

»In diesem Raum sind nur vier Leute erlaubt«, erläuterte sie. »Wenn Sie möchten, können Sie hier warten.«

Der Idiot machte ein Gesicht, als wolle er in die Luft gehen, weil wir ihn dort einfach stehen ließen. Aber ihm blieb keine Zeit, etwas zu sagen, denn hinter uns wurde sofort die Tür geschlossen.

Mum nahm meine Hand und zwinkerte mir verschwörerisch zu.

Ein wahres Glücksgefühl durchströmte mich. Und Mums Augen glänzten. Endlich hatten wir es ihm gezeigt. Steven hatte sein Versprechen gehalten – mich am wichtigsten Tag meines Lebens zu beschützen. Ich fühlte mich stark und war ziemlich aufgeregt.

»Danke«, flüsterte ich Steven zu, als wir nebeneinanderstanden.

Nach der Trauung stürmte der Idiot hinein und sah nur noch, wie wir die Heiratsurkunde unterzeichneten, aber das störte mich nicht mehr. Ich hatte geheiratet, und er war nicht dabei gewesen. Nachdem wir alle unterschrieben hatten, gab ich Steven einen Kuss, und dann schritten wir zur Tür, wo Sam mit seinem Camcorder stand und uns filmte. Als ich Dads langes Gesicht erblickte, hätte ich am liebsten laut gelacht.

Nach diesem Erlebnis fühlte ich mich gewappnet für alles, was kommen mochte. Dad hatte mir immer eingeredet, diesen Tag würde ich niemals erleben, und nun war er doch da. Inzwischen wusste ich, dass Männer auch sanft sein konnten, dass sie mit Frauen sprachen, ohne sie zu schlagen. Ich war so glücklich, und vielleicht war ich doch nicht so durch und durch schlecht, wie er mich hatte glauben machen wollen. Ich würde ihm beweisen, dass er falschgelegen hatte, dass ich eine gute Ehe führen konnte, genau wie andere Frauen. Ich hatte es nicht nötig, andere Menschen einzuschüchtern und zu terrorisieren, so wie er. Ich hatte nun eine richtige Familie. Steven, Emma und ich waren zusammen, und ich würde dafür sorgen, dass es auch so blieb.

Als wir dann später bei Michael ankamen, war ich vollkommen sprachlos. Der Tisch war gedeckt mit riesigen Schüsseln voller Essen, mit Weinflaschen und Bierdosen. Michael, Julie und die Mädchen erwarteten uns bereits, außerdem einige Überraschungsgäste: Simon und ein paar meiner Cousins und Cousinen mit ihren Frauen und Männern. Sie zündeten erst einmal ein Tischfeuerwerk an.

»Herzlichen Glückwunsch!«, riefen alle zusammen.

»Ich kann gar nicht fassen, dass du das alles gemacht hast«, sagte ich zu Michael, als er mich umarmte.

»Warum denn nicht? Als wir Kinder waren, habe ich das doch auch immer gemacht!« Er blinzelte mir zu.

Es war ein wunderbarer Abend – wir lachten, schwatzten und sangen miteinander. Der Idiot hockte währenddessen mürrisch in einer Ecke.

Als ich schließlich mit Steven und Emma wieder zu Hause war, setzte ich mich gemütlich aufs Sofa und ließ den Tag noch einmal Revue passieren. Alles war perfekt gewesen, genau wie ich es mir immer erträumt hatte: der schönste Tag meines Lebens.

Drei Monate später wurde ich wieder schwanger. Steven und ich würden noch ein Baby bekommen, und wir freuten uns sehr. Ich war fast bereit zu glauben, dass ich die Vergangenheit hinter mir gelassen hatte. Doch bald sollte mir klar werden, dass ich meine Erinnerungen noch so weit verdrängen konnte, sie würden mich immer wieder einholen.

Kapitel 26

Ich glaube, die ersten paar Jahre nach meiner Flucht von zu Hause waren wie die ersten Sekunden nach einem Sturz – man weiß, man ist verletzt, aber man spürt es noch nicht. Zwei Jahre lang waren Steven und ich glücklich miteinander, aber etwa als unsere zweite Tochter Lily geboren wurde, zeigten sich in unserer Ehe die ersten Risse. Ich dachte, wenn ich die Vergangenheit weiter verdrängte, würde ich unsere Beziehung kitten können, aber ich hatte mich geirrt. Mit der Zeit nahmen meine Albträume wieder zu. Und ich wurde Steven gegenüber immer abweisender, ich war einfach zu sehr mit mir selbst beschäftigt. Meine Erinnerungen drohten, mich zu überwältigen. Manchmal, wenn ich aufwachte, hätte ich schwören können, dass der Geruch des Idioten an meiner Haut klebte. Seine Stimme verfolgte mich, und auch tagsüber musste ich immer wieder daran denken, wie oft er mir eingeredet hatte, ich sei nichts wert.

Vielleicht war Steven doch noch zu jung, um Verantwortung für eine Familie zu tragen, vielleicht stand er auch nicht mehr richtig zu mir, nachdem ich ihm erzählt hatte, wie mein Leben verlaufen war, bevor ich ihn kennenlernte. Letztlich weiß ich nicht genau, woran es lag, dass alles in die Brüche ging. Seit wir verheiratet waren und der Alltag begonnen hatte, wurden wir uns allmählich fremd. Ich fühlte mich abgelehnt und litt nach Lilys Geburt im Jahr 2000 unter schlimmen postnatalen Depressionen. Stundenlang saß ich einfach nur da und starrte vor mich hin, und sobald ich an die Vergangenheit dachte, bekam ich Weinkrämpfe. Die jahrelang unterdrückten Schuldgefühle wegen meiner Fehlgeburten und wegen des Todes von Jonathan und Caitlin machten mir furchtbar zu schaffen. Seitdem ich zwei Kinder hatte, kam ich mir umso mehr vor wie ein Ungeheuer. Immer wieder hatte ich Dads Worte im Ohr, die mich daran zweifeln ließen, dass ich überhaupt in der Lage war, etwas richtig zu machen. Ich hatte das Gefühl, ich könne nicht gut genug für Emma und Lily sorgen – ständig wollten sie etwas von mir, aber ich war vollkommen ausgelaugt und hatte meine gesamte Energie verloren. Natürlich liebte ich meine Kinder. Aber konnte ein so schlechter Mensch wie ich überhaupt eine gute Mutter sein?

Ich war nicht die Frau, für die Steven mich gehalten hatte, aber ebenso wenig wurde er meinen Vorstellungen gerecht. Als es mit uns nicht mehr so gut lief, ging er immer öfter mit seinen Freunden aus, und wenn er nach Hause kam, hatten wir manchmal furchtbaren Streit. Er war nicht mehr der gutmütige und sanfte Mann, in den ich mich verliebt hatte, und ich konnte nicht verstehen, warum er sich so verändert hatte. Bestimmt lag es an mir. Niemals hätte ich ihm von meiner Vergangenheit erzählen dürfen, denn Steven fiel es noch schwerer als mir zu vergessen. Alles drehte sich um dieselben Fragen: Warum hatte ich es so lange zu Hause ausgehalten? Warum war ich nicht Jahre vorher geflohen? Ich konnte mir ja selbst keine Antworten darauf geben, und wenn Steven immer wieder bohrte, bekam ich noch mehr Schuldgefühle. Vielleicht hatte Dad doch recht gehabt. Vielleicht war ich wirklich so schwach und so dumm, wie er immer behauptet hatte, wenn mich nicht einmal der Mann verstehen konnte, den ich liebte und dem ich vertraute.

Stevens Fragen schnitten mir deshalb so sehr ins Herz, weil es genau die Fragen waren, die ich mir selbst stellte.

»Warum bist du geblieben?«, wollte er immer wieder wissen. »Jeder Mensch hat doch eine Wahl.«

Die Waffen, die Messer, die Schuldgefühle, meine Hoffnung, Mum und mich eines Tages von all dem zu befreien – die Liste war endlos. Aber wie soll man jemandem, dem solche Ängste vollkommen fremd sind, begreiflich machen, welchen Einfluss Angst haben kann? Wie soll man erklären, dass man sich wie angekettet fühlt? Als der Idiot mich das erste Mal missbrauchte, war ich noch ein Kind, und der Schrecken, den er mir damit einpflanzte, lag so tief in mir begraben, dass es Jahre dauerte, bis ich die Kraft hatte, mich ihm zu widersetzen.

Steven konnte einfach nicht begreifen, warum ich Mum und den Idioten noch immer besuchte. Es war nicht oft, aber manchmal fuhr ich zu ihnen, um nach Mum zu sehen oder Michael beim Putzen und Aufräumen der Wohnung zu helfen. Bis die Wohnung wieder in einem annehmbaren Zustand war, dauerte es meist ein paar Tage. Es kam vor, dass ich wochen- oder monatelang kaum Kontakt zu ihr hatte, bis der nächste Anruf kam, weil sie Hilfe brauchte oder im Krankenhaus lag. Ich versuchte, Steven zu erklären, dass ich Mum liebte und dass ich nun einmal nicht an meinem Vater vorbeikam, wenn ich sie besuchen wollte.

Ich war nicht die Einzige, die es so machte. Auch Michael, der nichts mehr mit Dad zu tun haben wollte, hielt weiter

Kontakt zu Mum. Ebenso wie ich musste er sich mit Dad arrangieren.

Michael hatte auch Kontakt zu Laura aufgenommen und mir erzählt, dass sie mittlerweile verheiratet war. Wo Kate wohnte, wusste leider niemand. Aber unser kleiner Bruder Charlie trat für kurze Zeit wieder in unser Leben. Eines Tages stand er bei unseren Eltern vor der Tür. Er hatte in der Vergangenheit wenig Glück gehabt und war von einem Kinderheim ins nächste geschickt worden, und nun zog er wieder bei Mum und Dad ein. Als ich ihn das erste Mal wiedersah, war er neunzehn Jahre alt und hatte nichts mehr gemeinsam mit dem kleinen Jungen, an dem ich so gehangen hatte. Er war nun erwachsen und mir vollkommen fremd geworden. Charlie hatte sehr darunter gelitten, dass er so viel herumgereicht worden war. Er konnte nicht lesen, und auf mich wirkte er wie ein Kind, gefangen im Körper eines Erwachsenen.

Wir alle versuchten, auf die eine oder andere Weise mit der Vergangenheit zurechtzukommen. Ich glaube, Charlie war deshalb zurückgekehrt, weil er sich all die Jahre lang nach seiner Familie gesehnt hatte. Aber das Zusammenleben mit dem Idioten ging nicht lange gut, denn er wollte Charlie natürlich vorschreiben, was er zu tun und zu lassen hatte. Doch Charlie war so lange auf sich allein gestellt gewesen, dass er das nicht aushielt und wieder fortging – und damit verschwand er für immer aus unserem Leben. Er hatte offenbar beschlossen, dass er nichts mehr mit seiner Familie zu tun haben wollte.

Simon war inzwischen bei uns ausgezogen, und wir hörten kaum noch etwas von ihm. Nachdem Laura wieder Kontakt zu Mum und Dad aufgenommen hatte, lud sie die beiden zu sich und ihrem Mann nach Hause ein, aber selbstverständlich machte der Idiot auch dort Ärger, und daher blieb es bei dem einen Treffen. Manchmal telefonierte ich mit ihr, aber wir hatten ein ebenso gestörtes Verhältnis zueinander wie zum Rest unserer Familie. Von Michael wusste ich, dass er die Vergangenheit gelegentlich im Alkohol ertränkte.

We viele andere misshandelte Kinder auch konnten wir nicht sämtliche Brücken zu unserem gewalttätigen Vater einreißen. Viele Menschen, die in ihrer Kindheit jahrelang geschlagen, ausgenutzt und missbraucht wurden, wollen den Kontakt zu ihren Peinigern nicht abbrechen. Die Liebe eines Kindes zu seinen Eltern ist sehr stark, und auch wenn die Beziehung noch so sehr beschädigt ist, reißt sie oft doch nicht ganz ab.

Doch all das ging wohl über Stevens Fassungsvermögen. Er konnte und wollte es nicht verstehen. Und jedes Mal, wenn ich Mum besuchte, wurde er wütend. Aber ich konnte Mum einfach nicht loslassen, und so hatten wir immer häufiger Streit. Irgendwann verschrieb der Arzt mir Tabletten, damit ich besser mit allem zurechtkam. Doch ich fühlte mich wie in der Falle: Je öfter Steven und ich uns stritten, desto ungehorsamer wurden die Mädchen, was mich nur noch mehr entmutigte. Immer wenn Steven seinem Ärger Luft machte, ließ ich meinen Frust an Emma und Lily aus und schrie sie wegen jeder Kleinigkeit an. Es war ein Teufelskreis.

»Ist dir eigentlich klar, wie du dich aufführst?«, blaffte er mich an. »Willst du vielleicht genauso werden wie er?«

In mir hatte sich eine ungeheure Wut angestaut, und ich

versuchte verzweifelt, sie unter Kontrolle zu behalten, bis ich eines Tages einsehen musste, dass mir das nicht gelang. Emma war sehr widerspenstig, manchmal bekritzelte sie absichtlich die Wand, und oft schmiss sie ihr Essen auf den Boden. Einmal geriet ich völlig außer mich, und anstatt einfach für eine Weile hinauszugehen, nahm ich die Fernbedienung und schleuderte sie voller Zorn gegen die Wand. Entsetzt über mich selbst sah ich, wie die Fernbedienung auf den Boden knallte und Emma am Bein traf. Es hatte ihr nicht wehgetan, aber sie war vollkommen verschreckt und lief weinend in meine Arme. Da wurde mir klar, dass es so nicht weiterging. Ich wandte mich an den Sozialdienst und bat um Hilfe. Ich sagte, dass ich einfach nicht mehr zurechtkäme und Unterstützung bräuchte. Ich hatte solche Angst, so zu werden wie Dad, dass ich etwas unternehmen musste. Würde ich eines Tages vollkommen die Kontrolle verlieren und meinen Töchtern etwas antun? Wie hätte ich das jemals überleben sollen?

Ich wurde an eine Beratungsstelle verwiesen, und dort erzählte ich einer Sozialarbeiterin meine Geschichte.

»Wo ist Ihr Stiefvater jetzt?«, fragte sie, und in dem Moment wurde mir bewusst, dass sie nicht im Entferntesten auf den Gedanken gekommen war, dass es mein leiblicher Vater war, der mir all das angetan hatte.

Ich klärte sie auf, und die Beraterin fragte mich, ob ich jemals in Erwägung gezogen hätte, Dad anzuzeigen. Ich verneinte. Wenn nicht einmal mein Ehemann nachvollziehen konnte, dass ich mich zu Hause hatte einsperren lassen, wo mein Vater mich geschlagen und vergewaltigt hatte, wie sollte jemand von der Polizei dann Verständnis dafür aufbringen?

Ich hatte erst wenige Sitzungen in Anspruch genommen, da teilte die Beraterin mir mit, sie habe nicht genug Erfahrung mit jemandem wie mir. Sie vermittelte mich an ein Team von Fachleuten, die jeden Abend Beratungstermine anboten. Doch ich konnte um diese Zeit nicht, denn dann musste ich die Mädchen ins Bett bringen. Steven war dann immer noch bei der Arbeit, und es gab sonst niemanden, der sich an meiner Stelle hätte um sie kümmern können, nicht einen einzigen Tag in der Woche.

Immerhin schickte das Sozialamt jemanden zu uns, um Steven und mich zu beraten. Der Sozialarbeiter machte uns deutlich, dass wir uns als Team betrachten müssten, aber das war alles andere als einfach. Ich wollte, dass die Mädchen gehorchten, denn allmählich wurden sie immer frecher, aber ich wusste nicht, wie ich das anstellen sollte. Die Erziehung, die ich selbst als Kind erlebt hatte, wollte ich meinen Kindern auf keinen Fall zuteilwerden lassen. Zumindest gab der Mann vom Sozialamt etwas sehr Wichtiges an uns weiter: Wenn ich wütend wurde, zählte ich bis zehn, um meine Fassung wiederzugewinnen. Ich schwor mir, nie wieder die Kontrolle zu verlieren. Ich wollte mein Bestes tun, um meinen Kindern eine gute Mutter zu sein.

Obwohl es mit Steven und mir nicht gut lief, konnte ich mich nicht dazu durchringen, ihn zu verlassen. Der Idiot hatte mir ja immer eingeredet, dass niemand bei mir bleiben werde, und ich wollte nicht, dass meine Ehe scheiterte und er recht behielt. Deshalb klammerte ich mich daran, in der irrwitzigen Hoffnung, es würde sich schon alles finden.

Mum ging es mittlerweile gesundheitlich sehr schlecht, und ich machte mir große Sorgen um sie. Immer öfter musste sie ins Krankenhaus. Damals war Lily etwa zwei und Emma drei. Ich kümmerte mich um Mum, so oft ich konnte, denn ich wusste ja, dass Dad nicht einen Finger für sie krumm machte. Ich war nicht nur häufig bei ihr im Krankenhaus, sondern auch öfter bei ihr und dem Idioten zu Hause, manchmal mehrmals pro Woche. Steven passte das ganz und gar nicht, und er verbot mir, die Mädchen mitzunehmen. Deshalb ließ ich sie bei ihm. Ich glaube, es war auch eine Art Flucht aus meinem eigenen Zuhause. Außerdem fürchtete ich insgeheim, mein Vater könnte mir eines Tages untersagen, Mum zu besuchen, und daher kostete ich die Zeit, die ich mit ihr verbringen konnte, besonders aus.

Etwa sechs Monate später spitzte sich die Situation zu. Steven war mit den Mädchen ausnahmsweise mit zu meinen Eltern gekommen, und der Idiot hatte schlechte Laune. Ich merkte es schon, als ich das Wohnzimmer betrat. Dad machte ein mürrisches Gesicht und befahl Mum, sie solle ihm Tee machen. Als sie ihm den Tee brachte, fand er ihn zu stark, und sofort schrie er sie an. Mum ging zurück in die Küche, machte eine neue Tasse, und als sie wieder ins Wohnzimmer kam, sah ich, dass der Saum ihres Rocks in ihrer Unterhose steckte. Es war ihr natürlich noch nicht aufgefallen, und so wusste sie gar nicht, worum es ging, als Dad sie anbrüllte.

»Was soll das denn, verdammt noch mal?«, fuhr er sie an. »Ist dir nicht klar, wie du hier herumläufst? Musst du Steven unbedingt deinen Hintern präsentieren, du dämliche

Schlampe? Willst du ihn damit anmachen? Soll er dich vielleicht flachlegen, du alte Hure?«

Mum zog den Rocksaum heraus, und ich stand wortlos auf, um ihr zu helfen. Steven verzog keine Miene, aber ich wusste, dass er stocksauer war.

»Wir müssen jetzt gehen«, sagte ich, nachdem sich Mum wieder hingesetzt hatte.

»Das wird auch Zeit«, knurrte der Idiot.

Ich rief die Mädchen und ging in den Flur. Dad putzte Mum weiter herunter. Ich drehte mich um und wollte umkehren.

»Nein!«, sagte Steven. »Lass uns endlich gehen. Länger halte ich es hier nicht aus.«

Ich hörte auf ihn, und wir verließen die Wohnung. Aber die nächsten Tage über mutmaßte ich, was wohl passiert war, nachdem wir meine Eltern allein gelassen hatten. Ich war hin und her gerissen. Ich fühlte mich für Mum verantwortlich, aber ich musste auch an meine Töchter denken. Ich konnte verstehen, dass Steven sauer war, denn Emma und Lily mochten zwar noch klein sein, aber bald würden sie mitkriegen, was sich bei meinen Eltern abspielte, und das wollte ich ihnen genauso wie Steven ersparen. Ich wusste nicht, was ich machen sollte.

»Was denkst du dir eigentlich?«, schrie Steven mich an diesem Abend an. »Warum musst du deine Mutter unbedingt besuchen, wo er doch sowieso immer dabei ist?«

»Weil ich sie liebe. Ich will auf sie aufpassen.«

»So wie du all die Jahre auf sie aufgepasst hast, als du noch da gewohnt hast?«, fragte er höhnisch.

So oft hatten wir schon deswegen Streit gehabt, aber es tat mir immer noch weh, wenn er mir Vorwürfe machte.

Wenn er wütend war, bekam ich nur noch mehr Schuldgefühle und schämte mich noch mehr.

»Ich habe es dir doch schon ein paar Mal erklärt. Ich weiß nicht, was ich sonst noch sagen soll«, schrie ich zurück.

»Du hattest eine Wahl, Alice. Und du bist geblieben.«

»Eine Wahl? Er hat die Türen abgeschlossen. Und er hatte eine Pistole, Steven. Ich dachte, er würde mich umbringen, wenn ich fliehe.«

»Wie kannst du es dann jetzt ertragen, ihn zu sehen?«

»Was bleibt mir anderes übrig, wenn ich Mum sehen will?«

»Ich verstehe auch nicht, warum du sie noch sehen willst.«

»Weil sie meine Mutter ist. Ich liebe sie. Sie hat sich um uns Kinder gekümmert und uns in Schutz genommen. Ich will mein Möglichstes für sie tun.«

»Was willst du denn für sie tun? Es ist doch ihre Sache, wenn sie bei ihm bleiben will.«

»Ich weiß, aber vielleicht hilft es ihr, wenn sie weiß, dass sie jemanden hat, zu dem sie gehen kann. Ich hatte nie so jemanden. Das war auch einer der Gründe, warum ich so lange dortgeblieben bin.«

»Bist du dir da sicher?«

»Was soll das heißen?«

»Nichts.«

Das hörte sich an, als glaubte er, ich hätte mich freiwillig einsperren lassen.

In den nächsten Tagen meldete ich mich nicht bei Mum und dachte über alles nach. Sollte ich wirklich aufhören, sie zu besuchen? Sie war doch so krank und schwach. Und außer Michael und mir hatte sie niemanden mehr. Der Gedanke, sie ein zweites Mal im Stich zu lassen, machte mir zu schaffen. Aber Steven und ich gerieten immer wieder in Streit, weil ich sie besuchte, und das hielt ich nicht mehr lange aus.

Ein paar Tage später rief der Idiot an und teilte mir mit, dass Mum zusammengebrochen sei. Ich ließ die Mädchen bei Steven und fuhr so schnell wie möglich zur Wohnung meiner Eltern. Vor dem Haus stand ein Krankenwagen. Ich rannte ins Wohnzimmer, wo Dad wie immer im Bett lag. Mum kauerte am Fußende, sie bewegte sich nicht und hatte die Augen geschlossen.

»Mum!«, rief ich und lief zu ihr.

Was hatte er mit ihr gemacht? Sie war leichenblass und vollkommen reglos.

»Sie ist bewusstlos«, sagte einer der Sanitäter, während ein anderer ihr eine Sauerstoffmaske aufsetzte. »Es geht ihr sehr schlecht. Wir müssen sie so schnell wie möglich ins Krankenhaus bringen.«

»Was?«, flüsterte ich, und mir wurde ganz flau im Magen.

Ich durfte Mum nicht verlieren. Ich könnte es nicht ertragen, ohne sie zu sein.

Der Idiot sah verächtlich auf sie hinunter. »Könnt ihr sie nicht endlich aus dem Bett rausschaffen?«, fragte er ungehalten. »Sie hat mir heute nicht einmal Frühstück gemacht, und ich bin Diabetiker.«

Als ich ihn so reden hörte, überkam mich eine maßlose Wut.

»Wahrscheinlich hat sie es nicht geschafft, weil es ihr zu schlecht ging«, sagte der Sanitäter in eisigem Ton.

Nachdem Mum schließlich in den Krankenwagen getragen worden war, wollte der Idiot nicht einmal aufstehen, um mit ins Krankenhaus zu fahren.

»Dafür bin ich zu krank«, behauptete er mürrisch.

Er widerte mich so sehr an, dass ich es gar nicht in Worte fassen konnte.

Schnell verließ ich die Wohnung und fuhr mit ins Krankenhaus. Dort erklärten mir die Ärzte, Mum befinde sich in einem kritischen Zustand und sie wüssten nicht, ob sie die Nacht überleben werde. Offenbar hatte sie einen Atemstillstand gehabt, aber sie hatten es geschafft, sie wiederzubeleben.

»Ihrer Mutter geht es sehr schlecht«, sagte einer der Ärzte. »Was sollen wir machen, wenn sie wieder einen Atemstillstand hat, Alice?«

Als ich das hörte, versagten mir fast die Beine, aber ich wusste, was ich zu antworten hatte.

»Lassen Sie sie friedlich gehen.«

Immerhin das musste ich Mum gewähren, wenn ich auch sonst nichts für sie tun konnte.

Es dauerte sechsunddreißig Stunden, bis sie wieder zu Bewusstsein kam, aber zu dem Zeitpunkt war ich nicht bei ihr. Als der Idiot erfuhr, was ich mit den Ärzten besprochen hatte, verbot er mir, sie zu besuchen. Den Ärzten sagte er, Mum solle auf alle Fälle wiederbelebt werden. Ganz gleich, wie sehr sie leiden musste, er wollte sie zurück.

Doch auch wenn er das Verbot nicht ausgesprochen hätte, wäre mir bewusst geworden, dass es so nicht weitergehen konnte. Wenn ich Steven nicht zeigte, dass er und die Mädchen mir mehr bedeuteten als alles andere auf der Welt, würde ich ihn verlieren. Er sollte wissen, dass meine kleine Familie mir am wichtigsten war. So schwer es mir auch fiel – wenn ich mich selbst retten wollte, würde ich Mum ein zweites Mal im Stich lassen müssen.

Kapitel 27

»Möchtest du noch etwas trinken, Alice?«, fragte Stevens Schwester Donna, die eine Flasche in der Hand hielt.

Ich war abends zu Besuch bei Donna, zusammen mit einigen von ihren Freundinnen. Zuerst hatte ich mich nicht so gut mit Donna verstanden. Sie fand, ich sei zu alt für ihren Bruder. Ich war ja tatsächlich älter als Steven, und durch die unförmige Kleidung, die ich anfangs noch trug, wirkte ich noch älter. Aber mittlerweile hatten Donna und ich uns miteinander angefreundet, und ich mochte auch Stevens Mutter, Joan.

An diesem Abend hatte Donna aus Spaß eine Wahrsagerin eingeladen. Donnas Freundinnen kamen eine nach der anderen kichernd aus dem Schlafzimmer und erzählten, was die Zukunft für sie bereithielt.

»Ich werde heiraten und Kinder kriegen«, sagte eine ganz aufgeregt.

»Und ich finde bald eine gute Arbeitsstelle«, rief eine andere.

Offenbar machte es Donnas Freundinnen Spaß zu hören, was in Zukunft passieren würde. Ich hingegen hatte Angst davor. Emma war fast fünf, Lily war dreieinhalb, und zwischen Steven und mir lief es noch immer schlecht. Seit dem Tag vor mehr als einem Jahr, als Mum zusammengebrochen war, hatte ich sie kaum noch besucht, aber meine Hoffnung, die Beziehung zu Steven würde sich dadurch bessern, hatte sich nicht erfüllt. Allmählich fürchtete ich, dass unsere

Ehe nicht mehr zu retten war. Aber noch war keiner von uns bereit aufzugeben.

Manchmal lag ich nachts wach und versuchte zu begreifen, was vor sich ging. Ich hatte geheiratet, und ich war mir sicher gewesen, es werde für immer halten. Ich wollte doch nichts weiter als ein ganz normales Leben, aber irgendwie lief alles schief. Ich hatte das Gefühl, dass mein eigener Ehemann mich verabscheute, und mir war bewusst, dass auch die Mädchen darunter litten, denn Kinder spüren, was um sie herum vorgeht. Ich wollte, dass sie sich geborgen fühlten und in einer fröhlichen Familie aufwuchsen. Doch ich kam mir vor wie in einem Tunnel, aus dem es keinen Ausweg gab.

»Willst du dir auch die Zukunft voraussagen lassen?«, fragte eine von Donnas Freundinnen, die neben mir stand. »Es ist lustig.«

»Ich weiß nicht«, antwortete ich. »Ich glaube sowieso nicht daran.«

»Ach, mach es doch«, versuchte sie, mich zu überreden. »Du kannst es ja einfach mal versuchen. Man weiß nie, was dabei herauskommt.«

Während die anderen Frauen nacheinander zu der Wahrsagerin ins Schlafzimmer gingen, dachte ich darüber nach, was Donnas Freundin gesagt hatte. Sie hatte recht. Ich konnte es doch genauso machen wie die anderen auch – das Ganze als einen Spaß betrachten und alles, was dabei herauskam, nicht allzu ernst nehmen.

Ich ging also ins Schlafzimmer, wo die Wahrsagerin – eine langhaarige Frau mit Strähnchen – auf einem Stuhl saß. Ich weiß nicht, was ich erwartet hatte, aber ganz bestimmt nicht eine solche Erscheinung. Sie sah ganz normal aus. Trotzdem zitterte ich vor Aufregung, als ich mich ihr gegenübersetzte.

»Geben Sie mir Ihre Hand?«, fragte die Frau, und ich hielt ihr meine ausgestreckte Hand hin.

Ein paar Sekunden lang sah sie sich meine Handfläche genau an. Dann begann sie zu sprechen.

»Sie haben drei Kinder.«

»Nein.«

»Ich sehe einen kleinen Jungen.«

»Nein. Ich habe zwei Mädchen.«

Die Frau schaute mir in die Augen.

»Aber Sie haben einen Sohn verloren.«

Sofort wollte ich meine Hand zurückziehen, damit sie nicht noch mehr sah. Wie konnte sie von Jonathan wissen?

»Ja«, sagte ich leise.

Mit traurigem Blick betrachtete die Frau noch einmal meine Hand.

»Bei dem Baby, das Sie verloren haben – ging da alles mit rechten Dingen zu, als Sie schwanger wurden?«

Mir stockte der Atem.

»War der Vater jemand, dem Sie nahestanden?«, fragte die Frau ganz ruhig.

Ich zog meine Hand zurück.

»Wie meinen Sie das?«, stieß ich hervor. »Ich dachte, das Ganze hier wäre ein Spaß. Ich weiß nicht, worauf Sie hinauswollen.«

Außer Steven und der Beraterin vom Sozialdienst hatte ich niemandem erzählt, was geschehen war, und nun schien diese Wahrsagerin meine Geheimnisse zu kennen. Sie schwieg, und ich versuchte, meine Gefühle wieder unter Kontrolle zu bekommen. Aus dem Wohnzimmer hörte ich das Geschwätz und Gelächter von Donnas Freundinnen. Am liebsten wäre ich zu ihnen gelaufen und hätte das Ganze vergessen.

»Sie wissen doch, dass Sie immer noch etwas dagegen tun können«, sagte die Wahrsagerin mit ruhiger Stimme. »Sie können ihn noch immer dafür anzeigen.«

»Was?«, brachte ich mühsam hervor.

»Ich weiß, was Ihnen passiert ist. Ich sehe es in Ihrer Handfläche.«

»Bitte hören Sie auf damit«, bat ich. »Ich weiß nicht, was Sie meinen.«

Mitfühlend blickte die Wahrsagerin mich an.

»Ich weiß, wie Ihnen zumute ist, Alice«, sagte sie.

»Was wollen Sie damit sagen?«, flüsterte ich.

»Ich wurde auch von jemandem missbraucht, der mir nahestand, genau wie Sie.«

Ich brachte kein Wort hervor. Woher wusste sie das alles?

Sie beugte sich zu mir herüber. »Ich habe den Mann, der mir das angetan hat, fünfzehn Jahre später angezeigt«, berichtete sie. »Er kam dafür ins Gefängnis. Sie können es genauso machen.«

Ihre Stimme klang noch immer ganz ruhig.

»Erzählen Sie mir, was passiert ist.«

Eine Minute zuvor hatte ich noch davonlaufen wollen, aber nun sprudelten all meine Geheimnisse hemmungslos aus mir hinaus. Ich konnte mir gar nicht erklären, warum, aber irgendwie hatte ich das Gefühl, dass ich mich dieser Frau anvertrauen konnte. Bis dahin war mir noch nie jemand begegnet, der auch missbraucht worden war, und so kam es, dass ich ihr meine ganze Geschichte erzählte – davon, wie alles angefangen hatte, von Jonathans Geburt und von Caitlins Tod. Als ich geendet hatte, fühlte ich mich vollkommen erschöpft.

»Sie können es, das wissen Sie«, sagte die Wahrsagerin.

»Was kann ich? All das ist doch so lange her. Außerdem würde mir ja doch niemand glauben.«

»Man würde Ihnen glauben«, widersprach sie. »Ich weiß das, denn ich habe es selbst erlebt.«

Ich schaute sie skeptisch an. »Sie meinen, ich soll wirklich zur Polizei gehen? Das würde ich gar nicht fertigbringen. Davor hätte ich viel zu viel Angst.«

»Sie sind stärker, als Sie denken, Alice.«

Ich konnte kaum fassen, was sie mir vorschlug. Zur Polizei gehen? Alles, was ich seit Jahren verdrängen wollte, noch einmal hervorzerren?

»Ich kann nicht«, sagte ich schluchzend.

»Doch, Sie können. Sie müssen, Alice. Sie verdienen Gerechtigkeit.«

Völlig benommen verließ ich das Schlafzimmer und ging zurück zu den anderen Frauen, die sich noch immer lachend unterhielten.

»Wie war es?«, erkundigte sich Joan.

Ich schwieg, und die Worte der Wahrsagerin klangen mir noch in den Ohren.

Konnte ich wirklich tun, was sie mir geraten hatte? War ich überhaupt dazu bereit?

»Ich könnte ihn immer noch anzeigen«, stieß ich hervor und sah Joan an.

Die anderen Frauen verstummten. Ich stand zitternd vor ihnen, und meine Gedanken überschlugen sich.

»Wovon sprichst du?«, fragte Joan.

Wieder sah ich sie an, und erst in dem Moment wurde mir bewusst, wo ich überhaupt war und mit wem ich sprach.

»Tut mir leid. Vergesst es einfach. Ich weiß gar nicht, was ich hier rede.«

Aber ich konnte nicht vergessen, was die Wahrsagerin gesagt hatte, und auch zu Hause musste ich immer wieder daran denken. Konnte ich tatsächlich nach so langer Zeit noch zur Polizei gehen? Allein die Vorstellung jagte mir Angst ein, aber nach einigen Tagen wurde mir bewusst, dass diese Botschaft mich vielleicht in genau dem richtigen Moment erreicht hatte. Ich hatte nie ernsthaft in Erwägung gezogen, zur Polizei zu gehen. Selbst damals, nachdem man meine jüngeren Geschwister und mich aus der Familie genommen und die Polizei mir Hilfe angeboten hatte, war ich nicht bereit gewesen, diese Hilfe anzunehmen und meinen Vater zu belasten. Doch je mehr ich nun darüber nachdachte, desto mehr wurde mir bewusst, dass die Wahrsagerin recht hatte. Wenn ich die Vergangenheit loslassen wollte, musste ich mich ihr zuerst stellen.

So lange war ich davongelaufen, und wohin hatte mich das geführt? Ich nahm Medikamente gegen Depressionen, meine Ehe war dabei zu zerbrechen, und ich versuchte verzweifelt, eine bessere Mutter zu werden – und der Grund für all das war das Gefühl, innerlich in einer Flut aus Gift zu ertrinken. Immer wieder durchlebte ich denselben Schrecken. Ich empfand die gleiche Scham und die gleiche Hilflosigkeit wie als kleines Mädchen, als mein Vater mich zum ersten Mal angefasst hatte. Ich war vor dem Idioten geflohen, aber sein Einfluss auf mich war ungebrochen. Er verfolgte mich bis in meine Träume, und ich hatte noch genauso viel Angst vor ihm wie eh und je. Ich musste etwas dagegen unternehmen. Zumindest musste ich es versuchen – ganz gleich, wie groß meine Panik auch sein mochte.

Ein Dutzend Mal suchte ich die Telefonnummer der Polizei heraus, und jedes Mal, wenn ich sie wählen wollte, verließ mich der Mut. Sobald ich das Telefon nahm, waren meine Finger wie erstarrt, und ich schaffte es nicht, die Nummer zu wählen. Steven hatte mir versichert, er werde zu mir halten, wenn ich Dad anzeigte, und ich wusste ja, dass er die ganze Zeit lang nichts anderes gewollt hatte. Würde ich ihm damit endlich beweisen können, dass ich ihn und die Mädchen über alles liebte? Aber selbst diese Überlegungen brachten mich nicht dazu, mich zu überwinden. Meine Angst war einfach übermächtig.

Am folgenden Wochenende, als Steven und ich mit den Mädchen bei Joan zu Besuch waren, hatte ich mich noch immer nicht dazu durchringen können. Donna war auch da, und Joan schickte Steven mit Emma und Lily hinaus.

»Geh in die Stadt, und kauf ihnen etwas Schönes«, sagte sie. »Ich muss etwas mit Alice besprechen.«

Als ich mit Joan und Donna allein war, machten wir uns einen Tee und setzten uns ins Wohnzimmer. Ich wusste, worüber Joan mit mir sprechen wollte – über den Abend, als die Wahrsagerin da gewesen war. Schließlich hatten alle mitbekommen, wie verstört ich nach der Unterhaltung mit ihr gewesen war.

»Ich muss dich etwas fragen, und ich möchte, dass du mir die Wahrheit sagst«, begann Joan.

»Okay«, antwortete ich unsicher.

»Du hast mir doch von deinen Fehlgeburten und von Jonathan und Caitlin erzählt.«

»Ja.«

»Ich habe immer geahnt, dass da etwas nicht stimmte, Alice. Und was du an dem Abend gesagt hast, als die Wahrsagerin hier war, hat mir das schließlich bestätigt.«

Ich schluckte meinen Tee herunter und wartete darauf, dass sie weitersprach.

»Ich will dich nicht verschrecken, aber ich muss dich danach fragen«, sagte Joan. »Hat dein Vater dir etwas angetan? War er der Vater deiner Babys?«

Ich konnte nicht fassen, dass Joan es ausgesprochen hatte. Und ich wusste nicht, was ich darauf entgegnen sollte.

»Du kannst mit uns darüber reden, Alice. Donna und ich möchten dir helfen.«

Ich starrte die beiden an.

»Ja«, flüsterte ich schließlich.

Joan stand auf und nahm mich in ihre Arme. Ich fing an zu weinen. Dann sagte lange niemand von uns etwas, und erst als ich aufhörte zu weinen, sprach Joan erneut.

»Warum hast du uns das nie erzählt, Alice?«, fragte sie in sanftem Ton. »Wir hätten dir doch schon längst geholfen.«

»Weil ich nichts mehr damit zu tun haben wollte. Ich wollte ein normales Leben führen, so wie alle anderen. Ich wollte das alles vergessen.«

»Aber wie soll das gehen, wenn du dir nicht helfen lässt?«

»Ich weiß es nicht«, erwiderte ich, und abermals kamen mir die Tränen. »Steven hat gesagt, er will mir helfen.«

Schweigend sah Joan mich eine Weile lang an. In dem

Moment wurde mir bewusst, dass Steven mir nicht helfen konnte. Er war zu jung, um mit alldem zurechtzukommen, mein Leid überforderte ihn schlichtweg.

»Was willst du jetzt machen?«, fragte Joan.

»Ich weiß nicht.«

»Doch, ich glaube, du weißt es, Alice.«

Joan stand auf und holte das Telefonbuch, das unter dem Telefon lag. Sie schrieb eine Nummer auf und reichte sie mir.

Später an diesem Nachmittag, als Steven und ich wieder zu Hause waren und die Mädchen spielten, nahm ich das Telefon und wählte die Nummer, die Joan mir gegeben hatte. Es war die Telefonnummer der örtlichen Polizeidienststelle.

Als ich das Klingeln in der Leitung hörte, schlug mir das Herz bis zum Hals.

Es wurde abgenommen, und ein Beamter meldete sich. Ich holte tief Luft.

»Ich möchte ein Verbrechen anzeigen«, sagte ich.

Kapitel 28

Tausend Mal war ich kurz davor, meine Entscheidung rückgängig zu machen, vor allem nachdem man mir gesagt hatte, ein Beamter komme vorbei, um mit mir zu sprechen. Ich konnte selbst kaum glauben, dass ich endlich die Polizei angerufen hatte, und als es ein paar Tage später schließlich an der Tür klingelte, wurde mir angst und bange.

»Ich bin Detective Constable Patrick O'Mara«, sagte der Polizist. »Ich bin gekommen, um mit Ihnen über das Verbrechen zu sprechen, das Sie angezeigt haben. Das hier ist meine Kollegin Susan.«

Ich bat die beiden herein.

Ich fand Patrick auf Anhieb sympathisch. Er war groß, hatte dunkles Haar, und er schien aufgeschlossen und freundlich.

»Möchten Sie eine Tasse Tee?«, fragte ich nervös.

»Gern«, antwortete Patrick.

Es kam mir vollkommen unwirklich vor, dass zwei Polizisten nun in meiner Wohnung saßen. Ich wusste gar nicht, wo ich mit meiner Geschichte beginnen sollte, und das sagte ich auch.

»Am Anfang«, erwiderte Patrick. »Fangen Sie mit der Zeit an, als Sie noch ein kleines Mädchen waren, und erzählen Sie uns alles, woran Sie sich erinnern. Wir nehmen uns so viel Zeit, wie Sie brauchen.«

Also fing ich an zu erzählen, und die Worte sprudelten nur so aus mir heraus. Ab und zu stellte Patrick Fragen, aber die meiste Zeit über ließ er mich reden. Und dabei wirkte er weder schockiert noch angewidert – er hörte mir einfach ganz ruhig zu.

Nachdem ich schließlich alles erzählt hatte, lag mir eine Frage auf der Zunge.

»Glauben Sie mir überhaupt?«

»Ja«, antwortete er.

Nach diesem ersten Vorgespräch musste ich auf der Polizeidienststelle bei Patrick eine offizielle Aussage machen, und es dauerte zwei Tage, bis er alles protokolliert hatte. Es fiel mir schwer, das Ganze noch einmal durchzugehen, denn ich musste Einzelheiten beschreiben, über die ich nie zuvor gesprochen hatte. Ich wusste, es war notwendig, aber manchmal konnte ich Patrick nun doch ansehen, wie geschockt er war, und dann fragte ich mich, was andere Menschen erst über all das denken würden, was mir passiert war. Mittlerweile war mir bewusst, dass auch andere Frauen als Kind missbraucht worden waren, aber ich war bestimmt die Einzige, die mehrmals von ihrem Vater geschwängert worden war. Es war einfach widerwärtig, und ich schämte mich, darüber zu reden, aber Patrick gab mir nicht ein einziges Mal das Gefühl, dass es mir unangenehm sein müsste. Und das tat mir sehr gut.

»Ich werde Ihre Anzeige selbst bearbeiten, Alice«, sagte er. »Aber das kann eine Zeit lang dauern. Ich muss Einsicht in medizinische Akten nehmen, Berichte des Sozialamts anfordern und möglicherweise Laboruntersuchungen einleiten. Wenn wir jemanden wegen eines Verbrechens anklagen wollen, müssen wir ganz sicher sein, dass wir genügend Beweise haben, und das dauert seine Zeit.«

In den folgenden Monaten rief ich Patrick regelmäßig an, damit er mir berichtete, was er bereits in die Wege geleitet hatte. Ich wusste, er trieb die Ermittlungen so schnell wie möglich voran. Er sprach mit Krankenhauspersonal und Sozialarbeitern, mit meinen ehemaligen Lehrern und mit Kollegen von der Polizei, die mit unserer Familie Kontakt gehabt hatten. Ich hoffte, er würde genug Beweise finden, denn in Fällen wie meinem – in denen das Verbrechen schon viele Jahre zurückliegt – war das nicht leicht. Natürlich waren die Angaben, die ich machen konnte, hilfreich, aber ansonsten gab es nicht viel, das meine Geschichte bestätigte, weil ich ja von der Außenwelt abgeschottet worden war. Zum Beispiel war ich in einer der Schwangerschaften gar nicht beim Arzt gewesen, weil ich schon früh eine Fehlgeburt erlitten hatte. Bei einer anderen Fehlgeburt hatte ich im Krankenhaus einen falschen Namen angegeben. Und die Tatsache, dass vier Schwangerschaften aus meinen medizinischen Akten ersichtlich waren, war noch kein Beweis dafür, dass mein Vater mich missbraucht hatte. Nur eins konnte seine Schuld zweifelsfrei belegen: ein physischer Beweis. Aber würde Patrick den bekommen?

Ich flehte im Stillen, dass er alles Nötige herausfinden werde, und die ganze Zeit lang machte ich mir Gedanken. Hatte ich richtig gehandelt? Würde der Idiot zur Rechenschaft gezogen werden? Und wenn ja, was würde er dann mit Mum und mir machen? Zweifellos würde Dad versuchen, sich zu rächen, und schon bei dem Gedanken zitterte ich vor Angst. Nachdem die Wahrheit, die ich so lange verschwiegen hatte, nun doch noch herausgekommen war, fühlte ich mich wie versteinert, denn ich wusste nicht, wie andere Menschen darauf reagieren würden. Doch dann sagte ich mir immer wieder, dass ich das Richtige getan hatte. Mir war keine andere Wahl geblieben, endlich würde ich all dem Schrecken, den ich über zwanzig Jahre erduldet hatte, ein Ende bereiten. Mittlerweile war es sechs Jahre her, dass ich von zu Hause weggelaufen war, und erst jetzt hatte ich die Kraft aufgebracht, mich Dad entgegenzustellen.

Steven war erleichtert, dass ich nun doch zur Polizei gegangen war, und zunächst schien sich in unserer Beziehung alles zum Guten zu wenden. Aber nach ein paar Monaten lief es mit uns wieder genauso schlecht wie zuvor. Ich war frustriert, dass ich meine Ehe durch meinen Entschluss offenbar nicht retten konnte, so wie ich es mir erhofft hatte. Und was war, wenn Patrick keine ausreichenden Beweise fand? Dann hätte ich alles umsonst durchgemacht, und das war eine entsetzliche Vorstellung.

Eigentlich sollte niemand erfahren, dass ich zur Polizei gegangen war. Doch Steven konnte es einfach nicht für sich behalten. Ein paar Wochen nach meiner Anzeige waren wir zu Besuch bei Michael und Julie. Die beiden Männer setzten sich ins Wohnzimmer, und ich ging zu Julie in die Küche, um mich mit ihr zu unterhalten. Nach ein paar Minuten rief Michael nach mir.

»Ich kann es nicht fassen, Alice«, stammelte er, als ich im Wohnzimmer erschien.

»Wovon sprichst du?«

»Steven hat mir alles erzählt«, sagte Michael völlig entgeistert.

»Was hat er dir erzählt?«

»Was dieses dämliche Arschloch dir angetan hat.«

Michael schien furchtbar wütend. Und ich konnte nicht glauben, dass Steven die ganze Sache ausgeplaudert hatte. Ich wollte nicht, dass jetzt schon jemand davon erfuhr, denn ich wusste ja nicht, ob Dad überhaupt angeklagt wurde. Wenn klar war, dass es zu einer Anklage kommen würde, konnte ich mir immer noch überlegen, ob ich mich jemandem anvertraute.

»Warum hast du ihm davon erzählt?«, schrie ich Steven an. »Das ist meine Sache.«

»Warum hast du es mir nicht selbst erzählt?«, fuhr Michael mich an. »Ich kann nicht glauben, dass du es für dich behalten hast. Wir haben dich bei uns aufgenommen. Du hättest doch wissen müssen, dass du uns vertrauen kannst.«

»Nein! Ich dachte, wenn du es erfährst, wirfst du mich raus.«

»Was?« Michael war fassungslos. »Das hätte ich niemals getan. Du bist doch meine kleine Schwester. Du hättest es mir sagen müssen. Dann hätte ich dir helfen können. Ich hatte ja keine Ahnung.«

»Ich weiß«, sagte ich.

Michael war nicht wütend – er war zutiefst bestürzt. Er zeigte seine Gefühle sonst nie offen, aber in dem Moment konnte er sie nicht verbergen.

»Ich hätte mich darum gekümmert«, sagte er leise.

»Und wärst ins Gefängnis gekommen«, rief ich. »Du weißt genau, wie er ist. Wenn ich auch nur ein Wort gesagt hätte, hätte er seine Wut an Mum und uns Kindern ausgelassen.«

»Aber was war später? Als ich euch öfter besucht habe und du mit Jonathan schwanger warst? Damals habe ich dich doch gefragt, ob es stimmt, was die Leute von der Polizei behaupteten. Du hast gesagt, es stimmt nicht. Das habe ich dir geglaubt, Alice. Ich konnte mir gar nicht vorstellen ...«

»Keiner konnte sich das vorstellen! Und ich wollte nicht, dass du Ärger bekommst.«

»Das wäre mir egal gewesen!«, rief Michael. »Hauptsache, du wärst da weggekommen.«

»Er hätte dich umgebracht. Erinnerst du dich denn nicht mehr an die Waffen, Michael? An die Messer?«

Michael schwieg. Ich wusste, er dachte daran, was er damals mitbekommen hatte. Manche Erinnerungsfetzen ergaben wohl erst jetzt einen Sinn: warum ich damals plötzlich so verschlossen war, warum ich mich stundenlang zurückzog, warum ich unbedingt mit Michael davonlaufen wollte.

»Es tut mir so leid, Alice«, sagte er immer wieder. »Du hättest es mir sagen müssen.«

Einen Moment lang sahen wir uns an.

»Vielleicht bekommt er nun endlich, was er verdient«, sagte ich leise.

»Das will ich hoffen«, entgegnete mein Bruder.

Seitdem sprachen Michael und ich ein paar Mal über die polizeiliche Untersuchung, aber nicht allzu oft. Ich wusste, ihn plagten furchtbare Schuldgefühle wegen allem, was passiert war. Er machte sich Vorwürfe, weil er mich bei dem Idioten zurückgelassen hatte. Auch wenn ich ihm noch so oft versicherte, dass er nicht für mich verantwortlich gewesen sei, ließ er es nicht gelten. Es machte mich traurig mit anzusehen, wie sehr all das Michael im Nachhinein zu schaffen machte, und irgendwie wünschte ich, er hätte es nie erfahren. Ich wollte nicht, dass er auch noch darunter zu leiden hatte, denn er hatte ja nichts falsch gemacht.

Es war schon nicht leicht, fremden Menschen alles zu erzählen, aber mit jemandem darüber zu sprechen, der mir so viel bedeutete wie Michael, fiel mir noch schwerer. Ich hatte Angst, er würde mich verurteilen, so wie Steven. Doch Michael und Julie begegneten mir so liebevoll wie immer, und ich war sehr erleichtert.

Irgendwann stieg ein lange unterdrücktes Gefühl in mir auf – Wut. Unbändige Wut auf meinen Vater. Um sie loszuwerden, stellte ich mir wieder und wieder vor, wie Dad irgendwann die Tür aufmachte und ein Polizist draußen stand, um ihn abzuführen. Das wünschte ich mir nicht nur um meiner selbst willen, sondern auch wegen Mum.

Natürlich hatte ich Angst davor, wie Mum all das aufnehmen würde. Aber wenn Dad angeklagt wurde und die ganze Wahrheit ans Licht kam, schaffte sie es vielleicht endlich, sich von ihm zu befreien. In schwachen Momenten, wenn ich alles in Zweifel zog, half mir der Gedanke, dass sich Mum durch meine Anzeige eine Chance bot, eine Chance auf ein neues Leben.

Drei Monate vergingen, und die Untersuchung lief noch immer. Patrick hoffte, dass sich meine Aussage durch einen DNA-Test beweisen ließe. Deshalb hatte er Jonathans Exhumierung beantragt. Doch man hatte ihm mitgeteilt, das sei nicht möglich, weil mein Sohn in einem öffentlichen Gemeinschaftsgrab in der Nähe des Krankenhauses zusammen mit anderen Totgeburten bestattet worden sei. Der Gedanke an meinen Sohn in diesem anonymen Grab machte mich furchtbar traurig, und erneut überkam mich die Erinnerung daran, dass ich nicht einmal die Gelegenheit gehabt hatte, mich von Jonathan zu verabschieden.

Die polizeilichen Untersuchungen wühlten mich also nicht nur in Bezug auf den Missbrauch auf. Ich hatte das Gefühl, den Verlust von Jonathan und Caitlin noch einmal zu durchleben, und das war schrecklich. Aber Patrick war auf jeden Anhaltspunkt angewiesen, und so fand ich mich damit ab, dass ich erneut mit meiner Trauer konfrontiert wurde.

Caitlin war eingeäschert worden, aber zuvor hatte man eine Autopsie vorgenommen, um die Todesursache zu klären. Patrick hoffte nun, die Gewebeproben, die man ihr dabei entnommen hatte, würden ihm die nötigen Beweise liefern. Im Januar 2005, neun Monate nachdem ich Anzeige erstattet hatte, wurden kleine Gewebestückchen an das forensische Labor geschickt, damit DNA-Proben entnommen werden konnten.

Im selben Monat wurde Dad als Verdächtiger verhört und musste ebenfalls DNA-Proben abgeben.

Ich konnte nichts weiter tun, als abzuwarten. Währenddessen verstrichen wieder ein paar Wochen, und ich fragte mich, was als Nächstes geschehen würde. Anfang Mai klingelte dann das Telefon. Es war Patrick.

»Ich habe wichtige Neuigkeiten«, sagte er. »Die DNA-Tests haben ergeben, dass Ihr Vater Caitlins leiblicher Vater ist. Das ist der Beweis für ihre Geschichte, Alice.«

»Wirklich?«, flüsterte ich.

Ich hatte ja gewusst, dass die Tests den Beweis erbringen würden, aber es nun zu hören traf mich trotzdem bis ins Mark. Nun würde die Welt doch noch erfahren, was der Idiot getan hatte, wie pervers er war, wie viele Leben er zerstört hatte. Jetzt konnte er seiner Strafe nicht mehr entgehen.

»Wie geht es denn jetzt weiter?«, fragte ich.

»Gegen Ihren Vater wird Anklage wegen Inzest erhoben.«

Kapitel 29

Ich war die ganze Zeit lang davon ausgegangen, dass der Idiot über das Verhör und die DNA-Tests nur lachen konnte. Aber nun wurde Anklage gegen ihn erhoben, und das konnte selbst er nicht mehr für einen Witz halten. Wie würde er darauf reagieren? Er würde bestimmt alles daransetzen, es mir heimzuzahlen. Ich hatte große Angst, er könnte Emma und Lily etwas antun, denn ich wusste ja, dass er nicht einen Funken von Gewissen hatte, und mit Sicherheit wollte er mich an meiner empfindlichsten Stelle treffen.

Die Tatsache, dass er für lange Zeit hinter Schloss und Riegel sitzen würde, war mir ein Trost. Und naiv, wie ich war, glaubte ich, jemand, der eines so schweren Verbrechens beschuldigt wurde, bliebe bis zur Gerichtsverhandlung hinter Gittern. Doch das erwies sich als Irrtum. Nachdem Anklage gegen Dad erhoben worden war, kam er wieder auf freien Fuß. Patrick erklärte mir, was dahintersteckte: Die Ereignisse, die zur Anklage geführt hatten, lagen so lange zurück, dass man davon ausgehen konnte, der Idiot stelle keine Gefahr mehr für die Allgemeinheit dar. Bis der Fall vor Gericht kam, konnten Monate ins Land gehen, denn die Gerichte hatten viel zu tun. Die Anwälte mussten ihre Anklage aufbauen, und das ging nur langsam voran. Wieder konnte ich nichts weiter tun, als abzuwarten, und der Gedanke, dass Dad frei herumlief, jagte mir panische Angst ein. Ich hatte Gerüchte gehört, dass er gedroht habe, etwas zu unternehmen – angeblich wollte er Emma an der Schule auflauern und sie entführen. Einerseits war mir klar, dass es nichts weiter als eine leere Drohung war, doch andererseits fürchtete ich, er könnte tatsächlich ausrasten. Deshalb brachte ich Emma von nun an nicht mehr nur bis zum Schultor, sondern ging mit ihr bis zu ihrem Klassenzimmer. Außerdem durften Lily und sie nicht mehr allein draußen spielen. Ich wollte die Mädchen nicht einengen, aber es ließ sich kaum vermeiden, denn ich wusste, welche Gefahr lauerte.

Patrick hatte mir erzählt, dass der Idiot vollkommen überrumpelt gewesen sei, als Anklage gegen ihn erhoben wurde, und dass er alles abgestritten habe. Für mich war das Ganze eine Qual. Ich wollte, dass der Fall endlich vor Gericht kam, damit ich wieder durchatmen konnte. Innerlich war ich wie erstarrt.

Für meine Ehe war dieser Schwebezustand eine enorme Belastung. Aber mir fehlte schlichtweg die Kraft, mich auch noch darum zu kümmern. Die ganze Zeit lang bewegte ich mich am Rande des Abgrunds, und es schien, als sei meine Ehe mit Steven nicht mehr zu retten – meine Vergangenheit hatte einen Keil zwischen uns getrieben.

»Jetzt willst du die Anklage bestimmt fallen lassen, und dann kommt er einfach so davon«, schimpfte Steven, als ich ihm erzählte, dass ich Angst hätte, Dad werde sich rächen.

»Nein!«, schrie ich zurück. »Ich bin doch schon so weit gekommen. Jetzt werde ich nicht aufgeben.«

Aber im Stillen fragte ich mich, ob das wirklich richtig war. Der Gedanke, Dad vor Gericht gegenüberzustehen, schien mir beinahe unerträglich. Immer wieder sah ich es bereits vor mir: wie er mich anstarren würde, wenn ich gegen ihn aussagte, sein Grinsen, wenn ich vor all den Leuten erzählen musste, was er mir angetan hatte. Seine Verwandten hatten mir oft genug zugetragen, dass er noch immer behaupte, ich sei eine verlogene Schlampe. Ich musste verrückt sein, mir einzubilden, dass man ihn tatsächlich gesetzlich belangen konnte. Er würde niemals den Anstand aufbringen, seine Schuld einzugestehen.

Nachdem ich ihn angezeigt hatte, war ich ihm nur einmal begegnet, kurz nachdem Anklage gegen ihn erhoben worden war. Ich hatte Mum seit Monaten nicht gesehen und wollte unbedingt wissen, wie es ihr ging, denn ich wusste, dass sich ihr Gesundheitszustand stetig verschlechterte. Als ich hörte, dass sie wieder im Krankenhaus lag, musste ich das Risiko eingehen, meinem Vater über den Weg zu laufen. Denn wenn sie nicht überlebte, hätte ich mir nie verziehen, sie nicht noch einmal besucht zu haben.

Ich fuhr zum Krankenhaus, und als ich zu der Station hinaufging, auf der sie lag, wurde mir flau im Magen. Michael, Simon und Sam standen an ihrem Bett – und Dad saß auf einem Stuhl in der Zimmerecke, wie eine Spinne, die im Hintergrund lauert. Zwei seiner Verwandten waren auch dort.

»Was willst du hier, du kleine Schlampe?«, schrie mich einer an. »Du hast hier nichts zu suchen, du verlogenes Biest.«

Alle starrten mich an. Ich ließ mich nicht beirren und ging zu Mums Bett. Ich musste einen standhaften Eindruck machen, auch wenn es mir noch so schwerfiel. Aber Michael war ja da. Er würde auf mich aufpassen. Als ich mich vor Mums Bett stellte, durchbohrte der Idiot mich mit seinem Blick.

»Hi, Mum«, sagte ich. »Schau mal.« Ich zeigte ihr ein Foto von den Mädchen.

Sie hatte die beiden schon so lange nicht mehr gesehen.

»Die sind ja groß geworden«, sagte Mum, während sie lächelnd das Foto betrachtete.

»Ja. Ich lasse dir das Foto hier, dann kannst du es dir später noch einmal ansehen.«

Mums Augen wirkten leblos, und ihre Haut war blass. Sie sah furchtbar elend aus. Ihre Herzprobleme waren größer geworden, und sie wirkte furchtbar abgemagert. Ich legte das Foto auf den Nachttisch neben ihrem Bett. Sie nahm es und wollte es sich sogleich noch einmal anschauen.

»Gib es zurück!«, stieß der Idiot wütend hervor.

Seine Worte trafen mich wie ein Schlag. Er hatte den Blick stur auf Mum gerichtet und tat so, als sei ich Luft für ihn. Ich merkte, dass Mum Angst hatte.

»Es ist doch nur ein Foto«, rief ich. Tränen stiegen in mir auf, aber der Idiot beachtete mich überhaupt nicht.

Es hatte keinen Sinn, noch länger zu bleiben. Ich konnte seine Anwesenheit einfach nicht ertragen. Doch als ich mich zu Mum hinunterbeugte und ihr einen Abschiedskuss geben wollte, flüsterte sie mir ins Ohr: »Geh nicht weg.«

»Ich komme noch mal wieder«, flüsterte ich zurück und blinzelte ihr zu.

Michael, Simon, Sam und ich verließen die Station. Wir gingen zum Aufenthaltsraum und setzten uns dorthin. Ich brachte es einfach nicht über mich zu gehen, ohne Mum noch einmal gesehen zu haben. Also wartete ich, bis die Besuchszeit vorüber war und ich sicher sein konnte, dass Dad längst nach Hause gefahren war. Dann eilte ich zurück in Mums Zimmer.

»Wie ist es dir in letzter Zeit ergangen?«, fragte Mum.

»Nicht besonders gut.«

Ich wollte auf keinen Fall anfangen zu weinen. Ich musste stark sein und ihr zeigen, dass ich hinter dem stand, was ich getan hatte. Vielleicht würde ihr dann klar werden, dass auch ihr Martyrium ein Ende haben konnte – nun, da die ganze Wahrheit ans Licht kam.

»Warum machst du das?«, wollte Mum wissen.

»Weil es sein muss. Sonst werde ich mich niemals frei fühlen.«

Ich wusste, Mum war nicht in der Lage, darauf einzugehen. Es hätte bedeutet, das auszusprechen, was wir voreinander nie zugegeben hatten, und das konnte sie einfach nicht. Ich wollte sie auch gar nicht drängen, und Mum verlor kein Wort mehr über die polizeiliche Untersuchung und wechselte rasch das Thema. Wir unterhielten uns noch ein paar Minuten lang, bis eine Krankenschwester hereinkam, um nach ihr zu sehen, und ich gehen musste. Ich konnte Mum verstehen. Ich hatte ja selbst Jahre gebraucht, um mich zu überwinden und über das Erlebte zu sprechen. Wenn die Zeit gekommen war, würden wir darüber reden, aber noch nicht jetzt.

Sobald Dad im Gefängnis saß, würde Mum hoffentlich erkennen, dass es auch ein Leben ohne ihn gab. Und wenn nicht, würde ich ihr klarmachen, dass auch sie ein wenig Glück verdient hatte. Ich musste nur weiter fest daran glauben, dass das Ganze bald tatsächlich vorbei war.

Aber natürlich versuchte mein Vater, sich dem Gesetz zu entziehen. Vor einer Gerichtsverhandlung gibt es mehrere Anhörungen, damit alle möglichen rechtlichen Angelegenheiten geklärt werden, und eine davon sollte im Sommer

2005 stattfinden. Doch Patrick rief mich an und berichtete, mein Vater sei überhaupt nicht erschienen. Er war verschwunden und hatte Mum mitgenommen. Niemand wusste, wo er war – das heißt, wenn es einer wusste, dann diejenigen, die ihn versteckt hielten. Der Idiot würde alles tun, um nicht zur Rechenschaft gezogen zu werden, auch wenn das bedeutete, dass er untertauchen musste. Aber das brachte mir eine wichtige Erkenntnis: Nun war er derjenige, der Angst hatte.

Steven setzte sich neben mich.

»Es ist doch richtig, oder?«, fragte ich.

»Ja«, antwortete er. »Ich glaube, ja.«

Die Stimmung war angespannt, denn wir sprachen über unsere Trennung. Letzten Endes hatten wir beide einsehen müssen, dass alle Fehler, die wir gemacht hatten, sich nicht wiedergutmachen ließen. Und so hatten wir beschlossen, nun getrennte Wege zu gehen. Seit sechseinhalb Jahren waren wir verheiratet, und wir hatten all unsere Hoffnungen auf eine gemeinsame Zukunft aufgegeben.

»Ich habe mich so sehr bemüht, unsere Beziehung wieder zu kitten, aber allein kann ich das nicht«, sagte ich zu Steven. »Ich habe Mum nicht mehr besucht und mich nur noch um dich und die Mädchen gekümmert, aber dadurch wurde auch nichts besser. So geht es nicht mehr weiter.«

Es war Dezember 2005, und Steven und ich hatten beschlossen, dass er ausziehen würde, nachdem wir mit Emma und Lily Weihnachten gefeiert hatten. Ich war traurig, aber schließlich hatte ich mich damit abgefunden, dass unsere Ehe nicht mehr zu retten war. So leid es mir tat, dass wir gescheitert waren, war mir doch gleichzeitig bewusst, dass es für die Mädchen nicht gut war, in solch einem vergifteten Klima aufzuwachsen. Ich wollte ihnen mehr Halt geben – auch wenn das hieß, dass ich allein dafür zuständig war. Steven wollte in eine Wohnung ganz in der Nähe ziehen, damit er die Mädchen regelmäßig besuchen konnte, und ich würde mit Emma und Lily in unserer Wohnung bleiben. Ich wünschte, er hätte gesagt, dass es ihm leidtue oder dass es nicht nur an mir gelegen habe, aber er machte nach wie vor meine Familie für das Scheitern unserer Ehe verantwortlich.

»Dann packe ich jetzt meine Sachen«, sagte er und stand auf.

Wir hatten uns die Entscheidung sehr gut überlegt, und ich war froh, dass wir nach all den Jahren des Streits wenigstens das hinbekommen hatten. Doch kurz vor Weihnachten verschlechterte sich die Situation, denn Steven hatte herausgefunden, dass ich jemanden kennengelernt hatte. Die Mutter einer Schulkameradin von Emma hatte mir Nick vorgestellt, und wir hatten uns rasch angefreundet. Ich hatte ihm mein Herz ausgeschüttet – über die polizeiliche Untersuchung, die angespannte Situation mit Steven und meine Bedenken, ob ich wirklich das Richtige tat. Mir kam es vor, als würde mir zum ersten Mal seit Jahren jemand richtig zuhören. Wenn wir telefonierten, ließ Nick mich in Ruhe alles erzählen, und das tat mir so gut. In einer kaputten Beziehung zu leben hatte mich einsam gemacht. Aber nun war plötzlich jemand da, mit dem ich reden konnte, jemand, der wenigstens versuchte zu verstehen, was ich durchmachte. Das war für mich ein großer Trost.

Als Steven und seine Familie hörten, dass ich mich mit Nick angefreundet hatte, waren sie entsetzt und unterstellten mir eine Affäre. Dabei war zwischen Nick und mir überhaupt nichts, und ich litt sehr unter den Verdächtigungen, denn mit Joan und Donna hatte ich mich ja gut verstanden, und sie hatten mir während der langen Ermittlungen immer wieder Mut gemacht. Aber nun schotteten sie sich von mir ab. Daher war ich mit den Mädchen oft allein, und manchmal war ich sehr niedergeschlagen. Michael wohnte mittlerweile ziemlich weit entfernt, sodass ich ihn nicht mehr so häufig sah. Aber wir telefonierten oft, und meine Nichten Paula und Jacqueline kamen hin und wieder zu Besuch. Auch mein Cousin Sam kümmerte sich um mich, und ich war froh, dass er und meine anderen Cousins in der Nähe wohnten, denn das gab mir Sicherheit.

Nachdem Steven ausgezogen war, behielt ich die Freundschaft mit Nick bei, und nach ein paar Monaten wurde mehr daraus. Nur einige Wochen später stellte ich fest, dass ich wieder schwanger war. Wir hatten es mit der Verhütung nicht so genau genommen, dennoch war ich fassungslos, dass ich nun noch ein Baby erwartete, wo ich doch erst seit Kurzem alleinerziehend war. Wie sollte ich mit einem weiteren Kind zurechtkommen? Wie hatte ich nur so dumm sein können? Doch nachdem ich lange einen Schwangerschaftsabbruch in Erwägung gezogen hatte, entschied ich mich dafür, das Baby zu bekommen. All die Fehlgeburten machten mir noch immer zu schaffen, und so kam es für mich letztlich nicht infrage, das Kind abzutreiben, das in mir heranwuchs.

Aber trotz der Entscheidung für das Kind war ich noch

nicht bereit, schon jetzt eine neue feste Beziehung einzugehen. Ich hatte Steven vertraut und unsere Ehe für stark genug gehalten, aber es war dennoch schiefgegangen. Demzufolge hatte ich große Angst, erneut verletzt zu werden. Ich wollte weiter mit Nick zusammen sein, vorausgesetzt, er wollte es auch, aber mir war wohler dabei, wenn wir es langsam angingen. Nick war zweifellos ein guter Mensch, aber wir mussten uns erst einmal besser kennenlernen, um zu wissen, ob wir auch wirklich zusammenpassten. Zunächst wollte ich auf keinen Fall mit ihm zusammenziehen. Ich sagte ihm, wie ich über die ganze Sache dachte. Und den Mädchen erzählte ich, dass sie bald ein Brüderchen oder Schwesterchen bekommen würden.

Nachts lag ich wach im Bett und fragte mich, wie alles enden würde. Ich war schwanger, auf mich allein gestellt, und mein Vater lief irgendwo dort draußen herum und lachte sich über mich und die Polizei kaputt – so wie immer. Ich hatte keine Ahnung, wo er steckte, doch manchmal beschlich mich das sichere Gefühl, dass er mich beobachtete. Dann lief mir ein kalter Schauer über den Rücken, und ich drehte mich hastig um, konnte aber nie jemanden entdecken. Natürlich spielte mir meine Fantasie einen Streich, aber je länger sich das Ganze hinzog, desto stärker empfand ich diese Bedrohung, und ich betete, dass die Polizei ihn endlich schnappen würde.

Kapitel 30

Kurz nachdem ich festgestellt hatte, dass ich schwanger war, erzählte Michael mir, dass Mum wieder im Krankenhaus liege. Wo der Idiot steckte, wusste er nicht. Die Polizei stellte Nachforschungen an, um Dad zu finden, doch bis jetzt war noch nichts dabei herausgekommen. Auch wenn es für mich nichts Wichtigeres gab, war der Fall für die Polizei natürlich nur einer von vielen. Und die zeitlichen und finanziellen Mittel, die man für die Suche nach meinem Vater einsetzen konnte, waren begrenzt.

Mum hatte meine Töchter seit drei Jahren nicht mehr gesehen. Um ihr eine Freude zu machen, nahm ich sie mit ins Krankenhaus. Sobald ich die Eingangshalle betrat und die Tür des Fahrstuhls aufging, entdeckte ich ihn sofort. Ich flehte im Stillen, dass der Idiot uns nicht gesehen hatte, und zerrte die Mädchen hastig in die Cafeteria. Wir setzten uns an einen der Tische, mit dem Rücken zum Fenster. Mir war klar, dass ich so schnell wie möglich die Polizei darüber informieren musste, dass er noch in der Stadt war.

»Was ist los?«, fragte Emma, weil ich kein Wort sagte und den Atem anhielt.

»Nichts, mein Liebes«, antwortete ich.

Ich zog die Mädchen näher zu mir heran und legte meine Arme um sie. Als ich davon ausgehen konnte, dass der Idiot weg war, machten wir uns auf den Weg zur Information, um zu fragen, auf welcher Station Mum lag. Als wir dann in ihrem Zimmer ankamen, lag sie reglos im Bett – mit einer

Sauerstoffmaske auf dem Gesicht und dunklen Ringen unter den Augen. Ich ging mit Emma und Lily zu ihrem Bett. Sanft schob ich die Mädchen nach vorn, damit Mum sie besser sehen konnte.

»Hallo Mum«, sagte ich leise.

Mein letzter Besuch bei ihr lag lange zurück, und als ich sie dort so sah, wäre ich am liebsten in Tränen ausgebrochen. Ich beugte mich zu ihr hinunter und nahm sie in den Arm. Auch sie legte ihre Arme um mich. Und als ich mich wieder aufrichtete, versuchte sie, unter ihrer Sauerstoffmaske zu lächeln.

»Es ist so schön, dich endlich wiederzusehen«, sagte ich.

Die Mädchen hatten sich mittlerweile der anderen Patientin zugewandt und plapperten drauflos, und so konnte ich ungestört mit meiner Mutter sprechen.

»Willst du nicht zu mir ziehen, wenn du aus dem Krankenhaus entlassen wirst? Bitte, Mum! Ich kann es dir schön machen. Ich werde mich um dich kümmern. Ich achte darauf, dass du die richtigen Medikamente bekommst, und ich kann dich zu deinen Arztterminen bringen.«

Während ich auf sie einredete, flackerte ihr Blick. Sie wirkte benommen und hatte Mühe, wach zu bleiben. Schließlich drückte sie meine Hand und öffnete die Augen ein Stück weiter.

»Nur wenn ich sterbe, kann ich ihm entkommen«, flüsterte sie.

»Er ist derjenige, der sterben sollte!«, rief ich. »Nicht du.«

Mum schloss die Augen, und ihre Hand erschlaffte.

»Ich komme morgen wieder«, sagte ich leise. Dann beugte ich mich erneut zu ihr hinunter und gab ihr einen Kuss.

Es brach mir fast das Herz, sie in diesem Zustand zurückzulassen. Irgendwie musste ich sie davon überzeugen, zu mir zu ziehen. Ich würde der Polizei erzählen, dass ich ihn gesehen hatte, und dann konnten sie ihn verhaften. Ich wollte Mum wenigstens für die Zeit, die ihr noch blieb, ein bisschen Würde und Trost geben. Zu Hause angekommen, rief ich sofort Patrick an und erstattete ihm Bericht.

Als ich am nächsten Morgen aufwachte, war ich wild entschlossen, Mum so schnell wie möglich zu mir zu holen. Irgendwie würde ich es schon schaffen, sie zu überreden. Ich musste es schaffen. Aber als ich im Krankenhaus ankam, war ihr Bett leer.

»Wo ist sie?«, fragte ich eine der Krankenschwestern.

»Haben Sie es noch nicht mitbekommen?«, fragte die Schwester. »Ihre Mutter ist heute Morgen entlassen worden. Sie ist nicht mehr hier.«

»Aber sollte sie nicht noch ein paar Tage hierbleiben?«

»Sie wollte nach Hause, und der Arzt hat gesagt, sie hat sich wieder erholt.«

Ich konnte nicht glauben, dass sie die Kraft gehabt hatte, dass Krankenhaus zu verlassen, aber ich konnte mir denken, wer sie dazu gebracht hatte – der Idiot. Sie waren wieder untergetaucht, und es würde bestimmt Monate dauern, bis ich etwas von Mum hörte.

In der nächsten Zeit musste ich ständig an sie denken, ich fragte mich, wo sie wohl war und wie es ihr ging. Dem Idioten war es egal, was er ihr antat, und ich hatte Angst, dass ihre letzten Kräfte sie verlassen würden. Die Polizei musste Dad einfach schnappen, bevor es für Mum zu spät war.

Am Weihnachtstag 2006 klingelte das Telefon. Ich hatte gerade meinen vier Wochen alten Sohn Tom auf dem Arm und wartete darauf, dass sich meine Töchter anzogen, weil wir zu Steven gehen wollten. Ich nahm den Hörer ab und hörte Michaels Stimme am anderen Ende der Leitung. Er sprach ganz leise.

»Alice?«, fragte er.

»Ja.«

»Es ist etwas Schlimmes passiert.«

»Was ist los?«

»Mum ist tot.«

Mir wankte der Boden unter den Füßen. Nick, der gerade bei mir war, nahm mir Tom ab. Mir fiel der Hörer aus der Hand. Das konnte doch nicht sein. Mum war gestorben? Nun hatte ich also keine Gelegenheit mehr, ihr die schönen Seiten des Lebens zu zeigen. Sie würde nie erleben, wie es war, frei zu sein.

»Er hat gesagt, es soll bloß keiner von uns zur Beerdigung kommen«, sagte Michael mir ein paar Tage später.

Wir wussten immer noch nicht, wo der Idiot steckte, aber seine Verwandten richteten uns seine Mitteilungen aus. Michael, Simon und ich wollten selbstverständlich bei dem Begräbnis dabei sein, aber wir bekamen zu hören, wir seien für unsere Mutter schon längst gestorben. Wir seien nicht mehr ihre Kinder.

»Aber er kann uns doch nicht verbieten, dass wir uns von ihr verabschieden!«, rief ich. »Davon kann er uns nicht abhalten.«

In den nächsten Tagen sprach Michael mehrmals mit

Dads Verwandten, bis sie uns schließlich mitteilten, Dad sei einverstanden damit, dass wir zur Beerdigung kämen, aber nur unter einer Bedingung: Ich musste versprechen, auf der Beerdigung keinen Ärger zu machen.

»Sie wollen dein Wort darauf, dass du ihn nicht auf der Beerdigung verhaften lässt«, sagte Michael.

Ich hätte mir denken können, dass Dads Verwandte zu ihm hielten und ihm die Lügen abnahmen, die er ihnen auftischte. Er war einer von ihnen, also mussten sie sich auf seine Seite schlagen.

»Das können sie haben«, sagte ich zu meinem Bruder. »Ich würde doch nicht Mums Beerdigung stören.«

Durch die Telefonate wusste ich nun immerhin, bei welchen Verwandten Dad wohnte. Er hielt sich versteckt, und wahrscheinlich hoffte er, dass die Sache bei der Polizei in Vergessenheit geriet, wenn er für eine Weile von der Bildfläche verschwand. Einen Moment lang fragte ich mich, ob ich wirklich den Mut aufbrachte, ihn noch vor Mums Beerdigung festnehmen zu lassen. Das wäre die schlimmste Rache, niemals würde er mir das vergessen, aber ich wusste, ich musste es tun – für Mum und für mich selbst. Ich hatte allen versprochen, dass ich am Tag der Beerdigung keinen Ärger machen würde, aber das galt ja nicht für irgendeinen anderen Tag.

Ich rief Patrick an und sagte: »Ich weiß, wo er ist.«

Ich nannte ihm die Adresse und wartete ab. Am nächsten Tag rief Patrick mich zurück. Dad war festgenommen worden und saß in Untersuchungshaft. Dort sollte er auch bis zum ersten Verhandlungstag bleiben. Dann würde man ihn zunächst auf freien Fuß setzen, aber nur unter strengen Auflagen, damit er nicht wieder untertauchen konnte. Jetzt konnte er sich der Justiz nicht mehr entziehen. Für Mum kam all das zu spät, aber wenigstens hatte ich ihm nun bewiesen, dass ich nicht aufgeben würde, bis er vor Gericht stand. Ganz gleich, wie viel Angst ich hatte, ich war entschlossen, die Sache durchzuziehen.

Natürlich tobten die Verwandten des Idioten vor Wut und teilten uns umgehend mit, dass keiner von uns zur Beerdigung kommen dürfe. Sie behaupteten, ich sei eine verlogene Schlampe, eine Unruhestifterin und ich hätte mir das alles nur ausgedacht. Wie ich das nur tun könne, gerade jetzt, wo Dad seine Frau verloren habe? Sie taten mir beinahe leid, weil sie auf seine Lügen hereingefallen waren, aber ich war auch entsetzt, weil sie mir zutrauten, dass ich mir eine solche Geschichte ausgedacht hatte. Was hätte ich denn davon gehabt, zur Polizei zu gehen und all das auf mich zu nehmen – die Aussage, das Warten, die Tests und die Angst –, einfach so ohne jeglichen Grund?

Michael erzählten sie, Mums Leichnam werde einen Tag vor der Beerdigung in einer Leichenhalle aufgebahrt, und Simon und er könnten dorthin gehen. Aber Dads Verwandte wollten auf keinen Fall, dass ich dort auftauchte. Ich sollte keinen Fuß über die Schwelle setzen. Nach allem, was ich getan hätte, würden sie nicht zulassen, dass ich mich von meiner Mutter verabschiedete.

»Jetzt reicht es mir!«, sagte Michael. »Du kommst mit. Er ist ja sowieso nicht da. Wenn es jemandem zusteht, sich von ihr zu verabschieden, dann dir.«

An dem betreffenden Tag ließ ich die Mädchen und Tom bei Nick und fuhr zur Leichenhalle. Als ich mit Michael das

Gebäude betrat, zitterten mir die Knie. Innerlich war ich wie betäubt. Ich konnte nicht fassen, dass Mum nicht mehr da war, dass ich sie nun zum letzten Mal sehen würde. Wäre ich doch nur früher zur Polizei gegangen! Dann hätte ich sie vielleicht retten können.

Dads Verwandte hatten sich in dem Saal versammelt, wo Mums Körper aufgebahrt war. Ich war aufs Äußerste angespannt und rechnete damit, dass sie mich lautstark beschimpften, aber sie starrten mich nur hasserfüllt an und verließen kurz darauf den Raum.

Nun waren nur noch Michael, Simon und ich dort – das, was von unserer Familie übrig war. Mit meinen Brüdern hatte ich als Kind oft auf dem Bett gesessen, und wir hatten uns ausgemalt, wie viel Spaß wir haben würden und welche Feste wir veranstalten wollten, sobald wir unserem Vater entkommen waren. Wie anders unser Leben doch heute aussah. Auf die eine oder andere Weise war keiner von uns ihm entkommen. Meine Brüder hatten mich in die Mitte genommen, und so standen wir da und sahen auf Mum hinunter. Sie war so mager und blass, ganz anders als damals, zu unserer Kinderzeit. In meiner Erinnerung war sie mollig und hatte leuchtende Augen, und wenn sie uns im Wohnzimmer zur Musik herumwirbelte, lachte sie laut. Hier war es vollkommen still, und ich nahm ihre Hand und küsste ihre kalten Finger.

»Es tut mir so leid, dass ich dich nicht da herausgeholt habe«, flüsterte ich.

Doch als ich Mums Gesicht betrachtete, wurde mir etwas bewusst: Im Leben war sie Dad nicht entkommen, aber jetzt war sie endlich frei. Letzten Endes musste er sich all dem stellen, was er getan hatte. Aber Mums Schmerz hatte für immer ein Ende. Sie hatte ihren Frieden, und auch ich würde meinen Frieden finden. Mir würde Gerechtigkeit widerfahren, denn mein Peiniger wurde bald zur Rechenschaft gezogen. Und schließlich würde er erfahren, wie es ist, eingesperrt zu sein.

Epilog

Ich musste mich nicht der Tortur stellen, vor Gericht gegen meinen Vater auszusagen, denn er bekannte sich des Inzests schuldig und wurde zu drei Jahren Haft verurteilt. Ich war enttäuscht, weil er nicht für länger ins Gefängnis musste, aber so lautete nun einmal das Urteil des Richters, und ich musste es hinnehmen. Die Klage wegen Inzests bezog sich auf die Zeugung von Caitlin, und das war ja nur die Spitze des Eisbergs. In Bezug auf alles andere stand meine Aussage gegen seine, und so hatten die Behörden beschlossen, nur wegen dieses einen Verbrechens Anklage zu erheben, denn dafür hatten sie genügend Beweise. Außerdem musste der Richter berücksichtigen, dass sich Dad schuldig bekannt hatte, was wiederum hieß, dass er Strafmilderung bekam.

Trotz meiner Enttäuschung war mir bewusst, dass drei Jahre Haft für eine sexuelle Straftat ein ziemlich hartes Urteil war. Und immerhin war es nun endlich vorbei. Mein Vater saß in einer Gefängniszelle, und er wusste, dass er das mir zu verdanken hatte. Indem ich zur Polizei gegangen war, hatte ich ihm gezeigt, dass ich keine Angst mehr vor ihm hatte. Und für mich war es nun an der Zeit, noch einmal neu anzufangen. Gerechtigkeit bedeutet nicht nur, eine Anklage zu erreichen und jemanden ins Gefängnis zu bringen. Es geht auch darum, sich ein Stück der Macht zurückzuholen, die einem genommen wurde, und dem Peiniger zu demonstrieren, dass man sich letzten Endes doch gegen ihn aufgelehnt und das Schweigen gebrochen hat. Und das war mir tatsächlich gelungen: Ich hatte meinem Vater bewiesen, dass ich mich nicht mehr von ihm einschüchtern ließ. Und das war mir ebenso wichtig wie seine Verurteilung.

In den folgenden Monaten konzentrierte ich mich ganz darauf, für meine Kinder zu sorgen und ihnen eine gute Mutter zu sein. Steven besuchte die Mädchen regelmäßig, und Nick kümmerte sich oft um Tom. Ich war stolz darauf, dass wir es irgendwie geschafft hatten, alles auf den richtigen Weg zu bringen. Aber oftmals fragte ich mich, was ich meinen Kindern später erzählen sollte. Ich hatte Angst davor, was sie sagen würden, wenn sie von meinem Martyrium erfuhren. Doch als im April 2008 der Fall Josef Fritzl Schlagzeilen machte, wurde mir klar, dass ich nicht allein war mit meinen schlimmen Erlebnissen.

Bislang hatte ich mir nicht vorstellen können, dass andere Frauen ähnliche Qualen durchgemacht hatten wie ich. Aber nachdem Elisabeth Fritzl und ihre Kinder freigekommen waren, berichteten die Zeitungen von weiteren Fällen, in denen Frauen dazu gezwungen worden waren, Kinder von ihren Vätern zu bekommen. Jeder Fall war schrecklich, aber entlastete mich auch in gewisser Weise. Ich war nicht die einzige Frau, die jahrelang eingesperrt und missbraucht worden war, und auch nicht die einzige, die so lange gebraucht hatte, bis sie darüber sprechen und sich Hilfe holen konnte. Wenigstens war es mir gelungen zu entkommen, denn das Gefängnis, das mein Vater errichtet hatte, war eher psychologischer als physischer Natur gewesen. Josef Fritzl hatte seine Tochter in einem Keller gefangen gehalten, und ich mochte mir gar nicht vorstellen, wie furchtbar sie und ihre Kinder gelitten hatten.

Dieser Fall gab schließlich auch den Ausschlag für meine Entscheidung, meine Geschichte zu erzählen. Ich wäre schon zufrieden, wenn ich damit auch nur einer einzigen Frau Trost spenden und ihr vielleicht den Mut geben könnte, ihr Schweigen zu brechen. Das Schlimmste am Missbrauch ist die Heimlichkeit und die Isolation, die damit einhergeht. Ich habe immer gedacht, ich hätte etwas Furchtbares verbrochen und es deshalb verdient, was mir angetan wurde. Dieser Selbsthass war tief in mir verankert, und erst als ich dann doch zur Polizei ging, konnte ich dieses Gefühl allmählich überwinden. Natürlich wird meine Vergangenheit immer ein Teil von mir sein. Aber jetzt versuche ich, in der Gegenwart zu leben, und meine Kinder helfen mir dabei. Emma und Lily sind anhängliche und aufgeweckte Mädchen, und Tom ist ein lebhaftes Kleinkind. Wenn ich sie betrachte, weiß ich: Es gibt etwas, das ich gut gemacht habe in meinem Leben. Mein Vater setzte alles daran, mich zu zerstören und mich auf ewig als Gefangene zu halten. Aber ich hatte den Mut, mich aufzulehnen, und jetzt habe ich drei wunderbare Kinder. Das ist mehr, als ich mir jemals erhofft hatte. Und es ist der beste Beweis dafür, dass es ihm nie wieder gelingen wird, mich unter seine Kontrolle zu bringen. Endlich bin ich frei.